北京大学考古学丛书

行走在漢唐之間

齐东方　著

上海古籍出版社

自　　序

出版一本自选集,选择哪些文章,会有纠结。一般来说,自选集要选自己的"得意"之作,自以为对学术有贡献,或者是反映自己治学之路的作品。我开始也是这么想的。然而,面对自己发表的大大小小 200 多篇文章,选什么有些犯晕了。以往发表的那些文章,有的确实是呕心沥血,也有些是随意应酬。可当时呕心沥血写成的,现在看来也不怎么样,当时的随意应酬,倒有点意思。另外,我认为出版自选集,是给大家看的,也是给自己看的。自己最清楚,写哪些文章时有深刻的、愉快的或是郁闷的回忆。于是,选择变得明确了。我大学毕业直到今天一直干着考古这一行。回想起来,做研究多是从兴趣出发,虽然也有按规定要申请的项目,也有必须要完成的课题,但我发现,凡承担的国家、省部、学校、基金会的结项文章,似乎没多少是很满意的,至少想不起来当时有什么学术上的激情,反倒是依兴趣写的,自我感觉良好,还带有美妙的回忆。

举几个例子,我发表的第一篇学术论文,是《吐鲁番阿斯塔那 225 号墓出土的部分文书的研究——兼论吐谷浑余部》,是一篇烦恼和激情融合的作品。当时刚上硕士研究生一年级,选了王永兴先生的"敦煌吐鲁番出土文献研究"课,王先生从国家文物局古文献整理小组找来些刚刚录文的草稿,是新出土的文书残卷,哪个重要哪个不重要当时谁也不知道,目的是用这些新材料供研究生研究练习。我的运气好,分得了一份后来看来是重要的文书。结果我辨识出那份残卷是关于吐谷浑灭亡后的余部降唐的事件,史书中没有记载。我当时拿到的是初稿稿本,不全。但我考证出此卷是写于圣历二年(699 年)。多年后,正式出版了这件文书,后面的残页果然是圣历二年,"窃喜私见与之暗合也"。第二个例子,《关于日本藤之木古坟出土马具文化渊源的考察》和《关于中国古代的早期马镫》,写作的原因,只是刚毕业怕外语忘了,所以常看日文报道的日本考古消息,日本藤之木古坟刚刚发现,这文章完全是依据报纸新闻报道的资料写成的,竟被杨泓先生推荐给考古权威杂志《文物》录用。藤之木古坟正式报告是多年后才出版的,由于我当时的观点有些影响,竟然还被邀请到日本作专题讲座。

从兴趣出发做研究,可能没名没利,可做起来却很痛快。所以,我决定在自选集中,有关申请项目、接课题的论文一篇不选。还有,我研究中国古代金银器的论文最多,也一篇没选。关于古代墓葬的研究较多,可自成一册。还有些关于古代围棋的文章,也能汇成专题。所以全部排除。我固执地认为,自选集主要还是留给自己看,是在自我回忆,也不必要总结自己的治学之路。当然,也不能对不起读者,所选的文章,至少自己觉得还不错。有些连自己也不忍去看的文章当然不会理了,希望自生自灭,不足为惜。

我是 1977 年恢复高考上了大学的首届学生,回想读大学本科时,和很多同学一样,像捞到救命的稻草一样,压抑多年的求知愿望一经突破,大家都爆发出火一般的读书热情,还理想高万丈。可读了研究生后,稍知学问之苦,也懂了些事理,雄心壮志少了,可学习的兴趣倍增。接下去的读书,与其说如饥似渴,不如说是饿狼扑食。可钻进图书馆后,才恍然发现有时雄心壮志是可笑的梦,逐渐多了几分平常心。这里又要说到兴趣,我主张做学问就是"跟着感觉走,紧拉着梦的手,脚步越来越轻越来越快活",那是歌星苏芮唱的流行歌,却诠释了我做研究的心路。

学者一生能写几篇好文章,出本好书就很了不起了,还不能奢望千古流芳。如果"一不留神",写出几篇存活很久、常被学界引用的文章就很不容易了。再退一步,根据兴趣来写作,作品能感动自己、又不恶心别人,表示以前曾经对某些问题发过声、提出过一些看法,是很欣慰的。

做学问很苦很累,也很有意思,一路走来能体会人生的甜酸苦辣。

齐东方

2022 年 9 月

目　录

1

流光溢彩：玻璃

一、中国的早期玻璃

人们通常以现代玻璃的定义来研究中国古代玻璃。现代玻璃是指熔融、冷却、固化的非结晶的无机物，是由硅石、碱和石灰及其他原料，经过适当的调和、熔解制成的。但是，中国早期可以称之为玻璃的遗物，还达不到现代玻璃的要求，因此，中国古代玻璃，特别是早期玻璃，应该具有玻璃的某些特点或与之有关的遗物。中国古代文献对玻璃也没有严格而科学的定义，多为似是而非的描述，使玻璃这种本来就容易误解的器类，在理解时更增加了混乱，并常常出现误解。

1. 最早与玻璃有关的文献

《穆天子传》中，说穆王经过重雍氏之地，"于是取采石焉。天子使重貖之民，铸以成器于黑水之上，器服物佩好无疆"。《穆天子传》曾被认为是伪书，但更多的学者倾向于此书成于战国中晚期，其中包含一些西周时代的史料。书中采石铸以成器，并用作服物装饰的记载，清代以来就引起不少学者的兴趣和考证，或许可以认为是我国文献中最早与玻璃有关的记录[1]。《穆天子传》中当然并未直接提到玻璃，所谓采石铸以成器，似乎是利用矿石为原料人工合成物品，将之考订为玻璃，并无不可，但解释成是金属冶炼也说得通。因此，采石铸以成器的物品究竟是不是玻璃没有定论。即便《穆天子传》中的这段话讲的是西周时代的玻璃无误，也是先秦时代唯一的记载，但仅靠这条文献来判定中国古代玻璃的起源显然论据不足。

---

[1] 王贻梁：《我国先秦文献中关于原始玻璃唯一记载的考察》，《考古与文物》1995 年 4 期。

目前考古发现了大量西周时代的遗物,其中是否有玻璃呢? 显然应该从实物中寻求答案。

2. 西周时期的"料器"

20 世纪 30 年代,曾在考古发掘中出土一些西周时代的玻璃质状的遗物,但相当长的时间里并未引起关注。20 世纪 50 年代,洛阳地区的西周墓出了一些半透明的圆珠、管珠等,也未引起更大的注意。直到 20 世纪 70 年代以后,这种物品发现数量增多,而且广泛出现在河南洛阳中州路、庞家沟,陕西陕县上村岭、长安沣西张家坡、宝鸡周原,山东曲阜鲁故城等地的西周墓中。特别是陕西宝鸡西周早中期弲国墓地的发掘[1],出土了大量珠饰,通过对其中部分遗物进行化学成分等的测定并经过仔细观察比较,杨伯达认为是中国最早的玻璃[2]。中国玻璃的起源,被追溯到了西周时期。由于这些圆珠、管珠与后来的玻璃有差异,也有人认为根本不是玻璃,而是一种含有少量玻璃相的多晶石英珠[3]。

但是,可以肯定西周时期半透明的圆珠、管珠是人工合成的物质,在考古学遗物归类上与其他天然宝石类不同,故人们通常称为"料器"。这是一种含糊的说法,"料"在清代无疑是指玻璃,但是,对中国早期的这些与玻璃相似的物质,人们不敢断定是否为玻璃,出于谨慎就采用了"料器"这种似是而非的叫法。对西周时代这些"料器"的科学鉴定,结果也不一致。西周"料器"在地下历经多年侵蚀、腐朽、风化,考古发掘时疏松严重,一触即成粉末,取样极为困难,目前自然科学手段也无法对那些与其他物质相互侵蚀的"料器"作出准确的定性判断。

显而易见的是,西周的"料器"与同时代的其他物质遗物差距很大,而和战国时期出现的真正的玻璃珠的形制、用途接近。探讨许多物质遗物起源,都会遇到难以达成一致意见的现象。如同瓷器的起源,有"原始青瓷""原始瓷"的说法,尽管人们试图制定出瓷器的标准,并以此为基础讨论瓷器的出现时间,但至今仍未见统

---

[1] 卢连成、胡智生:《宝鸡弲国墓地》,文物出版社,1988 年。
[2] 杨伯达:《西周玻璃的初步研究》,《故宫博物院院刊》1980 年 2 期。
[3] 张福康等:《中国古琉璃的研究》,《硅酸盐学报》1983 年 1 期。

一认识。其实并不奇怪，因为任何事物的出现都有一个过程，并由多方因素促成，强调其中一点或一些方面，都可自圆其说。探讨中国玻璃的起源，在目前出土遗物的前提下，把西周时代的"料器"看作是与玻璃有密切关系的物质，暂称为"原始玻璃"，作为中国玻璃起源过程中的一个环节来进行讨论未尝不可。这些实物要比文献记载更早、更直观，当然也更重要。

西周时期的"原始玻璃"，以陕西宝鸡西周墓中出土的几千件管、珠、片最具代

图 1-1　山西曲沃西周晋侯墓地 M63 出土玉牌联珠串饰

表性。它们出土时位于死者的头部或胸部，是串饰的组成部分，在地下埋藏过久而变得极其松软。管状物长短粗细不一，长约在 1.2—2.45 厘米，直径约在 0.3—0.41 厘米。珠的最大直径约 0.55—0.75 厘米。片的长宽不超过 0.95、厚不超过 0.08 厘米。山西省曲沃县西周晋侯墓地出土的玉牌联珠串饰，其中有"料管 108 件"[1]（图 1-1）。20 世纪 70 年代，陕西扶风县上宋乡北吕发掘了 500 余座先周和西周的墓葬，400 余座墓葬中都发现了玻璃珠管[2]（图 1-2、1-3）。可见西周时期的"原始玻璃"应属人工合成，已经普遍存在。

[1]《中国文物精华》编辑委员会：《中国文物精华》，文物出版社，1997 年，图 31。

[2]《中国金银玻璃珐琅器全集》编辑委员会编：《中国金银玻璃珐琅器全集·玻璃器（一）》，河北美术出版社，2004 年，第 1 页，图一、图二。

图1-2　陕西扶风先周和西周墓出土玻璃珠管

图1-3　陕西扶风先周和西周墓出土玻璃珠管

图1-4　湖南湘乡战国墓出土蜻蜓眼玻璃珠管

从山西侯马西周时期晋侯墓地出土的大量"原始玻璃"珠饰来看,除了作为人身装饰的佩饰外,也有作为剑柄上的佩饰的。

玻璃珠饰在公元前15世纪美索不达米亚和埃及就有了,但目前不能证实公元前10世纪中国西周时期的"原始玻璃"与外来文化有联系。相反,分布在中国陕西宝鸡至山东曲阜长达1000公里的地带之内出土的遗物,经检测有的含铅、钡成分。如果说人们对西周遗物是否为玻璃的认识不同,那么对战国时代已经出现真正的玻璃珠基本没有分歧,如湖南湘乡牛形山1号战国墓出土有蜻蜓眼玻璃珠、管[1](图1-4)。这类玻璃珠多与玉璧、玉璜和其他玉佩组合使用,是组玉佩中的饰品。战国时代的玻璃珠中也有许多是含铅的玻璃,与美索不达亚和埃及早期玻璃的成分不同,即与西方玻璃无关,是中国

[1]陈建明主编:《湖南省博物馆》,中西书局,2012年,第146页。

图1-5　湖南长沙战国墓
出土玻璃璧

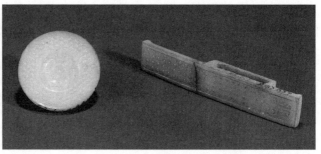

图1-6　湖南长沙战国墓出土玻璃剑具

独自创作出来的。还出土有玻璃璧、剑具(图1-5、1-6)。

　　构成玻璃原料的主体物质在化学上叫"硅酐"，广泛存在于地球表面，高温烧制其他物质时便有可能出现类似玻璃的副产品。中国商周时期不仅广泛烧制陶器，还出现了带青釉的釉陶或"原始瓷器"，表面的透明釉与西周时期半透明的管、珠是相似的物质。世界上其他地区多认为玻璃起源于陶瓷釉。中国商周时期就出现了釉陶或"原始瓷器"，施釉不匀时，这类器物表面往往会凝聚出晶莹明亮的小块，当时人受到启发而发明玻璃，这在逻辑上讲得通。另外，中国商周时期青铜冶炼技术十分发达，冶炼中在矿渣内出现的化合物与玻璃无大区别。青铜器中还含有一定比例的铅，故当时人对铅的提炼和其助熔作用有较深的了解，故而含铅较高的玻璃出现在中国也可以理解。因而，中国玻璃的发明是受青瓷烧造和青铜冶炼的启示而顺理成章出现的，应该说是符合逻辑的。

3. 璆琳、陆离与琉璃

　　在探讨中国玻璃起源问题时，文献中关于早期疑似玻璃的记载有"璆琳""陆离""流离"或"琉璃"等，这些词汇常被研究者用来与玻璃联系在一起。《论衡·率性篇》载："《禹贡》曰'璆、琳、琅玕。'此则土地所生，真玉珠也。"其实这里已经很明确是指天然物质。《尔雅·释地》云："西北之美者，有昆仑虚之璆、琳、琅玕焉。"郭璞注："璆、琳，美玉名。"故"璆琳"一词可基本肯定与玻璃无涉。

《楚辞》中多次出现"陆离"一词,如"高余冠之岌岌兮,长余佩之陆离""带长铗之陆离兮,冠切云之崔嵬",过去解释为美好、分散、美玉等意。史树青先生认为"陆离"就是琉璃,即玻璃,并引用启功先生语,"璆琳"为"琉璃"的音转[1]。

如此看来,问题的关键是"琉璃"一词。"琉璃"有时也写作"流离"。《汉书》中提到黄支国、罽宾国出"璧流离","武帝使人入海市琉璃"等,桓宽《盐铁论·力耕篇》把"流离"视为国宝,《后汉书·西域传》载"大秦国有流离"。这些记录出现后不久,人们便不知是指何物,因而曹魏时期的孟康为汉书作注时,特别在"罽宾国出璧流离"条下解释:"流离,青色如玉。"唐代颜师古仍搞不清《汉书》中的流离为何物,注引《魏略》说"大秦国出赤、白、黑、黄、青、绿、缥、绀、红、紫十种流离",又说"此盖自然之物,采泽光润,逾于众玉,其色不恒"。清代徐松对前代的注释并不满意,他引经据典,认为"璧流离"是流行于印度的梵语音译。可见人们对中国古代琉璃的理解,可以指三种质料,一是玻璃,二是釉料,三是天然矿物。

汉代以来关于"琉璃"的解释有两点值得注意:一是肯定"璧流离"像玉而不是玉,为自然之物;二是与西方国家相联系。人们在解释一些名词时,通常根据自己现实生活中看到的物质来比喻形容,从考古发现来看,汉代以后玻璃虽不断出土,但并不多见,而汉唐人只能用当时的词汇来解释,所以即便古人自己心里明白,今人可能无法看懂。然而从曹魏时期的孟康到清代的徐松都应见过玻璃,他们不可能分辨不出涂釉的陶瓷或建筑中琉璃砖瓦类与玻璃的区别。所以古文献中的琉璃主要是指今天所称的玻璃,至于和玉等相类比或称之为自然之物,是因为人们对玻璃感到奇怪和认识不足的缘故。倒是东汉王充在《论衡》中的一段话描述得比较清楚:

　　天道有真伪,真者固自与天相应,伪者人加知巧,亦与真者无以异也。何以验之?《禹贡》曰:"璆、琳、琅玕。"此则土地所生,真玉珠也。然而道人消烁五石,作五色之玉,比之真玉,光不殊别。兼鱼蚌之珠,与《禹贡》璆琳,皆真玉珠也。然而随侯以药作珠,精耀如真。道士之教至,知巧之意加也。阳燧取火于天,五

<hr>

[1] 史树青:《"陆离"新解》,《文史》第十一辑,中华书局,1980年。

月丙午日中之时,消炼五石,铸以为器,磨砺生光,仰以向日,则火来至。

　　这里承认"璆琳"是指"真玉珠",即天然物质,与人工合成的玻璃无关。但同时谈到可以仿制,仿制的原料采自自然之石,通过消炼铸以为器,而且十分有光泽。当然这种人工合成的器物,如非玻璃,很难说成是其他物质的东西。可惜的是王充并未指出其名称,只说了像真玉而已。长沙楚墓出土的磨成凹面的玻璃剑首、安徽亳县曹氏墓出土的聚光玻璃镜[1],似可作为反射取火之用,这样就与王充说的"阳遂取火于天"相吻合了。

　　早期史料中提到琉璃时常与大秦、罽宾国联系在一起。大秦即罗马帝国,罽宾乃是印度河上游的阿富汗东部、巴基斯坦北部一带的古国。罗马玻璃生产的历史悠久,公元前4世纪以后闻名于世,成为远销各地的产品。中国出土的战国时期的玻璃珠,有的可能来自西方,古代海上丝绸之路的起点广州已发现西汉时期确凿无疑的罗马玻璃(图1-7)。因而,中国早期玻璃制作受到西方影响也是毫无疑问的。

图1-7　广东广州横枝岗西汉墓出土罗马玻璃碗

　　其实,当现代考古学兴起后,我们大可不必费尽心机猜测古人的话的真正含义,也不必判断是否可信,早期文献中被怀疑是指玻璃的"琉璃"等名词不过几个字,而且同一部书,包括注释中对此的解释时有矛盾,既然古人也未必十分清楚,今人又何必轻信呢?与其让古文献使现代人产生混乱,莫不如直接观察研究地下出土遗物,中国玻璃的起源问题应该主要依赖现代考古学的发现与研究来解决。

二、隋代玻璃

　　玻璃器在中国古代极为珍贵,至少在宋元以前,其价值堪比宝石、黄金、白银,甚至有时凌驾于宝石、金银以及瓷、漆等器物之上。这是因为当人们还不能熟练掌

―――――――――――

[1] 安徽省亳县博物馆:《亳县曹操宗族墓葬》,《文物》1978年8期。

握玻璃制作技术时,那些光亮透明、色彩斑斓、富于变幻的玻璃,显示出其他材料无法比拟的优点。有色的物质难以透明,透明的物质难以有色,玻璃却兼而有之,这对古人来说无疑是充满神秘感的,这也使玻璃独具魅力。

早在公元前 2000 多年前,美索不达米亚、埃及地区就发明了玻璃,而后在非洲北部、地中海沿岸乃至西亚、中亚,玻璃制作飞速发展,著名的罗马玻璃、萨珊玻璃和伊斯兰玻璃为人类文明发展史增添了光辉的一页。然而,当古代世界玻璃制造业繁荣兴旺、如火如荼时,在中国玻璃制作却是缓慢地、悄悄地进行着,但与自身发达的青铜、金银、陶瓷制造业相比极不相称,然而,这也正是探讨中国古玻璃的意义所在。

也许中国人过早地发明并制造了非常精美而又实用的瓷器、漆器等,对玻璃的需求显得并不十分迫切,由此阻碍了中国玻璃制造的发展,中国玻璃制造没能赶上世界前进的步伐。但当丝绸之路上中西文化交流畅通无阻时,西方的玻璃制造不能不对中国造成刺激,产生强烈的影响。

隋代是中国历史上一个短暂而又十分重要的王朝,隋代创立的各项制度,以及开凿运河、沟通西域等重大举措,对后代产生了深远、积极的影响。较为罕见的玻璃制作,也恰好在隋代出现了一个划时代的转折。

1. 考古发现

古文物研究中,经科学发掘出土的标本总是最重要的,因为它们有准确的出土时间、地点、伴出器物,在很多情况下能知道器物制作的准确年代或相对年代等。地下出土遗物包含的社会信息量更大,研究价值尤高。隋代玻璃器中,便有这种具有重要价值的地下出土遗物。

1957 年陕西西安市发现隋代大业四年(608)李静训墓[1],发掘出土了 24 件玻璃器,包括罐、扁瓶、无颈瓶、管状器、杵形器各 1 件,小杯 2 件,卵形器 2 件,长形珠 10 件,小珠 5 件。这批器物集中出土于同一座墓中,年代明确,器类较多,是已

---

[1] 中国社会科学院考古研究所:《唐长安城郊隋唐墓》,文物出版社,1980 年,22—23 页。

知隋代玻璃器的代表作。

此外，隋代墓葬、遗址中还有玻璃的出土。

1954年隋代姬威墓出土玻璃小杯2件、玻璃小罐1件[1]。

1965年陕西耀县隋仁寿四年(604)舍利塔基石函中出土绿色带盖的玻璃瓶1件[2]。

1969年河北定县静志寺真身舍利塔基出土天蓝色瓶。塔基内还出土鎏金铜函，其上刻："大隋仁寿三年(603)五月廿九日，静志寺与四部众修理废塔，掘得石函，奉舍利有四，函铭云大代兴安二年(453)十一月五日，即建大塔，更做真金宝碗，琉璃瓶等，上下累叠，表里七重，至大业二年(606)十月八日内于塔内。"唐大中三年石刻云"银塔内有琉璃瓶二"，大中十二年(858)《唐定州静志寺重葬真身记》又云："其塔中小石塔者，本天祐寺随塔，有舍利两粒，贮瓶四重，琉璃金银漆。"故此瓶应是隋代制品[3]。

1977年广西钦州市久隆1号隋墓中出土玻璃高足杯1件[4]。

1980年山西太原隋开皇十七年(597)斛律徹墓出土的串珠中有玻璃珠6颗[5]。

1986年陕西西安市东郊隋大兴城兴宁坊清禅寺开皇九年(589)舍利墓出土玻璃瓶和各种小件玻璃珠饰等210多件[6]。

还有西安郊区隋开皇十二年(592)墓出土绿色玻璃高足杯1件[7]。长沙隋墓出土玻璃"戒指"1件，直径2.2厘米[8]。

隋代仅有三十几年的历史，却出土了数量较多的玻璃器，极大地开阔了人们的眼界，为探讨中国古玻璃的发展演变提供了重要的线索。

---

[1] 陕西省文物管理委员会：《西安郭家滩隋姬威墓清理简报》，《文物》1959年8期。

[2] 朱捷元、秦波：《陕西长安和耀县发现的波斯萨珊朝银币》，《考古》1974年2期。

[3] 定县博物馆：《河北定县发现两座宋代塔基》，《文物》1972年8期。

[4] 《中国の金银ガラス展》图71，NHK大阪放送局，1992年。

[5] 山西省考古研究所、太原市文物管理委员会：《太原隋斛律徹墓清理简报》，《文物》1992年10期。

[6] 郑洪春：《西安东郊隋舍利墓清理简报》，《考古与文物》1988年1期。

[7] 中国科学院考古研究所：《西安郊区隋唐墓》，科学出版社，1966年，83页。

[8] 周世荣：《湖南出土琉璃器的主要特点及其重要意义》，《考古》1988年6期。

2. 玻璃的两个系统、三个种类

中国早期玻璃存在着外国输入和中国制造两个系统,早被学者明确指出了[1]。隋代玻璃的使用和制造继承了这一传统,不过这时的国产玻璃器又分为两个种类:一种是在中国传统工艺的基础上发展而来的;另一种是受西方影响、用新技术生产的。

属于外国输入的玻璃,代表性的遗物是西安东郊清禅寺隋舍利墓的玻璃细颈瓶(图1-8)。瓶高1厘米,足径0.75厘米。小口沿略外展,细直颈,颈下有圆形的折棱托,托下为球形器体,下有圈足。器腹肩部饰凸起的倒置等腰三角形4个,相互对称。球腹还有凸起后又凹下的圆形饰4个。由圆形饰向内正视,里面有4个小圆珠。绿色透明,无模吹制而成。器腹上凸起的圆形饰是萨珊玻璃器上常见的装饰,萨珊玻璃器中有许多相同的器物[2]。公元3至7世纪伊朗高原的萨珊王朝生产的玻璃器,在世界玻璃制造业的发展中十分重要,也为玻璃由西向东传播作出了重要贡献。早在隋代以前,北京西郊西晋王浚妻华芳墓、湖北鄂城西晋墓、宁夏固原北周李贤夫妇、山西大同北魏墓都曾出土萨珊玻璃器[3]。西安市东郊清禅寺隋代玻璃瓶,小巧玲珑,制造技术娴熟,是萨珊玻璃器中的精品。不过这件器物虽发现于隋代寺院遗址中,其制造年代可能略早。新疆库车发现的一件高足杯,高9.7厘米,直径12.1厘米。蓝绿色,采用吹制技术,杯体和高足分别制作,然后粘在一起,杯身还粘贴圆饼装饰,应该是一件萨珊器物[4](图1-9)。

隋代中国生产的玻璃器中,还有一种是在中国传统工艺的基础上发展而来的,其原料成分特征是含铅较高,通常称为铅玻璃。这种玻璃器主要有李静训墓出土的玻璃罐、卵形器和管形器,广西钦州市久隆1号隋墓出土的玻璃高足杯。这几件

---

[1] 安家瑶:《中国的早期玻璃器皿》,《考古学报》1984年4期。

[2] 齐东方、张静:《中国出土的波斯萨珊凸出圆纹切子装饰玻璃器》,《创大アヅア研究》第16号,创价大学アヅア研究所,1995年。

[3] 安家瑶:《中国的早期玻璃器皿》,《考古学报》1984年4期。

[4] 东京印书馆:《中国·美の十字路展》,印象社,2005年,138页。

图 1-8　陕西西安清禅寺出土隋代玻璃细颈瓶

图 1-9　新疆库车发现玻璃高足杯

图 1-10　李静训墓出土玻璃罐

器物均为淡绿色。李静训墓出土的玻璃罐透明度较好,内外壁光洁,为无模吹制成型。玻璃罐及盖的成分经过 X 荧光分析,是高铅玻璃。钦州市久隆 1 号隋墓出土的玻璃高足杯原料中铅的含量也很高。

　　李静训墓玻璃罐的造型显然是中国风格(图 1-10),罐口径 2.8 厘米,高 4.3 厘米。敛口,器口上有磨平的痕迹,带扁圆形的盖。鼓腹,圜底,整个器身近似圆形。同墓出土 1 件器形和尺寸与之相似的白瓷罐。西安开皇十二年(586)吕武墓也发现有相同的器物[1],这种器物在隋代陶瓷器中经常见到。李静训墓的卵形器(图 1-11),直径 4.7—6.3 厘米。2 件卵形器一大一小,器壁很薄,中空,一端有一小孔,虽然用途不明,但中国汉代和宋代都发现过其他质地的卵形器。管形器呈圆棒状、中空,前所未见,其质地色彩与玻璃罐、卵形器相同。铅玻璃在中国春秋战国时就已出现,在成分上与西方玻璃不同,一般认为这是中国玻璃最重要的特点。如果加上器物造型与中国传统器物一致,那么这类玻璃应是中国自产的器物。

---

[1] 中国科学院考古研究所:《西安郊区隋唐墓》,科学出版社,1966 年,图版叁柒: 1。

图 1-11　李静训墓出土玻璃卵形器

广西钦州市久隆 1 号隋墓的玻璃高足杯(图 1-12)，直口外侈，深腹圜底，下部有喇叭形高足，高足中部凸起一周，造型优美典雅。高足杯是南北朝以后在西方器物影响下出现并开始流行的，在隋唐时期的银、铜、铅、陶瓷器中多有发现[1]。因此从原料成分判定，这件高足杯应制造于中国，但其造型带有浓厚的外来风格。西安郊区隋开皇十二年(592)墓也出土 1 件玻璃高足杯(图 1-13)。

隋代玻璃器中最重要的一种是受西方影响、用新技术自行生产的玻璃器。这类玻璃器的特征是成分中含钠钙较高，通常称为钠钙玻璃，而造型则是中国式的。这种玻璃器有李静训墓出土的蓝色小杯、绿色小杯、绿扁瓶。均为无模吹制成型，器物底部有使用铁棒技术留下的瘢痕。蓝色小杯淡蓝色透明(图 1-14)，风化较严重，虹彩现象明显。绿色小杯淡绿色透明，其他特征与蓝色小杯一样(图 1-15)。绿扁瓶淡绿色透明(图 1-16)。成分经过 X 荧光分析，为钠钙玻璃。此外，河北定县塔基出土的天蓝色玻璃瓶(图 1-17)，成分经过 X 荧光分析，也是钠钙玻璃。

[1] 齐东方：《唐代高足杯研究》，《唐代金银器研究》，中国社会科学出版社，1999 年。

图 1-12　广西钦州久隆 1 号隋墓出土玻璃高足杯　　图 1-13　陕西西安隋墓出土玻璃高足杯

图 1-14　李静训墓出土蓝色玻璃小杯　　图 1-15　李静训墓出土绿色玻璃小杯

图1-16　李静训墓出土玻璃绿扁瓶　　　图1-17　河北定县塔基出土天蓝色玻璃瓶

从原料和制作技术上看，钠钙玻璃、铁棒吹制技术是西方玻璃工艺的普遍特征，隋代以前中国生产的玻璃器物中很少，然而这些玻璃器在器形方面却属中国风格。李静训墓的蓝色小杯和绿色小杯，圆口，器壁略斜，深腹，矮圈足，这种造型在隋代其他质料的器物中经常发现，是符合中国传统的器物。玻璃扁瓶口径3.8厘米，足径4.9厘米，高12.3厘米。直口，卷唇，颈部稍长，流肩，鼓腹，扁体，圈足。此瓶的形制特征中最突出的是呈扁体，形制相似的瓷质扁壶也在北齐、隋代的墓葬中时有发现。陕西耀县隋舍利塔基石函中出土的绿色带盖的玻璃瓶，造型与汉代以来的壶一样，器盖上带宝珠式的纽也是中国特有的风格。河北定县塔基出土的天蓝色瓶，造型与耀县塔基出土的玻璃瓶相似。这表明它们均应是中国自产的玻璃器皿。隋代姬威墓出土的玻璃小罐和杯，因报告简单，具体情况不详。

3. 器类、器形及制作工艺

隋代玻璃的器物种类比以前明显增多，出现了瓶、罐、管形器、卵形器和各种珠饰等。瓶的形制多样，有长颈瓶、无颈瓶、扁瓶和葫芦瓶等。杯类器有高足杯和敞口小杯等。器类与器形的增加，反映出玻璃器使用范围扩大，并在造型上模仿了当

图 1-18　陕西西安清禅寺出土隋代"围棋子"

时的瓷器。还有一些被称为玻璃珠或玻璃果、玻璃球的器物,有的形体较大,有孔,中空,器壁较薄,透明度高。西安市东郊清禅寺出土的玻璃珠,与战国至东汉时期

图 1-19　湖南长沙隋墓出土蓝玻璃指环

的"蜻蜓眼"式玻璃珠不同,被称为玻璃"围棋子"(图 1-18)。这种说法未必可靠,因为该器物个体较大,呈尖状,不易使用;没有穿孔,故而也不像是饰品。根据国外遗址的发掘,这种形状比较随意、个体又较大的玻璃珠,可能是玻璃原料。长沙出土有蓝玻璃戒指,或称指环(图 1-19)。由于玻璃易碎,可以作为镶嵌,而独立制作、用在手指上并不适合,故未必是戒指或指环[1]。

　　现代无色透明的玻璃光透过率达 92%,另 8% 因反射等原因扩散。隋代玻璃产品透明度较高,李静训墓玻璃多呈淡绿色,光亮透明。玻璃扁瓶的胎体内气泡很少,工艺精细,反映出隋代玻璃制作技术明显提高,甚至与现代玻璃相似,说明当时

[1]《中国美术全集·工艺美术编 10·金银玻璃珐琅器》,文物出版社,1989 年。

已较全面地掌握了玻璃工艺技术。

李静训墓中的玻璃扁瓶的口沿和圈足用玻璃条缠贴而成，无颈瓶口沿也是用玻璃条缠绕而成的。粘贴玻璃条作为装饰，是罗马、萨珊玻璃工艺的作法，中国早期自产玻璃中并无这种技术，只在输入品如北燕冯素弗墓出土的罗马玻璃器中见到[1]。许多器皿底部的瘢痕，是在吹制器物时因底部粘在铁棒上进行加工而留下的痕迹，这种方法被称为铁棒技术。中国最早期的玻璃器皿采用铸造技术，如河北满城汉墓出土的玻璃耳杯、盘[2]，铸造而成的器皿厚重粗糙，透明度很差。用吹制技术制作玻璃更为适合，制出的器物器壁较薄，可以发挥其他材质无法比拟的优点。隋代对西方玻璃工艺技术中吹制方法的掌握，改变了原有的传统，出现了光滑透明、焕然一新的器物。钠钙成分、铁棒技术、粘贴装饰是西方玻璃工艺的普遍特征，隋代出土器物表明，中国已经全面掌握了这些外来工艺，其质地和工艺水平接近西方玻璃器。

隋代高铅玻璃和钠钙玻璃共存。李静训墓出土的蓝色小杯和绿色小杯、玻璃扁瓶，陕西耀县出土的绿色带盖玻璃瓶，均为成分为钠钙、器形为中国特色的玻璃，是用外来技术制造出适合中国人使用和观赏的造型的器物，而广西钦州市久隆的玻璃高足杯，又用中国技术制造出了仿外来器物的造型。这不仅说明隋代在中国古代玻璃制造业发展中的过渡性质，也标志着中国玻璃制造进入了一个新的发展时期。

4. 隋代玻璃器发展的原因

隋代玻璃制造业的发展，可归纳出如下特点：

（1）玻璃器几乎全部出土于高级贵族墓或塔基里，显然是十分珍贵、受到特别重视的物品，被贵族和佛教寺院视为宝物珍藏。

（2）出现中国传统的高铅玻璃与西方钠钙玻璃共存的现象，而一部分钠钙玻璃是由中国自己制造的。

（3）器物种类增加，西汉、东汉时期所见的是造型简单的盘、杯，北魏时新出现

---

[1] 国家文物局、中国历史博物馆、中国革命博物馆：《国之瑰宝》，朝华出版社，1999年，164、165页。
[2] 《中国美术全集·工艺美术编10·金银玻璃珐琅器》，文物出版社，1989年，图二一一、二一二。

瓶、钵等，隋代有了各式各样的瓶罐、管形器、卵形器和各种珠饰等。

（4）制作工艺上采用了吹制成型、贴玻璃条为装饰等外来技术。

（5）不仅北方能制造玻璃，南方也能制造玻璃。

西晋诗人潘尼在《玻璃碗赋》中说"览方贡之彼珍，玮兹碗之独奇，济流沙之绝险，越葱岭之峻危，其由来也阻远"，道出了中国对外来玻璃的向往，也反映出西方玻璃器传入中国之不易。中国早期玻璃制造业并不发达，故诗人表达了对西方玻璃器神奇的歌颂。到了北魏时期情况略有改变。《北史·大月氏传》中记载，魏武帝时，有月氏人来到京师，自云能作五色琉璃，并采矿铸之，"自此，国中琉璃遂贱，人不复珍之"。所谓"五色琉璃"，应该就是指玻璃。因为中国自汉以来一直在制造釉陶，釉陶本是普及之物，无所谓珍贵，故《北史》中特书一笔的五色琉璃，似乎非玻璃莫属。但从记载中可以看出，北魏时中国玻璃器的制作仍需借助西方艺匠的帮助。

文献中还有一段令人感兴趣的记述："（何）稠博览古图，多识旧物……时中国久绝琉璃作，匠人无敢措意，稠以绿瓷为之，与真不异。"[1]如果说《北史》中记载的五色琉璃是否为玻璃，多少还值得怀疑的话，这里的琉璃确指玻璃，应无大问题，因为"以绿瓷为之，与真不异"，已说明"琉璃"不是带釉的陶瓷器，也不是与瓷相类又不如瓷的釉陶了。瓷器无论多么精致，也难赶得上玻璃的晶莹。文献中特别提到"以绿瓷为之"，恰好目前出土的隋代玻璃大多是绿色的，似乎当时的玻璃以绿色最多，所以用瓷器仿制时也选择绿瓷，如此实物与文献记录正相吻合。值得注意的是，从与玻璃制造有关的文献中可以看到，北魏时制作五色琉璃的是月氏人，隋代恢复琉璃制作的何稠是粟特人，他们都了解西方玻璃工艺技术，故能为中国玻璃制作作出贡献，反映出中国玻璃手工业的发展与西方有密切的联系。隋代在北魏基础上进行了不断探索创新，终于制造出了有自身特色的玻璃制品。

（本文原名"隋代玻璃"，载（台湾）《故宫文物月刊》第六十卷第六期，1998 年。此次重刊略有修订。）

---

[1]《北史》卷九〇《何稠传》，2985 页；《隋书》卷六八《何稠传》，1709 页。

2

照人鉴形：铜镜

生活用品包罗万象，铜镜不仅在日常生活中映面照形，也成为死后墓葬中常见的器物。因为种类繁多，出土位置各异，无论是在现实生活中还是随葬于墓内，铜镜都有着更多的意义。以往关于铜镜的研究多关注类型分期、内容风格和出土位置的探讨[1]，对铜镜特征、总体演变趋势的认识趋于一致。隋唐铜镜变化的界限在约七八世纪之交，外在的变化是铜镜突破单一的圆形，出现菱花形、葵花形、方形、圆角方形等；装饰则摆脱了按区分隔的束缚，图案式纹样逐渐转变为绘画式的表现，以植物纹的大量切入为起点，自然流畅的花草，体态轻盈的鸟兽，甚至历史人物故事也进入其中，彻底与汉代以来铜镜拘谨的造型和呆板的纹样分道扬镳。这时的铜镜主要还是由官府及少数地点制作的，造型、纹样风格有很大的一致性，又随着时代同步转变，暗示出与人的思想观念、艺术品位和社会时尚变化关系紧密。这些现象虽然早在 20 世纪 50 年代学人就已注意到[2]，近年有关铜镜研究的文章也或多或少地有所涉及，不过比起类型分期、内容风格的研究而言，仍然显得薄弱。

铜镜是一种特殊的器物，古人相信它具有神奇的作用。文献记载的诸多的传奇故事本身虽未必可信，却是当时人们的观念及行为的反映。考古现场中铜镜的出土状况、铜镜的样式也表明，铜镜大大超出了映面照形的基本功能。铜镜反射光线、映出物象，人们面对镜中的自身，不仅产生了种种感慨，留下了大量吟咏的诗

---

[1] 孔祥星：《隋唐铜镜的类型与分期》，《中国考古学会第一次年会论文集》，文物出版社，1979 年，380—399 页；徐殿魁：《唐镜分期的考古学探讨》，《考古学报》1994 年 3 期；颜娟英：《唐代铜镜文饰之内容与风格》，《中研院历史语言研究所集刊》第六十本第二分册，1989 年，289—366 页；王锋钧、杨宏毅：《铜镜出土状态研究》，《西安文物考古研究》，陕西人民出版社，2004 年，70—100 页；尚刚：《隋唐五代工艺美术史》，人民美术出版社，2005 年，191—204 页。

[2] 沈从文：《唐宋铜镜》，中国古典艺术出版社，1958 年。

文,还赋予了铜镜宝器、礼品、信物、法器等性质,故铜镜在文化生活中具有了特殊的社会价值。而这些延伸出的社会功能,又反过来影响了铜镜的设计制造,使铜镜体现出鲜明的时代特征。这些特征也是铜镜断代、分期的依据,可与考古类型学方法相得益彰,更直接展示出一定历史时期的社会风貌。

一、"照人""鉴人"与奉赏

《释名·释首饰》曰:"镜,景也,言有光景也。"《广雅·释器》曰:"鉴谓之镜。"在没有使用铜镜以前,人们常在鉴内盛水用来照影,因而后来也称铜镜为"鉴"。"鉴"与"镜"在映面照形的意思上相通,但"鉴"字意义广泛,除了实用含义外,更在思想观念上有所引申,超越了"可以鉴形"的单一功能。故《庄子·应帝王》曰:"至人之用心若镜。"《淮南子·览冥训》又曰:"故圣若镜,不将不迎,应而不藏,故万化而无伤。"[1]以镜喻心,主张无欲、无我的空静状态。《韩非子·观行》曰:"古之人目短于自见,故以镜观面;智短于自知,故以道正己。镜无见疵之罪,道无明过之怨。目失镜,则无以正须眉,身失道,则无以知迷惑。"[2]将"镜"与"道"并论,强调反省自我。

《西京杂记》记载:"(咸阳宫)有方镜,广四尺,高五尺九寸,表里有明。人直来照之,影则倒见。以手扪心而来,则见肠胃五脏,历然无碍。人有疾病在内,则掩心而照之,则知病之所在。又女子有邪心,则胆张心动。秦始皇常以照宫人,胆张心动者则杀之。"[3]这里说的以镜照人,已经不只是形,而指向了人的内在状态。将能照见人"肠胃五脏"的镜置于宫殿中,可以起到威慑作用。这一可洞明表里的秦王之镜的故事影响甚远,日后竟成为一种比喻,直到近代人们仍用"高悬秦镜"来形容断案公正,执法严明。

---

[1] 张双棣:《淮南子校释》,北京大学出版社,1997年,657页。

[2] 《韩非子校注》卷八《观行》,凤凰出版社,2009年,275页。

[3] 葛洪:《西京杂记》卷三《咸阳宫异物》,《汉魏六朝笔记小说大观》,上海古籍出版社,1999年,97页。

镜子可以反射人的五脏六腑、血萦脉动的志怪传说影响很大，后代类似的故事不断涌现。《太平广记》引《松窗录》载："会有渔人于秦淮垂机网下深处，忽觉力重，异于常时。及敛就水次，卒不获一鳞，但得古铜镜可尺余，光浮于波际。渔人取视之，历历尽见五脏六腑，血萦脉动，竦骇气魄。因腕战而坠。"[1]能将人体展示透彻的铜镜，令渔夫胆战心惊。

皎洁鉴人的镜还给照镜人带来了自我审视的启发。《战国策》中就有著名的"邹忌讽齐王纳谏"的故事，说邹忌"朝服衣冠，窥镜，谓其妻曰：'我孰与城北徐公美？'"妻子、妾、客人都说：徐公不如你漂亮。而后邹忌仔细与徐公对照，"自以为不如，窥镜而自视，又弗如远甚"。于是悟到："吾妻之美我者，私我也；妾之美我者，畏我也；客之美我者，欲有求于我也。"后来就把这个观镜以自知的道理讲给了齐王。

观镜而"自我"检讨反省，又进一步引申到政治上的"清明如镜"。唐太宗有名言："以铜为镜，可以正衣冠；以古为镜，可以知兴替；以人为镜，可以明得失。"[2]将铜镜映面照形的功能上升到鉴别人们行为得失的高度。鉴人甚至可转化为监视，少府监裴匪舒"为上造镜殿成"，帝与宰相刘仁轨去参观悬挂铜镜的宫殿，刘仁轨惊于"适视四壁有数天子"，以"天无二日、土无二王"为由劝帝撤掉铜镜[3]。

在被赋予神圣功能的镜子，自然会在制作上发生改变。洛阳偃师开元二十六年（738）李景由墓出土一面六瓣菱花镜，镜背贴上整块的银壳，錾刻纹样并鎏金（图2-1）[4]。太和三年（829）高秀峰墓中的这类镜（图2-2）[5]，由于已经脱裂，可以看出原来是整体镶嵌上去的。西安韩森寨还发现已经脱落的银镜背（图2-3）[6]。这类镜多为修剪金银片、锤揲纹样后嵌于镜背[7]。如此精心制

［1］《太平广记》卷二三二引《松窗录》，中华书局，1981年，1777页。

［2］吴兢：《贞观政要》卷二《任贤》，上海古籍出版社，1978年，33页。

［3］《资治通鉴》卷二〇二"高宗开耀元年"条，6401页。

［4］中国社会科学院考古研究所：《偃师杏园唐墓》，科学出版社，2001年，彩版8。

［5］洛阳市文物工作队：《洛阳市东明小区C5M1542唐墓》，《文物》2004年7期。

［6］《大唐王朝的华—都·长安の女性ちた》，朝日新闻社，1996年，123页。

［7］西安东郊闫智墓的金背镜，金壳厚0.255毫米。这面镜被认为是先铸造好高浮雕的金壳，再在其上铸造铜胎。杨忙忙、杨军昌：《唐金背禽兽葡萄镜钙化锈的清除及研究》，《考古与文物》2006年5期。

图2-1　河南洛阳唐李景由墓出土六瓣菱花镜

图2-2　河南洛阳唐高秀峰墓出土六瓣菱花镜

图 2-3　陕西西安韩森寨唐墓出土银背镜

作，大约不光是用于映面照形。唐初高季辅为官清廉，"太宗尝赐金背镜一面，以表其清鉴焉"[1]。用金背镜嘉奖高季辅，与上述太宗的镜鉴思想相通。

　　唐代曾把八月五日唐玄宗的生日定为千秋节，此节日朝廷会举行盛典。皇帝赏镜于大臣、大臣向皇帝献镜，是节日仪式内容之一[2]。赏镜、献镜意义特殊。独孤及献镜时上表奏云："……以去年五月五日，于淮阳铸上件镜，欲献之行在，为圣皇寿……谨遣某乙进上件二镜，一献圣皇，一献陛下。……臣故以金龙饰镜，以表圣德。"[3]为歌颂圣德专门制镜，其用意何在？有关千秋节的赋诗中多有透露。臣

[1]《旧唐书》卷七八《高季辅传》，2703 页。

[2]《旧唐书》卷八《玄宗本纪》："上以降诞日，宴百僚于花萼楼下。百僚表请以每年八月五日为千秋节，王公已下献镜及承露囊。"开元十八年，玄宗"御花萼楼，以千秋节百官献贺，赐四品已上金镜、珠囊、缣彩，赐五品已下束帛有差"。193、195 页。

[3] 独孤及：《为独孤中丞天长节进镜表》，《全唐文》卷三八五，中华书局，1983 年。

下企盼"不承悬象意,谁辨照心明"[1]"色与皇明散,光随圣泽来"[2]。皇帝则希望:"分将赐群后,遇象见清心。"[3]政治寓意昭然。

在皇帝生日为节日的特殊时刻赏镜、献镜既已成为惯例,制作自然务求精美。这很容易令人想到文献中的"盘龙镜""千秋镜"。张汇《千秋镜赋》云:"匠人有作,或铸或镕,是磨是削,刻以为龙,镂以成鹊。初临玉扆,透鸾影而将飞;未对金墀,拂菱花而不着。"[4]"为龙""成鹊""鸾影""菱花",足见种类庞杂,如配上"千秋"铭文,从功能的角度都可归为特殊制造的"千秋镜"类。目前考古发现的带有千秋镜铭的铜镜,镜铭有"千秋""千秋万岁""万春千秋"[5](图2-4);有时为花鸟和月宫图案结合,铭文中再配上"万岁"二字。与"千秋"等文字结合的镜类,其时代大都在唐玄宗时期。西安热电厂唐墓M124出土"千秋万岁"铜镜[6],可见这种铜镜也为民间使用。

图2-4　带有"千秋"铭文的双鸾镜　　　图2-5　河南洛阳唐李景由墓出土盘龙镜

---

[1]　张说:《奉和圣制赐王公千秋镜应制》,《全唐诗》卷八七,中华书局,1996年。

[2]　席豫:《奉和敕赐公主镜》,《全唐诗》卷一一一。

[3]　唐玄宗:《千秋节赐群臣镜》,《全唐诗》卷三。

[4]　张汇:《千秋镜赋》,《全唐文》卷六一五。

[5]　"千秋""千秋万岁"铭盘龙镜见《中国文物精华大全·青铜卷》图1281、1292;"万春千秋"铭盘龙镜见胡仁宜:《皖西博物馆收藏的部分古代铜镜》,《考古》1996年12期;"千秋"铭双鸾镜见孔祥星、刘一曼:《中国铜镜图典》图564、580,文物出版社,1997年。

[6]　西安市文物管理处:《西安西郊热电厂基建工地隋唐墓葬清理简报》,《考古与文物》1991年4期。

　　洛阳偃师杏园开元二十六年(738)李景由墓出土 1 面铜镜,镜背为一盘曲腾飞于云气中的龙[1](图 2-5)。文献有载扬州曾向皇室献盘龙宝镜[2]。不过在唐代,龙纹并非皇室专用,也流传在民间。白居易《感镜》诗道:"美人与我别,留镜在匣中。自从花颜去,秋水无芙蓉。经年不开匣,红埃覆青铜。今朝一拂拭,自照憔悴容。照罢重惆怅,背有双盘龙。"[3]怀念故人、感叹时光之象征,正是盘龙镜。

　　千秋节赏赐铜镜之热烈,由"宝镜群臣得,金吾万国回"可见,但安史之乱后这一盛况不复存在,"自罢千秋节,频伤八月来。先朝常宴会,壮观已尘埃"[4]。诗人发出的感叹,是"盘龙镜""千秋镜"在历史长河中的回响。

二、装饰与信物

　　铜镜本用于"整饰容颜,修尔法服,正尔衣冠"[5],但也可以用于装饰。唐初高宗宫殿悬镜,因大臣异议而作罢[6],但这种极为华丽的墙壁装饰后来又再次出现:"敬宗荒恣,宫中造清思院新殿,用铜镜三千片、黄白金薄十万番。"[7]《册府元龟》载:"敬宗宝历元年七月乙亥,度支准宣进镜铜三千余斤、黄金银薄总十万番,充修清思院新殿及阳德殿图障。"[8]清思殿遗址已发掘,获铜镜残片 17 片[9],似乎当年的确使用大量铜镜作装饰。清明莹澈的铜镜作为装饰美化的饰件,用途很广,

[1] 中国社会科学院考古研究所:《偃师杏园唐墓》,科学出版社,2001 年,彩版 10：4。

[2] 《太平广记》卷二三一引《异闻录》:"唐天宝三载五月十五日,扬州进水心镜一面,纵横九寸,青莹耀日,背有盘龙长三尺四寸五分,势如生动。"1771 页。

[3] 《全唐诗》卷四三三。还有李白《代美人愁镜二首》:"美人赠此盘龙之宝镜,烛我金缕之罗衣。"(《全唐诗》卷八六)张说《咏镜》:"宝镜如明月,出自秦宫样,隐起双蟠龙,衔珠俨相向。"(《全唐诗》卷一八四)

[4] 杜甫:《千秋节有感》,《全唐诗》卷二三三。

[5] 《艺文类聚》卷七〇《服饰部下》引汉李尤《镜铭》,上海古籍出版社,1986 年,1228 页。

[6] 《资治通鉴》卷二〇二"高宗开耀元年"条,6401 页。

[7] 《旧唐书》卷一五三《薛廷老传》,4090 页。

[8] 《册府元龟》卷一四《帝王部·都邑二》,中华书局,1960 年,160 页下。

[9] 马得志:《唐长安城发掘新收获》,《考古》1987 年 4 期。

如唐代天子乘坐的车有用铜镜装饰者，"青盖三层，绣饰，上设博山方镜，下圆镜"[1]。还有人以铜镜为佩饰[2]。

　　人们每日临镜，不分男女。唐代新翰林学士由内库颁发铜镜[3]，以备其生活日用。铜镜有时会引发微妙的情绪变化，人们或自鸣得意，或目露悲伤。白居易的

图 2-6　西藏拉萨布达拉宫金城公主照容图

诗中有"皎皎青铜镜，斑斑白丝鬓""一与清光对，方知白发多"[4]，以此感慨时光流逝。出于爱美的天性，铜镜更为女性所常用，西藏拉萨布达拉宫有金城公主照容图（图 2-6），唐墓中还出土有手持铜镜的女俑（图 2-7），生动地再现了唐代女性"照花前后镜，花面交相映"[5]的妆扮场景。容颜憔悴，顾影自怜，提醒着岁月的流逝，便有了"长眉凝绿几千年，清凉堪老镜中鸾"的慨叹[6]。而怀念女子的故去，也常用"铜镜蒙尘""镜台已空"来比喻，这些情境

使铜镜成了转换时空的寄情工具。用铜镜表现爱情，在古代诗文中更加常见，男女相爱、闺阁思念常以铜镜为话题，就有了"若道人心变，从渠照胆看"[7]"春风鸾镜愁中影"等诗句[8]。

[1]《新唐书》卷二四《车服志》，511 页。

[2]《太平广记》卷一九四引《传奇》，1454 页。

[3] 李肇《翰林志》载："内库给（新翰林学士）青绮锦被、青绮方褥、青绫单帊、漆通中枕、铜镜、漆奁、象篦、大小象梳、漆箱、铜挈罗、铜嘴碗、紫丝履、白布手巾、画木架、床炉、铜案、席、毡、褥之类毕备。"（台湾商务印书馆影印文渊阁《四库全书》本，册 595，299 页下—300 页上）

[4] 白居易：《照镜》《新磨镜》，《全唐诗》卷四三二、四三七。

[5] 温庭筠：《菩萨蛮》，《全唐诗》卷八九一。

[6] 李贺：《贝宫夫人》，《全唐诗》卷三九三。

[7] 张文成：《扬州青铜镜留与十娘》，《全唐诗逸》卷下，中华书局，1996 年。

[8] 戴叔伦：《宫词》，《全唐诗》卷二七三。

图2-7　唐墓出土女子照镜俑

　　诗文用文字表达情感。当铜镜在诗文中承载更多的情感时，在现实生活中，铜
镜也就有了特殊的象征意义。唐人把铜镜当成婚姻的信物，婚礼中就有了共结镜
纽的仪式[1]，以表达百年好合、永不分离之意。与之相关，破镜与合镜则寓意夫妇
的离与合。《太平御览》引《神异经》载："昔有夫妻相别，破镜各执半以为信。"[2]
这是后代"破镜重圆"成语的来源。隋代有执破镜重聚的故事：徐德言与妻子陈
氏，怕战乱不能相保，乃破一镜，人执其半，约好分离后合镜寻找对方，后来果然通
过这个办法重新相聚。由此，"佳人失手镜初分，何日团圆再会君"[3]"感破镜之
分明，睹泪痕之余血"[4]等，成了离散夫妇重新聚合的向往，因为这一美好期望，
"破镜重圆"的成语流传至今。而在考古发现中，战国时期就有打破铜镜分放墓中

[1] 段成式《酉阳杂俎》前集卷一载："近代婚礼……娶妇，夫妇并拜或共结镜纽。"中华书局，1981年，
　　8页。
[2] 《太平御览》卷七一七，3179页。
[3] 杜牧：《破镜》，《全唐诗》卷五二四。
[4] 元稹：《决绝词》，《全唐诗》卷二〇。

的现象，洛阳烧沟 38 号墓，男女两棺各出半面镜，完全可以对合，当是一方去世时将镜破为两半，一半随先死者下葬，待另一方去世时，再将另一半镜随葬，以此期待夫妻"破镜重圆"[1]。四川万县唐墓出有一件葡萄镜，是打破后放入墓中的[2]。西安郊区唐墓也出有破为两半的铜镜[3]（图 2-8）。

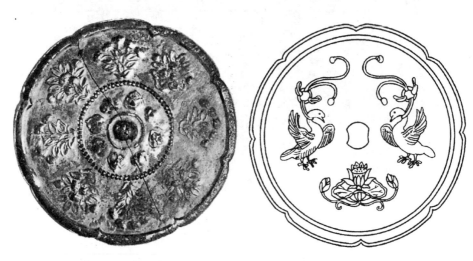

图 2-8　陕西西安唐墓出土破为两半的铜镜　　图 2-9　河南洛阳偃师杏园唐卢氏墓出土对鸟镜

　　铜镜既然可以作为爱情的见证，当然会影响铜镜的制作，唐代流行的双鸾镜、对鸟镜，或许与此有关。洛阳偃师杏园开元十年（722）卢氏墓的对鸟镜，下有莲花茎叶，镜纽两侧各饰系绶带的鸟（图 2-9）。偃师杏园唐代宗大历十三年（778）郑洵墓出土的对鸟镜，上面的对鸟展翅翘尾，口衔绶带（图 2-10）[4]。双鸾镜、对鸟镜多出土于 8 世纪以后的墓葬中，图像为两禽鸟左右相对的均衡构图，极少搭配其他纹样，主题突出，情调高雅。这些镜可能就是唐人反复歌咏的"双鸾镜""双凤镜"。因此男女分离，也被称作"镜分鸾别"。

[1]　王锋钧、杨宏毅：《铜镜出土状态研究》，《西安文物考古研究》，陕西人民出版社，2004 年，70—100 页。
[2]　四川省博物馆：《四川万县唐墓》，《考古学报》1980 年 4 期。
[3]　中国科学院考古研究所：《西安郊区隋唐墓》，科学出版社，1966 年。
[4]　中国社会科学院考古研究所：《偃师杏园唐墓》，科学出版社，2001 年，75、138 页。

图2-10　河南洛阳偃师杏园唐郑洵墓出土对鸟镜

唐人小说《游仙窟》描写张郎馈赠十娘扬州铜镜，并赠诗："仙人好负局，隐士屡潜观。映水菱光散，临风竹影寒。月下时惊鹊，池边独舞鸾。若道人心变，从渠照胆看。"诗中的仙人、隐者、竹影、舞鸾，是唐镜中实际存在的主题。故宫博物院藏葵花形镜，上方饰祥云托月纹，下方饰池水山石，自池中生出一枝莲叶，即为纽座。左侧一人坐而抚琴，前设香案，后依竹林。右侧一凤，上方饰六瓣花两枝。外区为一周铭文带："凤凰双镜南金装，阴阳各为配，日月恒相会，白玉芙蓉匣，翠羽琼瑶带，同心人，心相亲，照心照胆保千春。"（图2-11）实物铭文与诗意相合。张郎赠十娘的铜镜，可能便是这种样式。图案中只见一只凤，而铭文却道"凤凰双镜"，故而猜测在当时这种铜镜应该是两两成对的。至于"洞心照胆""胆照光来"等相似的词句，也在铜镜铭文中经常可以见到。

图2-11　故宫博物院藏葵花镜

三、预兆与辟邪

铜镜中的影像可反映凶吉,这类历史传说很多。三国时孙策杀了道士于吉,后来照镜子时,"见吉在镜中,顾而弗见,如是再三。因扑镜大叫,创皆崩裂,须臾而死"[1]。隋代"苏威有镜殊精好。日月蚀既,镜亦昏黑无所见。威以左右所污,不以为意。他日,月蚀半缺,其镜亦半昏如之,于是始宝藏之。后柜中有声如雷,寻之乃镜声。无何而子夔死,后又有声而威败"[2]。苏威的故事说明,当灾难来临时,铜镜会通过明暗和声响传达信号。此类故事一直延续至唐,唐代"罗立言为京兆尹,尝因入朝,既冠带,引镜自视,不见其首,遂语于季弟约言。后果为李训连坐,诛死"[3]。都说引镜自照时出现了灾难的先兆。当然,也有好事的吉兆。唐中宗起先做太子时被武则天废掉,流放于房陵,"有人渡水,拾得古镜,进之。帝照面,其镜中影人语曰:'即作天子。'未浃旬,复居帝位"[4]。唐代宋璟早年一日照镜,身影忽成"相"字,后来果然成了宰相[5]。凝神观镜,或预见了喜事,或感受到了死亡,至多是人的知觉转化为了幻觉、错觉。这些传说与现实生活联系在一起,被编成了各种传奇故事。

由于人们崇信镜中影暗示的祸与福,故遇到灾难或面对恐惧时,希望能通过铜镜事先得知并加以回避。《古镜记》讲述王度持有"百邪远人"的古镜,可照出妖魔的原形,还能救治疾病,因为古镜而出现了一系列奇迹[6]。有关镜子具有诊断连带治病功能的记载很多。"叶法善有一铁镜,鉴物如水,人每有疾病,以镜照之,尽见脏腑中所滞之物,后以药疗之,竟至痊瘥。"[7]铜镜不仅可以诊断疾病,还可以用

---

[1]《搜神记》卷二,中华书局,1980年,10—11页。

[2]《太平广记》卷二三〇引《传记》,1761页。

[3]《太平广记》卷一四四引《宣室志》,1036页。

[4]《太平广记》卷一三五引《独异志》,971页。

[5]五代王仁裕:《开元天宝遗事》卷上《镜影成相字》,丁如明辑校《开元天宝遗事十种》,上海古籍出版社,1985年,80页。

[6]《太平广记》卷二三〇引《异闻集》,1761页。

[7]五代王仁裕:《开元天宝遗事》卷上《照病镜》,74页。

于占卜，"镜听"就是唐代占卜的一种形式。王建《镜听词》曰："重重摩挲嫁时镜，夫婿远行凭镜听。回身不遣别人知，人意丁宁镜神圣。"[1]女子用镜占卜丈夫能否归来，表达了对出门远行丈夫的思念。

"镜可以辟邪，鉴万物"[2]是唐朝人的观念，并在预示吉凶、辟邪免灾基础上增加了诊断治病、占卜预言等功能，铜镜的用途越来越丰富。从考古发现来看，墓葬中的铜镜多发现于尸体旁，原本放在织物做成的镜囊中，或放在梳妆奁盒内，即为日常生活所用。但铜镜携带的各种复杂功能，使铜镜尺寸、纹样、出土位置、出土数量各有不同，表明无论是在墓中，还是在现实生活中，铜镜可以完全相异。可以肯定，葬仪中有专门制作的铜镜，这一做法由来已久，汉代墓葬中就出土有不具备实用性的小铜镜，但这类小铜镜上却有使用磨损痕迹，推测可能是生前系在腰间的装饰或辟邪用物[3]。有些铜镜上有"左龙右虎辟不祥，朱雀玄武顺阴阳"类的铭文，即便不是专门的葬仪用镜，也当兼有其他功能。汉代墓葬中还有在尸体的漆面罩上镶嵌铜镜的现象[4]。

生活中的铜镜固然可以用于葬仪，但有些铜镜是特别制作的。西安唐代李爽墓发现小铜镜 3 枚，直径 4.1 厘米，其中两件背面饰有锯齿形花纹，一件则无纹饰[5]。西安唐代李凤墓出土小铜镜 1 枚，直径 3.5 厘米[6]。西安唐代李寿墓墓室北边两角各有小铜镜 1 枚[7]。这些小铜镜显然不适用于生活中照面观形，应是特制的葬仪用物。西安东郊唐代温绰墓中出有小铜镜 10 枚（图 2 - 12），出土时放在木俑和漆木器之间，铜镜上粘有木片或红漆的痕迹，推测是漆木器或木俑身上的饰件，也许是辟邪降魔之物[8]。它们虽然仍可称为铜镜，却非生活中照人之用，不过以铜镜为形，它们是由铜镜演化出来的特殊用品。葬仪用镜有的还悬于墓顶，有

---

[1] 王建：《镜听词》，《全唐诗》卷二九八，3386 页。
[2] 《太平广记》卷二三一引《异闻录》，1771 页。
[3] 王锋钧、杨宏毅：《铜镜出土状态研究》，《西安文物考古研究》，陕西人民出版社，2004 年，70—100 页。
[4] 扬州博物馆：《扬州平山养殖场汉墓清理简报》，《文物》1987 年 1 期。
[5] 陕西省文物管理委员会：《西安羊头镇唐李爽墓的发掘》，《文物》1959 年 3 期。
[6] 富平县文化馆、陕西省博物馆、陕西省文物管理委员会：《唐李凤墓发掘简报》，《考古》1977 年 5 期。
[7] 陕西省博物馆、陕西省文管会：《唐李寿墓发掘简报》，《文物》1974 年 9 期。
[8] 西安市文物保护考古所：《西安东郊唐温绰、温思暕墓发掘简报》，《文物》2002 年 12 期。

图 2-12　陕西西安唐温绰墓出土小铜镜

的放在墓的四角,有的钉在棺上。这种习俗一直延续至宋,陕西丹凤县高雒镇宋
墓共 6 个墓室[1],出土铜镜 6 枚,原来挂在 6 个墓室的顶部。山西侯马董海墓
前、后室顶部正中都悬挂有一面铜镜。对此宋代文献有明确的解释:"用镜悬之棺

[1] 陕西省文管会:《陕西丹凤县商雒镇宋墓清理简报》,《文物参考资料》1956 年 12 期。

盖，以照尸者，往往谓取光明破暗之意。"[1]

四、宗教法器

　　能预测祸福凶吉，或使百鬼不能隐形，这类铜镜也是宗教的工具。中国古代凡学道术者，皆须有好剑、好镜随身[2]，故在道家手中，铜镜成为通神明之器。葛洪《抱朴子》在问知将来吉凶时答曰："或用明镜九寸以上自照，有所思存，七日七夕则见神仙。""明镜或用一或用二，谓之日月镜，或用四，谓之四规镜。四规者，照之时，前后左右各施一也。用四规所见来神甚多。"[3]

　　铜镜作为道教活动中的法器，自汉代以后一直延续，到唐代可以清楚地看到有专门制造的道家用镜。王育成先生撰文列举了21件道镜实物或图像，指出"道士还根据教理教义提出、设计、制造过相当数量的道教铜镜"。出土的遗物中有合肥出土的圆角方形八卦纹镜（图2-13）、浙江上虞收集的天象镜（图2-14）[4]。洛阳偃师杏园会昌五年（845）李廿五女墓[5]，墓葬没有被破坏，却出土一枚不足一半的

图2-13　安徽合肥唐墓出土圆角方形八卦纹镜

[1]　周密：《癸辛杂识·续集下》，中华书局，1997年，202页；段成式《酉阳杂俎》（122、123页）："铭旌出门，众人制裂将去。送亡人不可送韦革、铁物及铜磨镜使盖，言死者不可使见明也。""送亡者不赏镜奁盖。"这里提到的似乎应是不能送打磨光亮的铜镜。

[2]　《太平广记》卷二三一引《尚书故实》，1769页。

[3]　《抱朴子内篇校释》卷一五，中华书局，1985年，273页。

[4]　王育成：《唐代道教镜实物研究》，《唐研究》第6卷，北京大学出版社，2000年，28页；程红：《合肥出土、征集的部分古代铜镜》，《文物》1998年10期；任世龙：《浙江上虞县发现唐代天象镜》，《考古》1976年4期。

[5]　中国社会科学院考古研究所：《偃师杏园唐墓》，科学出版社，2001年，213、214页。

图2-14　浙江上虞收集天象镜

破镜,镜面银白色,抛光甚好,至今光亮如初,显然是有意放入墓里的。残镜上可辨识八卦、十二生肖纹样,镜背外区有文字,点画无缺,却无法辨识,应是道教符箓类文字(图2-15)。进行法事活动的道教镜,有的镜背铸有道家语,但真正的道教铜镜则出土不多(图2-16),多为传世品,这是因为此类镜很少用于随葬。但与道教信仰相关的八卦镜,通常纹样简洁,这类镜非道士也能拥有,因此发现较多。

　　铜镜作为法器也为佛教所用[1]。一些重要的佛事活动,朝廷会向寺院颁赐铜

[1]《太平广记》卷九〇"释僧志":"释宝志本姓朱,金城人,少出家,止江东道林寺,修习禅业。至宋大始初,忽如僻异,居止无定,饮食无时,发长数寸,常跣行街巷。执一锡杖,杖头挂剪刀及镜。"卷三八八"齐君房":"俄尔有胡僧(应为天竺僧人)自西而来,……乃探钵囊中,出一镜,背面皆莹彻。谓君房曰:'要知贵贱之分,修短之限,佛法兴替,吾道盛衰,宜一览焉。'君房览镜久之,谢曰:'报应之事,荣枯之理,谨知之矣。'僧收镜入囊,遂挈之而去,行十余步,旋失所在。是夕,君房至灵隐寺,乃剪发具戒,法名镜空。"

图2-15　河南洛阳偃师杏园唐李廿五女墓出土唐镜　　图2-16　传世唐代道教镜

镜。《入唐求法巡礼行记》载：开成五年(840)五月十七日，"每年敕使别送香花宝盖、真珠幡盖、佩玉宝珠、七宝宝冠、金镂香炉、大小明镜、花毯白氍、珍假花果等，积渐已多，堂里铺列不尽之。……宝装之镜，大小不知其数矣"[1]。咸通十五年(874)僖宗迎奉佛骨舍利于法门寺地宫，所施物品中可见有赐"镜二面"[2]。唐代著名的"盘龙镜"有时也用于法事活动，《酉阳杂俎》记开元中大旱，玄宗令僧一行祈雨，一行在内库中找到扬州所进盘龙镜，然后持入道场[3]。

　　文献记载中还有一种"百炼镜"。"百炼镜"原本是指铜镜愈炼愈精、愈清。文献载："扬州旧贡江心镜，五月五日扬子江所铸也。或言无百炼者，六七十炼则止，易破难成，往往有鸣者。"[4]因在扬子江中所铸，故又称"江心镜""水心镜"。这种奇异精美的铜镜，在印度尼西亚勿里洞"黑石号"沉船中出水(图2-17)，镜背饰青龙、白虎、朱雀、玄武和八卦纹，外有一周铭文："扬子江心百炼造成唐乾元元年戊戌

[1]　圆仁：《入唐求法巡礼行记》卷三，上海古籍出版社，1986年，117—118页。
[2]　法门寺地宫随真身衣物账录文参见齐东方：《唐代金银器研究》，中国社会科学出版社，1999年，15页。
[3]　《酉阳杂俎》前集卷三《贝编》，40页。
[4]　《太平广记》卷二三二引《国史补》，1776页。

图2-17　黑石号沉船出水"江心镜"

十一月廿九日于扬州。"尽管锈损严重，但十分珍贵。唐代真正意义上的四神镜(青龙、白虎、朱雀、玄武)很少，多是四兽镜；八卦镜虽稍多，但结合两者的罕见，而如"扬子江心百炼造成"的文字还属首次发现。这类镜可能与道家有关。《异闻录》载："天宝三载(744)五月十五日，扬州进水心镜一面，纵横九寸，青莹耀日，背有盘龙，长三尺四寸五分，势如生动。"这枚存于内库的铜镜于天宝七载(748)被道士

叶法善寻出祈雨[1]。"江心镜"的出现是在玄宗时期，唐德宗继位后提倡节俭，因其费工费时难以制成而作罢[2]。用于法事的铜镜又广泛扩展到各种祭祀活动中，《入唐求法巡礼行记》记载开成四年(839)五月二日"日没之时，于舶上祭天神地祇，亦官私绢、绞缬、镜等奉上于船上住吉大神"[3]。"黑石号"沉船中出水的"百炼镜"，虽与其他商品镜同在一条沉船中，但保存状态不同，似为特别保管，很可能是祭祀之用的铜镜。

五、结语

在关注铜镜的制作技术、制作年代及其艺术价值时，对其社会精神层面的意义探寻也十分重要。镜中影如同幻象，在人的思想和情感的加工下，可以产生各种联想，配合着临镜时的内心活动，生活中的紧张与压抑的潜意识化了神秘。当面对镜中"自我"时，不由发出思念、回忆的喟叹，再加上多种信仰观念，使铜镜从照容梳

---

[1]《太平广记》卷二三一引《异闻录》，1771、1772页。
[2]《旧唐书》卷一二《德宗本纪上》："己未，扬州每年贡端午日江心所铸镜，幽州贡麝香，皆罢之。"22页。
[3]圆仁：《入唐求法巡礼行记》卷一，57页。

妆、整饰衣冠的基本作用中衍生出新的功能，而用于更加广泛的领域，同时也刺激了铜镜制造的迅猛发展。各种复杂、精良的铜镜的出现，与社会生活密切联系，认识这些铜镜蕴含的特殊的含义，反过来对于了解铜镜的制作技术，评价其艺术价值，断定其制作年代，也将起到很大的作用。

（本文原名"唐代铜镜的文化内涵"，《美术史论坛》，（韩国）时空社，2007年。此次重刊略有修订。）

3

价值不菲：钱币

——谈西安何家村遗宝中的钱币

货币由官方发行，即使改朝换代，由于曾与特定的历史、经济制度相联系，几乎立刻就变成一种文物。在票号、银行出现之前，货币总是用比较珍贵的材料制作的，还追求形式上的精美，具有一定的观赏性，在流通时也被收藏。退出流通领域后的古代货币，在考古发现中有出土地点、出土环境、伴出器物，能和历史事件、人物相联系。其学术价值大者可以构建年代谱系，小者可以解读具体事件。

何家村遗宝中有钱币共 39 类 466 枚，材质分金、银、铜，时代包括春秋战国、秦汉、三国、南北朝、唐代[1]，还有东罗马、波斯、日本等外国金、银币。这些钱币东至日本海，西至地中海，空间横跨数千公里，时代纵深 1300 余年。如此发现在钱币史上还是第一次，目前仍空前绝后。

何家村遗宝为唐代遗址，这些钱币的特殊之处还在于很多在当时即为古币，即便是开元通宝，材质还有金或银，从货币职能上看，当时都不具备流通性质。

为什么窖藏中会有古币、金银币和外来钱币呢？这个饶有趣味的问题曾引起人们的猜测。有人说窖藏主人可能是一位钱币收藏家，有人认为这些钱币的拥有者不仅仅喜好收藏钱币，而且还有能力、有条件铸造钱币。

---

[1] 按时代顺序，有春秋时齐国的刀币"节墨之法化"，战国时赵国的布币"京一釿"，西汉时吕后的"八铢半两"和文帝时的"四铢半两"，新莽时的"一刀"、"大布黄千"、"大泉五十"、"小泉直一"、"货布"、"货泉"饼钱、无字"货泉"、"货泉"、剪边"货泉"，东汉时的"五铢"、剪边"五铢"、四出"五铢"，三国刘备时的"直百""直百五铢"，孙权时的"大泉当千"，前凉的"凉造新泉"，南朝陈宣帝时的"太货六铢"，北齐文宣帝时的"常平五铢"，北周武帝时的"五行大布"和静帝时的"永通万国"，西域麹氏高昌国的"高昌吉利"，唐"开元通宝"。参见陈尊祥：《西安何家村唐代窖藏钱币的研究》，《中国钱币》1984 年 3 期。

由于收藏钱币种类之多,而且似乎是有目的拣选出不同种类,的确容易产生是收藏家所为的印象。而大量的没有使用痕迹的金、银开元通宝钱,像是刚刚制造出来的。但是,这样的推测有根据,但未必有道理。因为何家村遗宝中还有大量的金银、玉、玛瑙、玻璃器物以及水晶、宝石和各种药物,不可能仅为钱币收藏家、制造者所有。那么这些古物、财宝和珍玩的所有者究竟应该属于谁? 解说这些货币之前,有必要了解这批遗宝的性质。

一、谁可能拥有这些钱币?

以往认为,何家村遗宝埋藏的时代是在"安史之乱"时,即公元 755 年,其地点在长安兴化坊的邠王李守礼宅,该遗宝属于李守礼的遗物。我曾根据遗宝中有晚于"安史之乱"时的遗物,埋藏地点不是李守礼宅,遗宝物品种类繁多等等,认为传统的观点不合适,提出何家村遗宝埋藏地点为唐朝租庸使刘震宅,埋藏时间为德宗建中四年(783)泾原兵变时,这批遗宝来自中央官府或皇室的库藏物品[1]。

说是中央官府或皇室的库藏,有不少遗物可为旁证,如出土的 10 条玉带。玉带在唐代是等级身份的象征,任何个人无须也不可能拥有这么多。1 件"鎏金小簇花纹银盖碗"(图 3-1),碗足内沿刻"卅两三分",盖捉手内沿刻"卅两一分",碗内底墨书"卅两并盖",盖内面墨书"卅两并底一"。刻铭和墨书文字的表述方式和内容不同,前者似乎是器物作成后的称重记录,后者则是入库时重新称重的记录。这件器物有严重的使用或破坏痕迹[2],表明上缴给朝廷(或进贡给皇帝)后,收藏入库时重新称重并作墨书登记。墨书标记的重量少于刻铭标记的重量,也许正由于使用磨损失重。

很多金银器皿上都有清晰可辨的墨书文字,书写仔细认真,有的还将器皿内盛

---

[1]《何家村遗宝的埋藏地点和年代》,《考古与文物》2003 年第 2 期;又收入《花舞大唐春:何家村遗宝精粹》,文物出版社,2003 年。

[2] 这件碗和另两件银盖碗(藏品号:七一63,七一64)都有严重的人为破坏的痕迹,似乎是收缴品。见《花舞大唐春:何家村遗宝精粹》,文物出版社,2003 年,261 页。

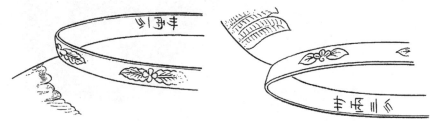

图 3-1　鎏金折枝花纹银碗

放的物品全部清楚地记录下来，如莲瓣纹提梁银壶，墨书："珊瑚三段　琉璃盃椀各一　马脑盃三　玉盃一　玉辟环四　颇黎等十六口。"表明对这些器物的管理是相当严格的，入库登记后，也再没有使用过（图 3-2）。遗宝中还有银饼 22 块、银板 60 块，包括开元十年庸调银饼。这是上缴的赋税，许多原封未动，只能是国库藏物。

国库藏物当然是财宝，在后代看来，不仅有经济价值，更具有文化价值，混杂在这些价值连城的财宝中的货币，也当然有额外的意义。仔细分辨，这些钱币有几个特点：

1. 古币基本上每个时期收藏
   一枚；

2. 有些钱币并非精品；

3. 有些钱币不流通；

4. 有外国钱币。

从这些钱币中可以解读的历史事
件很多。

二、非流通货币及其文化意义

一种物品一旦被珍视、收藏，背后
必隐藏着历史文化，也为我们追寻文
物意义提供了线索。遗宝中有金开元
通宝 30 枚（图 3 - 3）、银开元通宝 421
枚（图 3 - 4），均制作规整、精致、字迹
清晰，与铜开元通宝的优质版式相
同[1]。银开元通宝除了何家村遗宝
以外，在其他地方也有发现。而金开
元通宝过去只在文献记载中被人们熟

图 3 - 2　莲瓣纹提梁银罐

知，考古发现还是首次，而且是迄今为止唯一的一次。

---

[1] 金开元通宝直径 2.14—2.5、厚 0.15 厘米，重 6.60—8.36 克，其中的 5 枚，用扫描电子显微镜对其成分
及表面结构作了测试分析，发现每枚的含金量是不同的，分别是 81.6%、88.12%、90.64%、91.44%、
94.36%，其余成分是银、铜、铁等的混合物。不像是一次制造的。银开元通宝直径 2.5—2.6、厚 0.2
厘米，重 6—6.5 克。"似乎采用的是浇铸法，从表面痕迹来看，没有明显的人工使用痕迹，似乎制作
好后一直存于库中，一个偶然的机会被埋入地下直到今天。"参见申秦雁：《唐代金开元及其用途
考》，《考古与文物》2001 年 3 期。

图 3-3　开元通宝金钱　　　　　　　　图 3-4　开元通宝银钱

　　毫无疑问，金、银开元通宝尽管价值很高，却不会在市面上使用。有价值而不流通，就会衍生出其他功能，反映出该物品特殊的文化意义。由于它们是宫廷或官府的遗物，通过它们可以了解社会习俗。

　　何家村遗宝中的金开元通宝，出土时存放在"大粒光明砂"银药盒之中（图 3-5），盒内还有药品、饰品等，这些物品书写在盒盖的内、外壁上。外壁共计四列二十三字：

图 3-5　"大粒光明砂"银盒

　　　　大粒光明砂一大斤。白玛瑙铰具一十五事，失玦。真黄钱卅。

内壁共计五列四十八字：

　　　　大粒光明砂一大斤，白玛瑙铰具一十五事，失玦。真黄钱卅。
　　　　黄小合子一，六两一分，内有麸，三两强。钗钏十二枚，共七两一分。

　　将墨书文字与实物对照，可以获知唐人将金开元通宝称为"真黄钱"，不仅暗示出金开元通宝非流通的性质，还似乎道出了钱币外的其他用途。

　　唐玄宗时期有著名的"金钱会"[1]，即在长安城承天门上陈乐设宴招待臣属，其间要向楼下抛撒金钱作赏赐。晚唐诗人张祜在《退宫人》诗中写道："开元皇帝掌中怜，流落人间二十年。长说承天门上宴，百官楼下拾金钱。"讲述的是流落民间的宫女怀念宫廷撒金钱赏赐臣属热闹非凡的场景。能够参加皇帝的盛宴，对百官而言是一种莫大的荣耀。杜甫在《曲江对雨》一诗中也发出感叹："何时诏此金钱会，暂醉佳人锦瑟旁。"

　　宫中的"金钱会"也使后宫粉黛可以拥有金钱，金钱成为后宫佳丽手中精巧的玩物。为了排遣孤独、消磨时光，她们经常玩抛掷金钱的游戏[2]。这种游戏有时也引得皇帝参与其中，据元人骆天骧《类编长安志》引《开元别记》讲："明皇与妃子在花萼楼下掷金钱，以远近为限，赛其元掷于地者，以金觥为赏，今里巷犹效之。"这段记载提到唐明皇也参与掷金钱游戏，并大方地赏赐优胜者，还指明游戏传出宫廷普及到了民间。不过民间玩此游戏大约很难用金钱。

　　金钱还可以用来"占卜"。唐玄宗时，宫中有"投金钱赌寝"："明皇未得妃子，宫中嫔妃辈投金钱赌侍帝寝，以亲者为胜，召入妃子，遂罢此戏。"[3]民间也有金钱

---

[1]《旧唐书·玄宗本纪》记载：先天二年(713)九月己卯，玄宗"宴王公百僚于承天门，令左右于楼下撒金钱，许中书门下五品已上官及诸司三品已上官争拾之，仍赐物有差"。

[2] 五代王仁裕《开元天宝遗事》卷上"戏掷金钱"条记载："内廷嫔妃，每至春时，各于禁中结伴，三人至五人掷金钱为戏，盖孤闷无所遣也。"

[3] 五代王仁裕：《开元天宝遗事》卷下。

占卜，于皓《江南曲》："偶向江边采白蘋，还随女伴赛江神。众中不敢分明语，暗掷金钱卜远人。"诗中描写少妇在赛江神活动时，"暗掷金钱"占卜，期盼心上人早日归来。

唐代宫廷内还有一种"洗儿"习俗，即婴儿生下后三天（或满月）要替其洗身，此时客人要馈赠金银钱。史载："（安）禄山生日，上及贵妃赐衣服、宝器、酒馔甚厚。后三日，召禄山入禁中，贵妃以锦绣为大襁褓，裹禄山，使宫人以彩舆舁之。上闻后宫欢笑，问其故，左右以贵妃三日洗禄儿对。上自往观之。喜，赐贵妃洗儿金银钱。"[1]

唐代婚礼时，新郎新娘交拜完毕，并坐床沿，这时礼官以金银钱、彩果撒掷，称作"撒帐"。撒帐的钱可能特制，铸有吉祥文字[2]。

"金钱会""掷金钱""占卜""洗儿""撒帐"活动中使用的金钱、银钱，文献记载都没有直接说是"真黄钱"或金银"开元通宝"，不过当时可称为"钱"的主要是开元通宝，其他钱币极少用金银制作，故推测这些活动用的是金、银开元通宝，应该问题不大；至少金、银开元通宝可以用作替代品。文献还表明，这些活动主要流行于唐玄宗时期宫廷中，何家村遗宝中的主要器物为玄宗朝的作品，出现这批金、银开元通宝并非巧合。

金、银开元通宝没有明显的使用痕迹。遗宝中还有1枚两面都有"开元通宝"钱文的铜开元（即双面开元通宝钱），极为罕见。

有时货币在具有流通功能的同时就有收藏价值。今日有"纪念币"的发行，总与今时的重要事件有关。金银开元通宝虽不属"纪念币"，但面额价值更高，用途特殊，一出现就蕴含着其他意义，故而具有了收藏价值。仿照流通货币制作的金银

---

[1]《资治通鉴》卷二一六"玄宗天宝十载"条。此事又见唐人姚汝能《安禄山事迹》卷上。唐人韩偓《金銮密记》中讲，天复二年（902）唐昭宗在岐州时，皇女诞生三日，"赐洗儿果子、金银钱、银叶坐子、金银铤子"。

[2]《唐会要》卷八三《嫁娶》"建中元年十一月十六日"条。洪遵《泉志》卷一五《厌胜品》："撒帐钱，《旧谱》曰：径寸、重六铢、肉好，背面皆有周郭。其形五出，穿亦随之，文曰：'长命守富贵'；背面皆为五出，文若角钱状。景龙中，中宗出降睿宗女荆山公主，特铸此钱，用以撒帐，敕近臣及修文馆学士拾钱，其银钱则散贮绢中，金钱每十文即系一彩缘。学士皆作却扇，其最近御坐者所获多。有学士考功员外武平一，既出，逢韦巨源、苏味道，各执平一，将在烛下，云：'员外事仆射省主，欲有何取？'以手探平一怀，尽而后已。李孝美曰：'顷见此钱于汝海王霖家，形制文字皆《旧谱》所说，但差大而铜铸耳。'"《丛书集成初编》影印津逮秘阁本，1985年，75页。

钱,在喜庆、占卜、厌胜中起着重要的作用,对后世产生了深远的影响。

三、外国货币与丝绸之路

何家村遗宝中的外国货币一共 3 种,包括日本银质"和同开珎"5 枚,波斯萨珊银币、东罗马金币各 1 枚。

图 3-6　和同开珎银币

"和同开珎"银币应是少有的珍品,即使在日本,迄今也只出土 47 枚[1],出土在中国,更有重要意义(图 3-6)。日本在公元 683 年有禁止使用银钱的记载,但并非"和同开珎"。"和同开珎"铸造于和铜元年(708),它的重量在 3—7.21 克之间,多为 5—6 克[2]。过去读为"开珍",明治初年改正其误,读为"开宝",认为"同"为"铜"、"珎"为"宝"的省略写法,究竟怎样读,至今仍有不同意见。

对于何家村遗宝中的"和同开珎",郭沫若考证认为,这种钱币是唐玄宗开元四年,日本第七次遣唐使带入中国的[3]。郭氏考证采用的是排除法,认为日本遣唐使共十四次来到中国,早于玄宗的和晚于玄宗的都可排除,唐朝有四次送遣唐使赴日,都早于或晚于玄宗朝,于是剩下玄宗开元四年(716)的第七次、开元二十年(732)的第八次、天宝九载(750)的第九次这三次出使。最后推测为玄宗四年(716)的第七次,距制造钱币的 708 年仅八年,因为"新造之币,为物珍奇;初废之币,存品尚多。故能在 716 年作为'贡品'而大量输入中国"。

郭氏的讨论基点,在于坚信窖藏为唐玄宗天宝十五载(756)六月因安禄山之乱

[1] 芝田悟:《和同开珎银钱の再检讨》,《古代の银と银钱をめぐる史的检讨》,アイプリコム印刷,2004 年。
[2] 何家村出土者直径 2.3 厘米,重 5.96 克。
[3] 郭沫若据《续日本记》写道:"元明天皇和铜元年二月,始置'催铸钱司'。夏五月,始行铜(郭沫若云:银之误)钱。秋七月,令近江国铸铜钱,八月行铜钱。""二年秋八月,废银钱,行铜钱。"郭沫若《出土文物二三事》,《文物》1972 年 3 期。

逃奔四川时埋藏。但如果像后来考证的，埋藏发生在德宗建中四年（783）的话，被排除的唐肃宗乾元二年（759）第十次遣唐使、肃宗时送遣唐使赴日，也应纳入考虑范围，而恰恰是这两次的可能性更大。遣唐使回国，有时有唐朝官员护送，但似乎玄宗朝没有，而肃宗乾元二年第十次遣唐使回国时有官员相送。

"和同开珎"的出现表明日本迈向律令时代，反映了日本当时财政的变化。日本发现的47枚"和同开珎"出土在28个地点，主要在以大和为中心的畿内地区，遗迹年代清楚的都属8世纪，而且这些遗迹都与特权阶层有关[1]。

遣唐使会带来庄重的礼物向唐廷朝贡，但通常不会带异国钱币，因为当时的异国钱币不具有跨国流通的功能，因而"和同开珎"由遣唐使带来的可能性不大，而送遣唐使回国的唐朝官员，则可能感到"和同开珎"银币新鲜而珍贵，故而将它们带回。

波斯萨珊银币[2]则是库思老二世（Chosroes Ⅱ，590—628）时的一枚钱币。钱币正面为右侧半身像的国王（图3-7），头戴王冠，冠顶有翼翅和雉形饰物，两侧有王名。周围有两圈联珠纹外框，框外上下左右边缘各有一新月抱星纹饰。背面中央有点状堆积的火焰和由台基组成的祆教拜火祭坛，两侧各有仗剑侍立的祭司，祭司两侧分别有纪年铭文和铸造地名，周围有三圈联珠纹外框，框外缘有新月抱星纹饰。

图3-7　库斯老二世银币

波斯萨珊银币在西方并不稀罕，在中国也发现多达40起，总数2000多枚[3]。根

---

[1] 芝田悟：《和同开珎银钱的再检讨》，《古代の银と银钱をめぐる史的检讨》，アイプリコム印刷，2004年。

[2] 直径3.1厘米，重3克。

[3] 夏鼐：《综述中国出土的波斯萨珊朝银币》，《考古学报》1974年1期；霍宏伟、北斋：《洛阳出土波斯萨珊朝库思老二世银币考略——兼谈中国境内发现的库思老二世银币》，《中国钱币》2001年4期。

据出土情况看,有的大概是作为流通货币而因某种原因埋藏起来的,有的出土在佛寺、墓葬中,是当作珍贵的施舍品或装饰品。

唐长安地区发现波斯萨珊钱币有 11 批[1],其中长安县至相寺残舍利塔出土的 7 枚波斯萨珊钱币中,有 6 枚为库思老二世钱币[2],1 枚为布绹女皇时期的银币(630—631),均被小心地装在一个大银盒内。

中国目前发现的萨珊钱币中,库思老二世银币出土数量最多,大约有近 600 枚。库思老二世是萨珊王朝的一位名王,他多次击败拜占庭而有胜利者的绰号,他将萨珊版图扩大到极致,带领萨珊王朝进入了辉煌时期。库思老二世制定了与东方保持交往的重要政策,努力垄断和控制通往中国的道路。为满足丝绸之路贸易的需要,银币的生产数量很大,在与中国加强联系获得经济更大发展的目标下,钱币不断流入中国也就不足为奇了。《隋书·西域传》记载炀帝时与波斯的往来中,提到波斯国王名叫"库萨和",就是库思老二世。西安还发现 1 枚库思老二世金币(图 3-8),形制纹样与银币相同,这是罕见的发现[3]。

图 3-8　萨珊金币

---

[1] 姜宝莲、郭明卿、梁晓青:《关于陕西发现波斯萨珊金、银币的研究》,《文博》2008 年 2 期。

[2] 朱捷元、秦波:《陕西长安和耀县发现的波斯萨珊朝银币》,《考古》1974 年 2 期。其中 1 枚为布绹女皇时期的银币(630—631)。布绹女皇银币在世界上也很少见。

[3]《西安库斯老二世金币》,《文博》2008 年 2 期。

东罗马金币[1]，又可称之为希拉克略式金币(610—640)(图3-9)，正面为头戴正冠、肩披甲袍的国王半身像，左侧是希拉克略，右侧是他的儿子希克略第·君士坦丁。背面中央有末端为西字形的十字架和四级台座，周缘有铭文。

图3-9　东罗马金币

东罗马即拜占庭帝国，中国史籍称"拂菻"。公元395年，东罗马横跨欧亚非建立了庞大的帝国，在辽阔的疆域上统治了近千年。希拉克略610年登上皇位，他所制造的金币也流入中国。据史籍记载，东罗马曾七次遣史来唐。在陪葬乾陵的章怀太子墓出土的壁画《礼宾图》中(图3-10)，被认为绘有东罗马使者的形象。

丝绸之路使中外交往频繁。萨珊银币、东罗马金币曾一度在中东、东欧、中亚以及中国西北地区发挥国际货币的职能，中国唐以前西北地区有许多小王国，当地政权没有受到中央货币政策的严密控制，萨珊银币、东罗马金币曾在这里流通，并传入内地，进入唐代以后，这些钱币由于质地珍贵被当作宝物，被寺院收藏或随葬于墓葬中，并被科学的考古工作重新发现。很多萨珊钱币出土时是放在墓中死者的两眼上，或含在口中，成为葬仪用物的。有的带孔，可能作为项链或其他物品上的坠饰，而转变了用途。

───────────

[1] 直径2厘米，重4.6克。

图 3 - 10   章怀太子墓壁画客使图

四、早期钱币与珍品

"节墨之法化"铜刀币[1]（图 3 - 11）   "节墨"是春秋时期齐都邑名，"法化"
为标准铸币、法定货币之义。齐国前期有齐都临淄铸造的"齐之法化"和节墨、安
阳、谭邦等各大城邑的铸币，币文不统一，地名和法化之间有"之"字。战国时齐国
将币文统一为"齐法化"。"节墨之法化"刀币存世不算多，比较珍贵。何家村唐代
窖藏出土的这枚刀币，是 30 多种古钱币中年代最早的。

图 3 - 11   节墨之法化铜刀币

---

[1] 通长 18.8、柄宽 2、环径 2.8 厘米，重 56 克。

"京一釿"铜平首布[1]（图3-12）　"京"为古地名，"釿"是春秋战国时期的重量单位。战国早、中期，魏国主要铸行"釿"的平首布，币值有二釿、一釿、半釿三等。"一釿"平首布多有出土。

何家村遗宝中还有"凉造新泉"和"高昌吉利"，堪称罕见之宝。

"凉造新泉"　为前凉张轨时所造，文献没有明确记载[2]。何家村遗宝所出者为地下出土实物，尤为珍贵。

图3-12　京一釿铜平首布　　　　　图3-13　高昌吉利铜钱

"高昌吉利"铜钱[3]　并不多见（图3-13），过去钱币学者曾考证为元代所铸。唐代何家村遗宝中出土该钱币说明在唐代已铸造。其后在新疆吐鲁番阿斯塔那的519号墓葬中发现1枚高昌吉利，墓志纪年为贞观十六年（642）。高昌是北魏太和二十一年（497）麴氏在今新疆吐鲁番地区建立的王朝，"高昌吉利"当属麴氏高昌王朝所造，重达10克，也被认为是一种纪念性铸币，但这并不妨碍它作为正式流通货币使用。

何家村遗宝中还有铜**"货布"**[4]（图3-14），共有6枚。首中间有穿，周缘有

---

[1] 通长5.5、肩宽3.3厘米，残重12.5克。

[2] 《古泉汇》载："翁宜泉曰：轨复五铢后，又造此钱，抑辅言复五铢，而轨乃造此新泉，均未可知，然为前凉物无疑也。"

[3] 直径2.6、厚0.4厘米，重10克。

[4] 长5.7、肩宽2.1厘米，重13克。

图 3-14 铜货布

郭,钱面篆书"货布"2 字,通体鎏金。

"货布"属王莽时期,存世较多,一般重量均在 16 克左右。王莽时多次进行币制变革,铸币 6 种 28 品,导致钱币制度混乱,从当时经济和货币改制来看是一种失败,然而品种繁多、样式奇特,甚至文字隽秀,引起了后世钱币收藏家的兴趣。

何家村窖藏中的"货布"很奇特,通体鎏金,这是违反常理的做法。师小群认为何家村的 6 枚鎏金货布都是唐代仿制品。"这些鎏金货布形制小于新莽货布,钱文漫漶不清,重量仅 12—13 克。如果是新莽铸造,何以弃优择劣,偏偏选用这些次品来鎏金?而且同一窖藏出土的还有 1 枚没有鎏金的青铜货布及大布黄千,其形制符合新莽货布的特征,通长 5.95、肩宽 2.35 厘米,重量 17 克,钱文亦不失纤秀清晰,无疑是新莽铸币。因此,很可能这枚新莽货布就是翻铸鎏金货布的母钱。新莽至唐代,前后相差六七百年,莽钱奇特精美,藏者得之不易,视之若珍,翻铸仿制用来雅赏品玩,也在情理之中。"[1]不过后来唐墓中又见到制造精良的鎏金货布,同时还出土鎏金的唐"乾封泉宝",因此推测这枚鎏金货布是唐人在传世的莽钱上鎏金的可能性较大[2]。

鎏金"永安五男"铜钱[3](图 3-15) 圆形方孔,面、背均铸有四出纹,背面饰有四神图案,通体鎏金。因钱文中有"永安"2 字,曾被误定为北魏孝庄帝永安二年(529)所造的"永安五铢"[4]。后来钱币文字被释为"五男"而不是"五铢";而且重量达 20 克,与北魏"永安五铢"的基本特征不符[5]。不知为何释为"男"字?

[1] 师小群(潘禾):《何家村出土鎏金货布质疑》,《钱币研究》1991 年 1 期。
[2] 西安市文物管理处:《西安西郊热电厂基建工地隋唐墓葬清理简报》,《考古与文物》1991 年 4 期。
[3] 直径 3.8、厚 6.28 厘米,重 20 克。
[4] 《魏书》卷一一〇《食货志》。
[5] "永安五铢"钱径一般为 2.3 厘米,重量 3 克左右。

图 3-15　鎏金永安五男铜钱

"五男"的含义难以解释。背面的四神纹饰亦为常见的祥瑞图案，通体鎏金，故被推测为唐代所铸的厌胜钱[1]。

对钱币及其古物的收藏自古有之，并非近现代开始[2]。但早期钱币出土在唐代遗址中就耐人寻味。是宫廷保留的样品？还是收藏的稀罕之物？或是宫廷活动中的用物？目前还无法做出结论。

五、具有货币职能的遗物

唐代前期，以均田制为基础，向受田课丁征收赋役，称"租庸调制"[3]，受征者一般用稻粟、绢布、棉麻等实物缴纳。随着土地不断兼并，以均田制为基础的租庸调制不得不改变，开元、天宝年间，唐朝政府规定"凡金银宝货绫罗之属皆折庸调以造焉"，即把庸调应收的布帛等折变成轻货运到京师国库。

何家村遗宝中有银铤 8 枚、银饼 22 枚、银板 60 枚（图 3-16），这是一次空前的

---

[1] 师小群(潘禾)：《何家村出土鎏金货布质疑》，《钱币研究》1991 年 1 期。

[2] 西安热电厂 M88 唐墓出土铜镜，纽座外饰连弧纹，外区铭文："内而清而以昭而明光而象夫日月心忽而不泄"，为西汉或新莽时代镜；还出土一枚"货布"，通体鎏金，简报推测是唐人在传世的莽钱上鎏金，墓主是一个收藏爱好者。西安市文物管理处：《西安西郊热电厂基建工地隋唐墓葬清理简报》，《考古与文物》1991 年 4 期。

[3] 《新唐书·食货志》记载了租庸调的具体规定：租，每丁每年纳粟二斛或稻三斛；调，随乡土所产，每丁每年纳绢二匹，绫、絁二丈，绵三两，布加五分之一，麻三斤，非蚕乡纳银十四两；庸，每丁每年服役二十日，闰月加二日，如不服役，每日纳绢三尺。庸调皆输布帛，而不用银交纳。

发现，超过以往发现同类物品的总和[1]，而且有的上面或錾刻或墨书文字，涉及年号、地区、赋役种类等等，尤为珍贵。

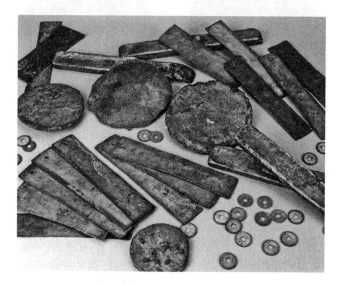

图 3 - 16　何家村遗宝中的银铤、银饼、银板

其中有 4 枚银饼刻有文字。其中一件正面錾文"怀集县开十庸银拾两，专当官令王文乐、典陈友、匠高童"[2]。"开十"当为"开元十年"之省文。有趣的是，"怀集"银饼有一个明显的补痕。这一补痕与银饼的形态并无关系，唐代银饼因为注重的是成色和重量，本身作为钱财，并不需要规整，故而这一补痕可能是缴税或入库前校订重量后补加的。

还有两件錾文"洊安县开元十九年庸调银拾两，专知官彭崇嗣、典梁海、匠王定"（图 3 - 17）。另一件錾文内容相同，仅末尾 3 字为"匠陈宾"。

庸调银饼为首次发现。怀集县故治在今广东怀集县，洊安县故治在今怀集县西，唐时属岭南道广州。唐代岭南诸州是重要产、贡金银之地[3]。这 4 块银饼，就

---

[1] 据粗略统计，目前在全国范围内 10 处地点共发现唐代银铤、银饼、银板约 105 枚，何家村窖藏出土的占到 85.71%。

[2] 直径 10.8 厘米，重 422 克。

[3] 《通典》卷六记载，唐代岭南道以银为贡的有二十九郡。

是怀集、浛安县的庸调布帛折变为银、冶铸成饼，送交国库的赋银。《唐六典》卷二〇左藏署："凡天下赋调先于输场，简其合尺度斤两者，卿及御史监阅，然后纳于库藏。皆题以州县年月，所以别粗良，辨新旧也。"怀集县、浛安县庸调银饼上錾刻的铭文，题以县名、纪年、来源、重量、负责官员及工匠的职务、姓名，以备考核查验，其格式、内容与文献记载一致。

图 3-17　浛安银饼　　　　　　图 3-18　东市库银饼

"东市库"银饼[1]也是首次发现（图 3-18），表面粗糙，正面墨书题写："东市库、郝景、五十二两四钱。"东市是唐长安的两市之一，唐朝政府设有京都市令、平准令等官职，掌管市场贸易之事[2]。东市库银饼可能即是东市平准之物，或是邸店铸成银饼之税钱。

60 枚银铤中刻有"朝"字的多达 56 枚[3]（图 3-19），还有的刻"十两太北"等，很可能是国家左藏中朝堂库之物[4]。

---

[1] 直径 16.7×15.3 厘米，重 2300 克。

[2]《唐两京城坊考》卷三："四方珍奇，皆所积集。……当中东市局，次东平准局。"《旧唐书》卷四四《职官志》"平准令"条记："平准令掌供官市易之事，丞为之贰。凡百司不任用之物，则以时出货。其没官物，亦如之。"

[3]《唐六典》中记载得很明确："绢曰匹，布曰端，绵曰屯，丝曰绚，麻曰緵，金银曰铤，钱曰贯。"中华书局，1992 年。

[4]《唐六典》卷二〇记："左藏有东库、西库、朝堂库。"

图 3-19　刻有"朝"字的银铤

货币也是一种可以反复重铸的消耗品,特别是改朝换代或者重要经济政策出台,原有的货币不仅要废除,甚至要销毁,或因古代厚葬之风,或因突发事件掩藏财宝,古币会在后代被发现,它们虽然失去了法定的使用价值,但却具有特殊的收藏意义,可以延续曾经拥有过的文化价值。即便品相不好,即使并非稀有,但若和特定的历史事件、特殊的人物、特殊的背景相联系,将具有更深刻的文化内涵。

（本文原名"谈西安何家村遗宝中的钱币"。此次重刊略有修订。）

4

金银瑰宝：贝壳形盒

盒是代器皿中数量最多、沿用时间最长的器类之一。被泛称为盒的器物，大小、形制差异很大，形制之别是因在日常生活中的用途不同，但一般都具有可以开启、分为上下两部分的共同特征。根据出土时的情况，可知盒用于盛装食品、药材、化妆品或其他物品，有的还兼作陈设之用。

在各式各样的盒类器物中有一种特殊的盒，造型特征与水中的贝类生物一样，分上下两扇，盒体和盖相同，有的直接采自自然贝壳，有的用金属仿制，称贝盒、贝形盒、蛤盒、蚌盒。这类仿生形器物造型成为盒类器物中极具特色的种类。

一、海外藏贝壳形银盒的年代

贝壳形盒许多是用银来制作的，上下两片扣合处做出合页，以环轴连接，这是与贝相似的齿合形式，可以开合。这类器物最初引起关注是由于海外博物馆的收藏，韩伟编著《海内外唐代金银器萃编》一书收录九件[1]（图4-1至4-9）：

飞禽唐草纹贝壳形银盒　　长6.7厘米。芝加哥美术学院藏。

双凤贝壳形银盒　　高4.6、长8.6、宽8厘米。弗利尔美术馆藏。

海狸鼠贝壳形银盒　　长9.5厘米。弗拉美术陈列室藏。

衔花鹦鹉纹贝壳形银盒　　长8.9厘米。哈·克·李藏。

---

[1] 韩伟：《海内外唐代金银器萃编》，三秦出版社，1989年，图257、258、259、260、261、262、263、264、265。为查对方便，本文均采用此书的器物定名，而如"葡萄卷草鸳鸯纹蚌盒"其实并无葡萄纹样，但为查对方便，对器名不作改动。

图 4-1   弗拉美术陈列室藏贝壳形银盒

图 4-2   瑞典国王古斯塔夫六世藏贝壳形银盒

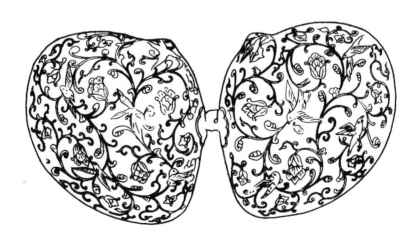

图 4-3   芝加哥美术学院藏贝壳形银盒

图 4-4   大阪市立美术馆藏贝壳形银盒

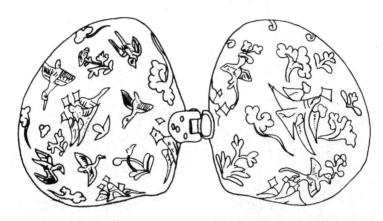

图 4-5   大阪市立美术馆藏贝壳形银盒

图 4-6   大阪市立美术馆藏贝壳形银盒   图 4-7   哈·克·李藏贝壳形银盒

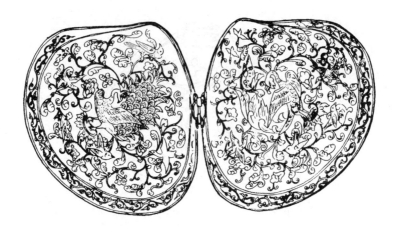

图4-8　弗利尔美术馆藏贝壳形银盒

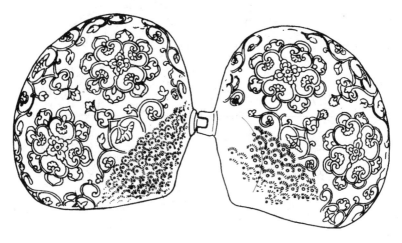

图4-9　白鹤美术馆藏贝壳形银盒

柿状花结贝壳形银盒　高1.8、长4.6厘米。白鹤美术馆藏。

葡萄卷草鸳鸯纹贝壳形银盒　长4.5厘米。大阪市立美术馆藏。

飞鸿山岳纹贝壳形盒　高2.3、长4.3厘米。大阪市立美术馆藏。

忍冬桃形花结贝壳形盒　高3.5、宽6.3厘米。大阪市立美术馆藏。

鸾鸟纹贝壳形银盒　宽6.3厘米。瑞典国王古斯塔夫六世藏。

美国芝加哥美术馆有一件曾由 Lucy Maud Buckingham 收藏的贝壳形鎏金银

盒,1989 年在日本东京和大阪举办的"中国美术名品展"图录中有照片[1],与芝加哥美术学院藏品相似,由于照片和线图的拍摄和描绘角度不同,以及美国博物馆和私人藏品经常易手,故难以判断是否为同件物品。总之,流传在海外又公开发表的贝壳形银盒共 9 或 10 件。其中只有芝加哥美术馆藏品的年代被推定为 7 世纪后半到 8 世纪前半,其余器物被推测为 9 世纪晚唐时期的作品。

　　收藏在海外的贝壳形银盒造型一致,纹样虽有差别,总体风格相似,其年代应大致相同。近年考古发掘出土了一些同类器物,为贝壳形银盒准确的断代提供了线索。

　　1984 年洛阳偃师杏园李景由墓、郑洵墓各出土 1 件[2]。李景由墓的贝壳形银盒高 1.7、最大直径 3.6 厘米。银盒上下两面的纹样基本相同,表面为珍珠地,中心錾刻一朵宝相花,四周绕以单株的草木及鸿雁、蜂蝶等,器物外表通体鎏金(图 4 - 10)。李景由葬于开元二十六年(738)。郑洵墓的贝壳形银盒最大直径 9.6 厘米。器表施珍珠地,主题纹样为一对鸿雁或鸭藏在花丛之中,贝壳形壳根部三角形部位饰鱼鳞状或称孔雀尾状向外放射的叶瓣,恰似孔雀开屏。器物外表通体鎏金(图 4 - 11)。郑洵葬于代宗大历十三年(778)。

图 4 - 10　偃师杏园李景由墓出土贝壳形银盒

---

[1]《シカゴ美术馆・中国美术名品展》,日本写真印刷株式会社,1989 年,图 27。
[2] 中国社会科学院考古研究所:《偃师杏园唐墓》,科学出版社,2001 年。

图 4 - 11　偃师杏园郑洵墓出土贝壳形银盒

　　1989 年陕西西安市东郊西北国棉五厂住宅小区发掘的唐墓中,出开元六年(718)墓志的 65 号墓出土 1 件贝壳形银盒[1],直径 2.9—3.4 厘米。器表以珍珠地为衬,一面主题为一对鸳鸯,周饰折枝花草和飞鸟,另一面为折枝花草和飞鸟。器物外表通体鎏金(图 4 - 12)。开元廿一年(733)韦美美墓也出土 1 件贝壳形银盒[2],直径 3.2—3.9 厘米。内部光洁,两面纹样的主题基本相同,为一对衔绶鸳鸯,再配以折枝花草和飞鸟。两面均以珍珠地为衬,器物外表通体鎏金(图 4 - 13)。

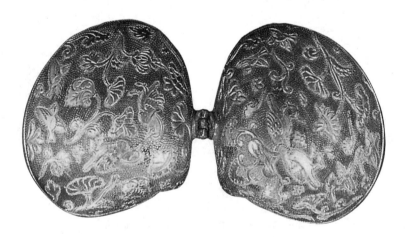

图 4 - 12　西安 M65 出土贝壳形银盒

[1] 陕西省考古研究所、西安市文物管理处:《陕西新出土文物集萃》,陕西旅游出版社,1993 年,图 92。
[2] 呼林贵、侯宁彬、李恭:《西安东郊唐韦美美墓发掘记》,《考古与文物》1992 年 5 期。

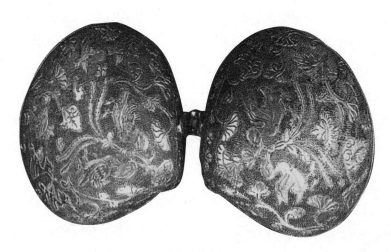

图 4-13   西安韦美美墓出土贝壳形银盒

　　以上 4 件都出自纪年墓,时代均在 8 世纪中叶,当不是偶然现象,至少说明贝壳形银盒的流行时期当在此时。这四件器物是海外收藏的同类作品断代的重要参考。

　　韦美美墓的贝壳形银盒上的纹样与大阪市立美术馆"葡萄卷草鸳鸯纹贝盒"相似,也与何家村出土的"双鸿衔胜石榴花结纹银盒""双鸳衔绶纹银盒"的主题十分相似[1]。何家村出土的这两件银盒的时代为 8 世纪上半。郑洵墓出土银盒贝壳形壳根部三角形部位孔雀开屏似的纹样,与白鹤美术馆"柿状花结银贝盒"、大阪市立美术馆"忍冬桃形花结贝壳形盒"同部位纹样相似。而李景由墓银盒中心为一朵宝相花,与白鹤美术馆"柿状花结银贝盒"的纹样更为相似。由此看来,它们的年代也应一致。

　　海外藏贝壳形银盒,分别饰繁缛的葡萄纹、缠枝纹、宝相花等,均以细密、满地装为特征。这在唐代纹样分期特征上是 7 世纪末到 8 世纪中叶的主要内容,而且并不独出现在金银器上。唐代铜镜中的葡萄纹镜出现于唐高宗时期,流行于武则天及玄宗初年,8 世纪中叶后少见。带有比较纤细的枝、蔓、叶、花、实的缠枝纹在铜镜、石刻中均在 8 世纪中叶以前。宝相花是指由对卷的忍冬叶或勾卷组成花瓣

―――――――――

[1] 韩伟:《海内外唐代金银器萃编》,三秦出版社,1989 年,图 204、208。

的整体团花,在敦煌壁画中也主要流行于 8 世纪初和中叶[1]。所有海外流传的贝壳形银盒上的纹样均符合这一时代特征,今又有出土在纪年墓中的 4 件器物为证,所以,海外收藏的贝壳形银盒也均为 8 世纪中叶或稍早的作品。

在这些贝壳形银盒中,郑洵墓出土得最晚,墓葬纪年为代宗大历十三年(778),盒上的双鸿雁或鸭,不是相对而立,而是前后并排,植物纹为阔叶大花,构图疏朗随

图 4-14   偃师杏园郑洵墓出土贝壳形银盒

意(图 4-12、4-14),这在唐代纹样中主要流行于 8 世纪中叶以后。西安三北村出土的"双鸳双鸿纹银盒"、威廉哈·沃尔夫藏"双鸭纹银盒"纹样构图和主题内容略同[2],韦美美墓出土的圆形银盒上鸳鸯纹的构图也与之相似[3]。哈·克·李收藏的"衔花鹦鹉纹贝壳形银盒"的时代也可能略晚,因为其鹦鹉纹约为 8 世纪中叶的特色,与何家村出土的"鹦鹉纹提梁罐"的纹样接近[4],其他带鹦鹉纹的银器如西安建国路出土的"鹦鹉纹海棠形银盒"、丁卯桥出土的"十字花形鹦鹉纹五曲银碗"、陕西蓝田杨家沟出土的"鹦鹉团花纹银盘"、西安交大出土的"鹦鹉纹海棠形圈足银盒"[5],都是中晚唐时期的作品。郑洵墓还出土了一面对鸟镜,其镜上的鸟也与哈·克·李收藏的贝壳形盒上的衔花鹦鹉纹相似,说明这件器物可能晚至 8 世纪末。

洛阳市东明小区发现高秀峰墓,据墓志可知高秀峰元和三年(808)亡,与夫人李氏于太和三年(829)合葬。墓中出土了两件银盒[6],虽然保持了贝壳的基本形

[1] 薄小莹:《敦煌莫高窟六世纪末至九世纪中叶的图案装饰》,《敦煌吐鲁番文献研究论集》第五辑,北京大学出版社,1990 年。

[2] 韩伟:《海内外唐代金银器萃编》,三秦出版社,1989 年,图 207、229。

[3] 陕西省考古研究所、西安市文物管理处:《陕西新出土文物集萃》,陕西旅游出版社,1993 年,图 90。

[4] 陕西历史博物馆等:《花舞大唐春:何家村遗宝精粹》,文物出版社,2003 年。

[5] 韩伟:《海内外唐代金银器萃编》,三秦出版社,1989 年,图 129、135、169、248。

[6] 洛阳市文物工作队:《洛阳市东明小区 C5M1542 唐墓》,《文物》2004 年 7 期。

态,但经过了改造。其中"缠枝花纹贝壳形银盒"底部较尖,又加了个支柱以便放置(图4-15)。另一件"瑞兽流云纹贝壳形银盒",基本做成椭圆形,与原来仿贝壳的形状差距较大(图4-16)。这是目前所知最晚的纪年墓出土的贝壳形银盒,已经不是仿真的造型了。

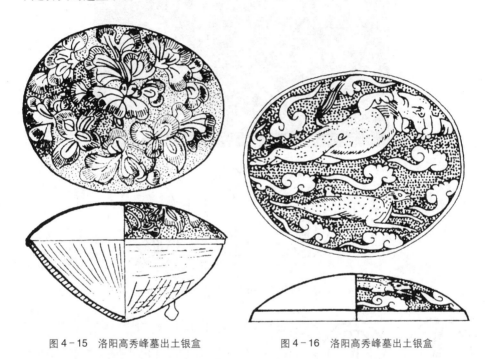

图4-15　洛阳高秀峰墓出土银盒　　　　　　图4-16　洛阳高秀峰墓出土银盒

二、贝壳的利用与流传

贝壳形银盒直接模仿自然贝壳应该毫无疑问。贝壳本身壁薄体轻,质地坚硬,其天然的形态被直接用作容器是一种方便的选择,也可以稍事加工制造工具,作为器物和装饰。利用天然贝壳当作货币、工具和装饰品的历史悠久。贝壳在中国曾作为原始货币广泛使用,时人采用的主要是一种椭圆形的海贝,被称为"齿贝""货贝""子安贝""宝贝"和"贝"等,目前可知最早出现在新石器时代,汉代以后消

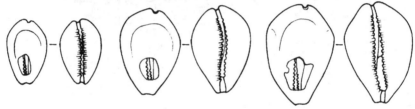

图 4-17　安阳小屯遗址出土海贝

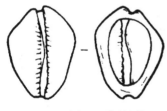

图 4-18　重庆西汉墓出土货贝

失[1]。商代用海贝直接用作货贝很兴盛（图 4-17）[2]，陕西淳化的 4 座商周墓葬中出土货贝[3]。汉代用贝作货币到了尾声，重庆巫山县巫峡镇秀峰村西汉墓出土的货贝（图 4-18）[4]已经很罕见了，而且并非用作货币。

　　用贝壳做装饰在先秦时期很流行。二里头遗址发现的 200 多座墓葬中，

[1] 彭柯、朱岩石：《中国古代所用海贝来源新探》，《考古学集刊》12，中国大百科全书出版社，1999 年。

[2] 中国社会科学院考古研究所：《安阳小屯》，世界图书出版社，2004 年。

[3] 淳化县文化馆 姚生民：《陕西淳化县出土的商周青铜器》，《考古与文物》1986 年 5 期。

[4] 四川省文物考古研究所、巫山县文物管理所、重庆市文化局三峡文物保护工作领导小组：《重庆巫山县巫峡镇秀峰村墓地发掘简报》，《考古》2004 年 10 期。

位于二号基址主体殿堂和北墙之间的 VD2M1[1]，墓内发现朱砂、漆皮和贝片饰。三号基址在庭院内发现了一排墓葬，经揭露的 5 座墓中也出土了贝制工艺品和海贝等[2]。商代后冈墓葬 M47 出土"一组用金叶和绿松石、贝片组成的装饰物"[3]。安阳小屯商代遗址也出土经切割打磨、穿孔后的装饰品（图 4－19）。以贝为装饰也很广泛，内蒙古克什克腾旗小河沿文化墓地 1 号墓出土贝环 17 件、贝壳 13 件。2 号墓出土贝环 36 件、贝扣 13 件、贝管 1 件[4]（图 4－20）。内蒙古敖汉旗铁匠沟战国墓地出土的贝饰（图 4－21），顶部磨出方孔，里面有绿锈[5]。有的贝壳上还有彩画装饰[6]。

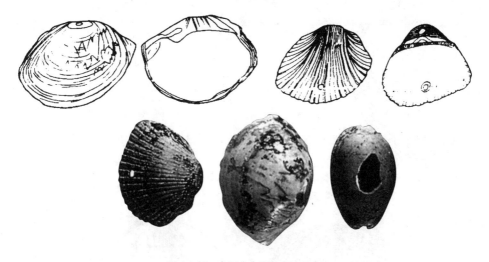

图 4－19　安阳小屯出土穿孔贝壳

［1］中国社会科学院考古研究所二里头队：《河南偃师二里头二号宫殿遗址》，《考古》1983 年 3 期。

［2］中国社会科学院考古研究所二里头工作队：《二里头宫殿区考古取得重要成果》，《中国社会科学院古代文明研究中心通讯》5 期，2003 年。

［3］中国科学院考古研究所安阳发掘队：《1971 年安阳后冈发掘简报》，《考古》1972 年 3 期。

［4］克什克腾旗博物馆：《内蒙古克什克腾旗上店小河沿文化墓地及遗址调查简报》，《内蒙古文物考古》1992 年 1、2 期。

［5］邵国田：《敖汉旗铁匠沟战国墓地调查简报》，《内蒙古文物考古》1992 年 1、2 期。

［6］美国克利夫兰美术馆藏两贝壳画，据研究贝壳产自中国东海岸，一幅画面为马拉车、车上插戟，车主戴高冠、着长袍束带，与春秋战国纹饰相似，二侍卫张弓，射向车前车后惊慌逃窜的飞禽鹿虎，左侧还画大树。另一幅画马车停伫，马匹仰首急喘，车主张弓射箭，另一人挥手指向飞禽；车前二侍从，持剑围捕一中箭跪下的鹿，四周鸟飞兽逃，气氛紧张。见林树中：《海外读画录之二——狩猎图》，《南京艺术学院学报（美术及设计版）》1996 年 3 期。

图 4-20 内蒙古小河沿文化墓地出土贝饰

图 4-21 内蒙古铁匠沟战国墓地出土贝饰

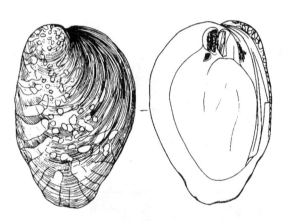

图 4-22 安阳小屯遗址出土原贝壳

坚硬质地的贝壳有时无需加工就可以直接作为工具使用，稍加改造会成为各种生产工具。商代小屯遗址出土了长 11、宽 7.5 厘米的原贝壳，可能直接用作工具（图 4-22、4-23），也有以贝壳为材料加工成的铲、镰等（图 4-24、4-25）。

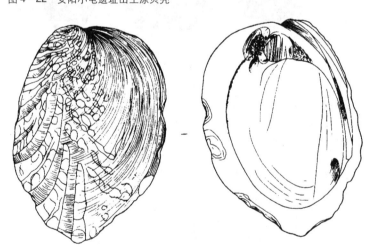

图 4-23 安阳小屯遗址出土原贝壳

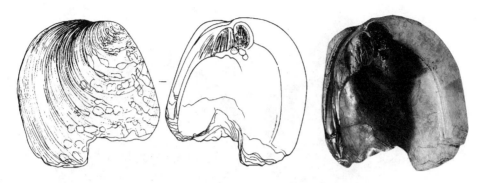

图4-24　安阳小屯遗址出土贝铲

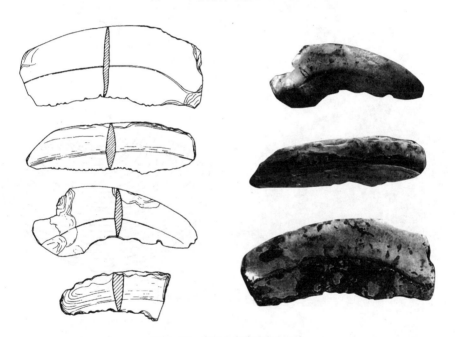

图4-25　安阳小屯遗址出土贝镰

完整的贝壳还有密合的空间,秦汉以后很流行直接利用贝壳作为器物。咸阳市塔尔坡秦墓出土贝器16件,有的是在天然贝壳上钻孔,有的壳内残留朱红色涂料(图4-26)[1]。西安南郊秦墓也有出土贝器(图4-27)[2]。这些贝器选择的

[1] 咸阳市文物考古研究所:《塔尔坡秦墓》,三秦出版社,1998年。

[2] 西安市文物保护考古所:《西安南郊秦墓》,陕西人民出版社,2004年。

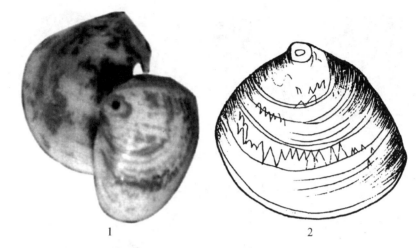

1   2

图 4 - 26   西安塔尔坡秦墓出土贝器

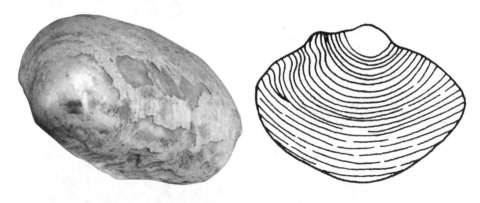

图 4 - 27   西安南郊秦墓出土贝器

是整体略呈扇形的贝类,可能是用作容器使用的。汉代似乎多将贝壳用作容器,陕西省饲料加工厂西汉中期墓出土的贝壳,长 4.5、宽 5 厘米,是作为容器使用的[1]。西安西北有色金属研究院 M11、方新村开发公司 M19 也出土了这种扇形的贝壳(图 4 - 28)[2]。除了直接利用外,有的还稍加装饰。东晋王兴之夫妇墓出土形制奇特的镶铜贝饰,长 13.3、高 10.2、宽 9.9 厘米,贝壳上以铜条镶扣,做成双耳,贝面

[1] 陈国英、孙铁山:《陕西省饲料加工厂周、汉墓葬发掘简报》,《考古与文物》1989 年 5 期。
[2] 西安市文物保护考古所、郑州大学考古专业:《长安汉墓》,陕西人民出版社,2004 年。

饰有朱红条纹[1]。这件器物位于男棺头部之左,在代表死者的铅人之旁,似乎有特殊的用途(图4-29)。青海西宁市发现的一座北朝墓出土1件用整块贝壳稍事加工而成的耳杯,双耳由金片镶嵌,长13.7厘米(图4-30)[2]。

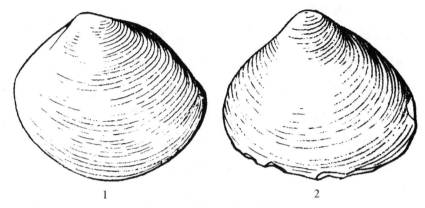

图4-28　西安汉墓出土扇形贝壳

1. M19 出土　2. M11 出土

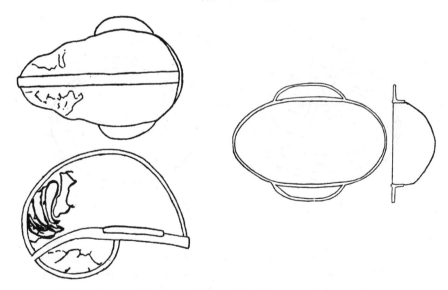

图4-29　东晋王兴之墓出土镶铜贝饰　　　图4-30　西宁北朝墓出土贝壳耳杯

[1]南京市文物保管委员会:《南京人台山东晋兴之夫妇墓发掘报告》,《文物》1965年6期。

[2]卢耀光等:《青海西宁市发现一座北朝墓》,《考古》1989年6期。

　　隋唐时期贝壳出现得更多,多数直接用作容器。安阳 M109 隋墓出土 4 件贝盒[1],长径 4.5—8.1 厘米。李静训墓出土 3 枚贝壳,上面有数道紫色纹饰,都为天然贝壳。直接取材利用的自然贝壳,选取最多的是一种简洁光滑呈不规则扇形的贝壳,这种贝壳作为盒类器物使用,几乎不用进行任何加工。河南上蔡县贾庄唐墓[2]、乾元元年(758)武都侯右龙武大将军章令信墓[3]、河南温县景云二年(711)游击将军上柱国行原州都督府三郊镇副杨履庭墓[4]、洛阳老城区北邙山唐墓[5]、内蒙古和林格尔县大梁村唐元和二年(807)李氏墓[6](图 4 - 31)、西安郊区张十八娘子墓[7]都出土了没有经过加工修饰的贝壳。西安热电厂基建工地 136 座唐墓出土 13 件贝壳[8]。河南偃师杏园村属于盛唐时期的 22 座墓,出土贝壳 19 件,其中中唐墓 16 座,出土贝壳 4 件,晚唐墓 29 座,出土贝壳 1 件。其中证圣元年(695)朝仪郎行洛州密县令上骑都尉宋思真墓出土的贝壳盒,长 5.1 厘米,厚 2.1 厘米(图 4 - 32)。德宗贞元七年(791)容管经略招讨处置使参谋大理司直兼殿中侍御史赐绯鱼袋李荣初墓出土的贝壳盒,长 9.6、宽 7.5、厚 4.6 厘米(图 4 - 33)。

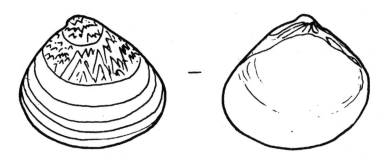

图 4 - 31　和林格尔唐李氏墓出土贝壳

[1] 中国社会科学院考古研究所安阳工作队:《安阳隋墓发掘报告》,《考古学报》1981 年 3 期。
[2] 河南省文化局文物工作二队:《河南上蔡县贾庄唐墓清理简报》,《文物》1964 年 2 期。
[3] 陕西省考古研究所 陈国英:《西安东郊三座唐墓清理记》,《考古与文物》1981 年 2 期。
[4] 河南省文化局文物工作队:《河南温县唐代杨履庭墓发掘简报》,《考古》1964 年 6 期。
[5] 赵国壁:《洛阳发现的波斯萨珊王朝银币》,《文物》1960 年 8、9 期合刊。
[6] 孙建华:《和林格尔县大梁村唐代李氏墓》,《内蒙古文物考古》1996 年 1 期。
[7] 中国科学院考古研究所:《西安郊区隋唐墓》,科学出版社,1966 年。
[8] 西安市文物管理处:《西安西郊热电厂基建工地隋唐墓葬清理简报》,《考古与文物》1991 年 4 期。

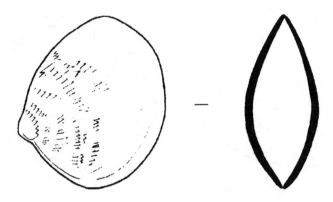

图4-32　偃师杏园唐宋思真墓出土贝壳盒

　　利用贝壳为器物,在唐代不仅十分普遍,也似乎比较珍贵。偃师杏园唐墓出土贝壳盒的墓主在当地地位都较高。洛阳老城区北邙山唐墓出土贝壳5枚,和萨珊银币同出[1]。曹家堡唐墓出土金钗、金凤簪、金梳背、贝壳和男骑俑。新城长公主墓[2](图4-34)、金乡县主墓[3](图4-35)、银青光禄大夫彭州刺史韦慎名墓(图4-36)[4]都出土了贝壳。

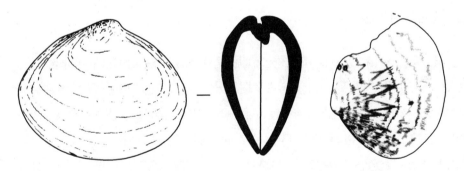

图4-33　唐李荣初墓出土贝壳盒　　　　图4-34　唐新城长公主墓出土贝壳

[1]　赵国壁:《洛阳发现的波斯萨珊王朝银币》,《文物》1960年8、9期合刊。

[2]　陕西省考古研究所、陕西省历史博物馆、礼泉县昭陵博物馆编著:《唐新城长公主墓发掘报告》,科学出版社,2004年。

[3]　西安市文物管理委员会:《西安唐金乡县主墓清理简报》,《文物》1997年1期。

[4]　陕西省考古研究所、西安市文物保护考古所:《唐长安南郊韦慎名墓清理简报》,《考古与文物》2003年6期。

图 4-35　唐金乡县主墓出土贝壳

图 4-36　唐韦慎名墓出土贝壳

沿海地区以外的地域出土天然的贝壳盒,多少有些令人费解,不过文献记载可以提供解释。《新唐书·地理志》载:莱州"土贡:赀布、水葱席、石器、文蛤、牛黄",密州"土贡:赀布、海蛤、牛黄"[1]。山东半岛沿海地区很容易获得各种精美实用的贝壳,并作为当地特产供应给朝廷和其他地区,因此无需加工的贝壳盒传播很广,仿生形器物又以特别的造型和方便实用的特点,深受人们喜爱,故而广泛出现在各地。

三、贝壳盒的用途

贝壳盒为天然物品,在墓葬中出土者即便是残破品,一般表面光洁、边缘光滑,似被人们长期使用抚摸所致,由于有考古发掘品出土,贝壳形盒的用途可基本弄清。安阳 M109 隋墓出土 4 件贝壳盒,与铁镜、铁剪同出,报告推测是妇女盛脂粉之器。西安热电厂基建工地 136 座唐墓出土 13 件贝壳,也推测可能是放脂粉之器[2]。李静训墓出土贝壳 3 枚,放在尸体的腰部,与最贵重的银盒、玻璃盒等在一起。河南温县杨履庭墓中的贝壳盒,位于东棺骨架头部之西侧,内有粉状物少许,和铜镜放在一起。韦美美墓的贝壳形银盒,出土在紧挨尸骨头部的地方,与盛化妆品的金、银、铜小器皿同置于一个圆漆盒内。李景由墓的贝壳形银盒出土在银平脱漆方盒内。银平脱漆方盒内遗物分两层存放,上层为一木屉,装木梳、金钗等饰件;下层装圆漆盒 3 件、鎏金

[1]《新唐书》卷三八《地理志》,994、996 页。
[2] 西安市文物管理处:《西安西郊热电厂基建工地隋唐墓葬清理简报》,《考古与文物》1991 年 4 期。

银盒 2 件、抛光银盒 2 件、鎏金菱花镜 1 件、小银碗 1 件。洛阳偃师杏园李郁墓的贝壳盛放在圆形带足漆奁中，与铜镊和小银盒同出。内蒙古和林格尔县大梁村李氏墓出土的贝壳盒也放在梳妆盒里。贝壳盒出土位置、共出遗物表明，无论是天然贝壳盒还是银质贝壳盒，主要都是作为盛装化妆品之用。以天然贝壳类为容器盛装化妆品，直到现代还有，也即所谓"蛤蜊油"，是用天然贝壳盛装护肤防裂油的。

　　在许多出土贝壳盒的墓葬中，还有一个值得注意的现象，即女性墓出土较多。陕西韦美美墓，内蒙古和林格尔李氏墓，陕西西安王家坟 M90、神龙三年（707）任氏墓、罗观照墓、西安郊区张十八娘子墓、金乡县主墓、新城长公主墓等均为女性墓。贝壳多放置在棺床上墓主身侧，常与精致的钗、簪、梳和小型瓷器放在一起。洛阳高秀峰墓，是与夫人李氏于太和三年（829）的合葬墓。李景由墓的贝壳形银盒出土在男性头骨附近的银平脱漆方盒内。此墓为二次合葬，李景由开元五年（717）卒于洛阳，其妻范阳卢氏开元十九年（731）卒于封丘，开元二十六年（738）"合附于偃师首阳原先茔"。墓内曾进水，器物漂浮移动，银平脱漆方盒原来应为李景由妻卢氏的用物。唐代单纯的女性墓不多，相比之下女性墓出土贝壳盒比例非常大；在合葬墓中也多属于女性的随葬品，因此贝壳盒也许是专门在女性中流行的器物。

　　用贝壳作为原料加工制作器物，在唐代仍可见到。河南偃师杏园村元和九年（814）郑绍方墓，在尸体头骨附近有一件形制比较特殊的贝壳盒，长 3.8、宽 3.2、厚 1.3 厘米。呈圆角方形，盒盖与盒提有子母口，从残破处的断面可看出是用自然贝壳制作的容器，盒的盖顶还浅刻一只回首的鸿雁，与同时期的银盒相同（图 4-37）。大中元年（847）穆悰出土大型海螺，从中锯开，打磨光洁，5 枚骰子装在其中，似为掷骰子的赌博用具（图 4-38）。会昌五年（845）李廿五女出土天然海螺，用途不清楚，可能是玩具之类（图 4-39）。但这类把贝壳当原料加工的器物不多，而且年代也都较晚。洛阳市太和三年（829）高秀峰墓中出土的两件银盒[1]，虽然保持了贝壳的基本形态，但经过了改造。这是目前所知最晚的纪年，看来此时仿贝壳银盒也不再仿真了。

---

[1] 洛阳市文物工作队：《洛阳市东明小区 C5M1542 唐墓》，《文物》2004 年 7 期。

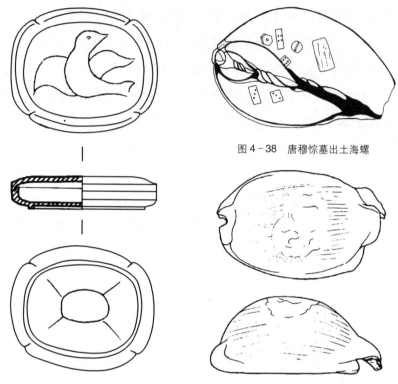

图 4-38　唐穆悰墓出土海螺

图 4-37　偃师杏园唐郑绍方墓出土贝壳

图 4-39　唐李廿五女出土海螺

　　从自然界直接索取生活器具,是人类生存的必然选择,有的自然物品很容易被直接取材利用,坚固和便利的天然贝壳被持续选择,成为历史悠久的器物种类。无论是天然贝壳盒还是银质贝壳盒,都简洁而巧妙,除了使用价值外,其流畅优美的造型也具有观赏、把玩的艺术功能。虽然唐代陶瓷、金属制造工艺发达,但铜铁铸造很难做到像贝壳那样精细,陶瓷烧造更无法达到这种程度,只有相对柔软的金银材料和相应的锤揲技术,才能模仿自然的贝壳,而且还克服了贝壳自身容易脆裂的缺陷,因此唐代选择用银器来仿制也就不足为奇了,但使用珍贵的鎏金银器为化妆品盛具,在当时并不普遍。

　　(本文原名"唐代的蛤形银盒",载《故宫博物院院刊》1998 年 4 期;"贝壳与贝壳形盒",载《华夏考古》2007 年 3 期。此次重刊略有修订。)

5

为兵不如铁、为器不如漆：唐代铜器皿

唐代铜器皿类出土不多,其原因有:1. 与商周至西汉时期不同,唐代用铜制作礼器的做法已经少见。东汉以后中原地区战乱不息,北方游牧民族纷纷进入中原,前所未有的民族大融合,使传统文化和表现礼仪的方式发生了改变,铜礼器不再流行。礼器具有宝器、神器的性质,要长久保存,不易损坏,还用于随葬,当这一社会习俗发生改变后,考古遗物中铜器很少再出土。2. 社会经济结构的改变,导致铜被大量用于制造钱币,佛教兴盛后也用铜铸像造钟,耗量很大,器皿的制作相对减少。3. 以铜为器不完全是消耗品,当器物损坏时,可以熔化再铸,故实用铜器不易传世。4. 唐代日常生活用器被制造简单、精美实用、造价较低的漆、瓷器等代替,铜器皿类在生活中的实用地位下降。

《中国古代青铜器全集》以秦汉为末卷,其原因大约是随着铁器时代的到来,青铜器铸造逐渐失去了在生产技术中的最高地位,以日常生活用品为主体的青铜器物也失去了作为时代文化的代表性地位。但是与出土器物不多相反,唐代铜的产量远远超出前代,工艺制造水平也未必降低。这一矛盾本身就反映了政府对铜的生产和器物的用途更为关注,如果把对唐代铜器的探讨与整个社会的经济运转、政府对铜的政策结合起来,可以看出铜的生产和器物制造对社会的深层影响。

一、铜器的发现和器物特征

为了铸钱,秦汉以来很多铜器被毁,《史记·秦始皇本纪》记载,秦始皇二十六年(前 221)“收天下兵,聚之咸阳,销以为钟鐻,金人十二,重各千石,置廷宫中”。秦始皇收缴了全天下的兵器,以防止人们反抗秦的统治,熔销后铸成重达千石(秦时一石大约 30.75 公斤重）的巨大铜人，这一数字反映了巨大的用铜数量。《资治通鉴》卷五九"东汉献帝初平元年"："董卓坏五铢钱，更铸小钱，悉取雒阳及长安铜人、钟虡、飞廉、铜马之属以铸之，由是货贱物贵，谷石至数万钱。"这两条文献表明了国家铜料的去向。铜主要用来铸钱，在用途上发生了重要变化，此后一直延续，这一变化自然影响到器物制造，大型器皿类减少。

考古发现的唐代大型铜器皿类不多。《西安郊区隋唐墓》报道了 175 座墓，仅 38 座墓出土铜器，主要是铜镜、装饰件和小型的刀、勺等，容器类只有 3 件铜洗[1]。其他一些大型墓几乎全部被盗，无法了解高级贵族用铜器皿的真实情况。不过这并非问题的关键，保存较好的麟德元年（664）郑仁泰墓有六瓣形铜盘、鎏金铜豆[2]。开元二十年（732）韦美美墓有提梁铜壶、铜洗、铜钵[3]。郑仁泰官至一品，韦美美为长安韦氏家族成员，这类等级较高的墓葬随葬铜器皿不多，主要原因大概是当时并不流行用铜器随葬，或日常生活用具中铜器皿本来就不多。

洛阳偃师杏园唐墓的发现为这一推测提供了有力的证明，这批唐墓共 69 座，没有被盗和人为的破坏，经科学发掘并记录完整。唐墓中共出土铜器 213 件，其中铜镜 59 面。报告将这批唐墓分为初唐、盛唐、中唐、晚唐四期，初唐的 2 座墓仅出土铜钗和开元通宝各 1 件。盛唐 22 座墓，出土铜器 48 件，其中器皿共 21 件，铜镜 19 面。中唐 16 座墓，出土铜器 45 件，其中器皿共 15 件，铜镜 20 面。晚唐 29 座墓，出土铜器 119 件，其中器皿共 11 件，铜镜 20 面[4]。可见，除了铜镜、钱币和一些首饰，器皿所占比例不大，如果纳入包括陶瓷器在内的随葬品总数中统计，所占比例更少。

偃师杏园唐墓群既没有被盗，也未遭人为破坏，这一统计具有一定意义，铜器皿不多，所反映的至少是人们对待铜器的观念发生了变化。就个体墓葬而言，洛阳市东明小区太和三年（829）高秀峰墓没有被盗[5]，出土铜器较多，包括鎏金

［1］中国科学院考古研究所：《西安郊区隋唐墓》，科学出版社，1966 年。

［2］陕西省博物馆、礼泉县文教局唐墓发掘组：《唐郑仁泰墓发掘简报》，《文物》1972 年 7 期。

［3］呼林贵、侯宁彬、李恭：《西安东郊唐韦美美墓发掘记》，《考古与文物》1992 年 5 期；陕西省考古研究所、西安市文物管理处：《陕西新出土文物集萃》，陕西旅游出版社，1993 年。

［4］中国社会科学院考古研究所：《偃师杏园唐墓》，科学出版社，2001 年。

［5］洛阳市文物工作队：《洛阳市东明小区 C5M1542 唐墓》，《文物》2004 年 7 期。

铜马、鎏金铜龟、瑞兽折枝花纹葵花形铜碗、铜钵、铜洗、铜构件、铜勺,这些器类既未起到等级身份标志的作用,也非生活中成套的用品。东北地区的情况略有不同,辽宁咸亨四年(673)左才墓出土铜镳斗 1 件、铜钵 1 件、铜镳壶 1 件和铜盘 4 件[1]。天宝三载(744)韩贞墓出土三足铜盘 4 件、铜盘 3 件[2],这是唐代墓葬中铜器丰富的实例。

种类和数量都不多的唐代铜器皿中,器类有钵、碗、洗、壶、匜、盘、镳斗、炉、烛台、手炉等。可以看出,不仅那些与祭祀礼器相关的器类消失,连六朝时期的甑、鏊、耳杯等也几乎不见,铜器皿显然退出了日常生活实用器的主流领域。

在唐代铜器皿中,造型简单、极少有装饰的铜碗和铜洗的数量相对较多。不同报告中的洗和盆常常是同类器,直径多在 10 至 25 厘米之间,小于这一尺寸的一般被叫作碗、钵。铜洗虽然有直壁、弧壁和斜壁的不同,但在纪年墓葬中各个时期都有,形制差别看不出时代早晚变化。偃师杏园开元二十六年(738)蒲州猗氏县令李景由墓出土 5 件,其他墓葬多为一两件(图 5－1)。铜碗或铜钵在墓葬中也未见成套出土的现象,器物的鼓腹、敛口、弧壁等不同样式似乎也与年代早晚无关(图 5－2)。这些器物总体特征是形制简单、胎壁很薄。

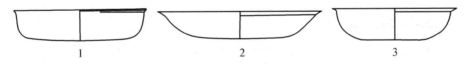

图 5－1　唐墓中出土铜洗

1. 李景由墓出土　2. 穆悰墓出土　3. 韦美美墓出土

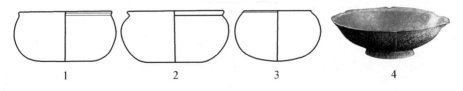

图 5－2　唐墓中出土铜碗(钵)

1. 李嗣本墓出土　2. 韦美美墓出土　3. 左才墓出土　4. 高秀峰墓出土

[1] 辽宁省博物馆文物队:《辽宁朝阳唐左才墓》,《文物资料丛刊》6,文物出版社,1982 年。
[2] 朝阳地区博物馆:《辽宁朝阳唐韩贞墓》,《考古》1973 年 6 期。

壶也相对较多,但样式不同。有的带盖有流,有的带提梁,后者也被叫作罐甚至镀,其实与前者不属同类用途的器物。神龙二年(706)宋祯墓出土铜壶较有特色,柄的顶部有凸起的枝芽状装饰(图5-3-1),具有唐代带把器物较通行的特点,银器、瓷器的杯、铛上也常见,并且极少见于前代。福建莆城唐墓、河南洛阳偃师杏园李景由墓也有出土。偃师杏园开元十九年(731)郑夫人墓出土的壶,带提梁,也被称为罐(图5-3-2)。

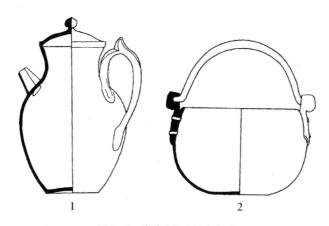

图5-3 唐墓中出土铜壶和罐

1. 宋祯墓出土   2. 郑夫人墓出土

镳斗、镳壶在唐代比较常见。这种器物大约出现于战国时期,汉代有"中尚方镳斗",铭文曰:"建始二年六月十四日,中尚方造铜镳斗。重三斤九两,容一斗。"南北朝时期更流行[1]。参照其他器物,可知镳斗的基本特征是有柄、带流,有三足。镳斗、镳壶在东周数量很少,汉代和南北朝时期流行。研究者认为其用途相当于温锅或暖锅[2],其产生是为了适应炒煎的需要,由釜演变所致。福建莆城唐墓出土的镳斗,龙首柄,流呈三角形,尾部有长方形扳翼,上面树立一个半圆形环耳,

---

[1] 参见徐正考:《汉代铜器铭文研究》,吉林教育出版社,1999年。宁夏固原东郊乡雷祖庙村北魏墓出土铜镳斗。宁夏固原博物馆:《固原历史文物》,科学出版社,2004年。

[2] 徐家珍:《"熨斗"和"镳斗"、"刁斗"》,《文物参考资料》1958年1期;张小东:《镳斗考》,《故宫博物院院刊》1992年2期。

三个虎首蹄足[1]。李景由墓出土的镳斗呈浅腹碗形，一侧带短流，一侧有凫头形曲柄（图5-4-1）[2]。江苏镇江唐墓的镳斗凫首，宽面翘尾，三蹄足（图5-4-2）[3]。镳壶的器形与战国时期流行于中原的盉接近，罐形腹，兽首流，下附三足，有柄，更适合拎动。左才墓的两件铜镳斗中，有一件器体呈壶状，被称为铜镳壶（图5-5）。郑洵墓还出土两件铜器，被称为勺和铛。勺有柄无足（图5-6），如果按带三足、长柄、有流口来定义镳斗，这件器物未必同类，报告推测为茶具或药用量具，其形制与用来炊煮、炒的刁斗和长柄平底无足熨烫衣料的熨斗有关，由于长11.8厘米，故而可能是熨斗。另一件被叫作铛，有三足却无流和柄（图5-7）。

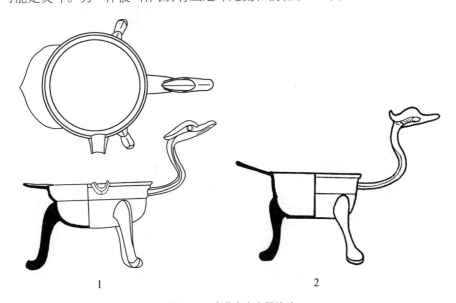

图5-4　唐墓中出土铜镳斗

1. 李景由墓出土　2. 镇江唐墓出土

烛台和手炉比较少见。宋祯墓的烛台有两层圆盘（图5-8-1）。这类器物在汉代已经出现，四川中江塔梁东汉崖墓出土的陶灯（图5-8-2），形制基本

［1］赵洪章：《莆城出土唐代铜镳斗》，《考古》1986年4期。

［2］李景由墓的镳斗在简报叫三足灯，正式报告改称为铛。

［3］镇江博物馆：《江苏镇江唐墓》，《考古》1985年2期。

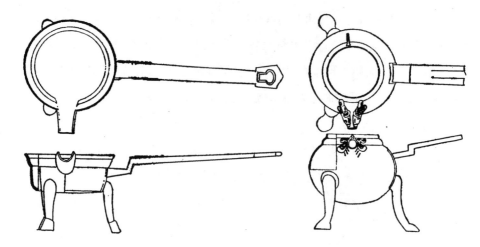

图 5-5　唐左才墓出土铜镳斗(壶)

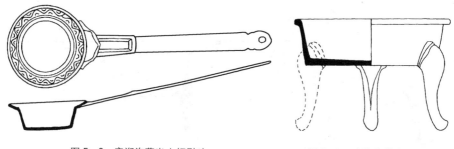

图 5-6　唐郑洵墓出土铜熨斗　　　　　图 5-7　唐郑洵墓出土铜铛

一致[1]。隋吕思礼墓出土瓷烛台,也是同样的形制(图 5-8-3)[2]。元和九年(814)郑绍方墓出土的鎏金铜炉呈圆筒形,带三足,两侧有链,口径 10、高18.2 厘米,或可作香熏使用(图 5-9)[3]。

---

[1] 四川省文物考古研究所、德阳市文物考古研究所、中江县文物保护管理所:《四川中江塔梁子崖墓发掘简报》,《文物》2004 年 9 期。

[2] 陕西省考古研究所:《隋吕思礼夫妇合葬墓清理简报》,《考古与文物》2004 年 6 期。

[3] 郑绍方墓出土的鎏金铜手炉,在器物描述中说手炉或可作香熏使用,说明尚不清楚其用途。目前这件器物孤品,用途不清楚。

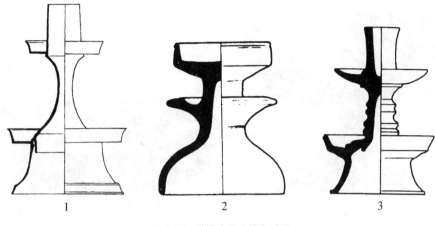

图5-8　墓葬中出土烛台（灯）

1. 宋祯墓出土铜灯　2. 四川中江东汉墓出土陶灯　3. 隋吕思礼墓出土瓷烛台

盘、豆、匜发现得不多。麟德元年（664）郑仁泰墓出土六瓣形铜盘、鎏金铜豆（图 5 - 10、5 - 11）。会昌五年（845）李存墓、大中十二年（858）李归厚墓出土铜匜（图 5 - 12）。匜始现于西周，原本是一种礼器，盛水后从上往下浇水用来洗手。战国晚期开始逐渐减少，西汉晚期基本消亡。其后偶尔出现，已经失去了以往的特殊用途。唐代的匜，无论是银器、瓷器或是铜器，尺寸都比较小，表明用途发生了较大的变化。这些盘、匜器体轻薄，有的鎏金錾花。

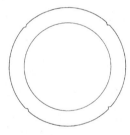

图5-9　唐郑绍方墓出土铜炉

　　以上大体是唐代日常生活中使用铜器的类别，由于器皿种类骤减，实际用途发生变化，故看不出这些器物是否有成套的组合关系，也很难看出器形的演变。其总体特征是大多形体较小，造型雷同，不见复杂装饰，器胎轻薄。由于不是礼仪用具，也不是意在表现特殊含义的器物，因而制造时没有倾注更大的热情，这正是生活用具的特征。偶尔出现的较为华丽的器物，多是仿金银器的做法。

图 5-10   唐郑仁泰墓出土铜豆   图 5-11   唐郑仁泰墓出土铜盘

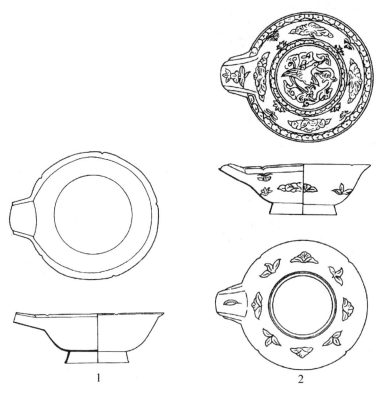

1   2

图 5-12   唐墓中出土铜匜

1. 李存墓出土   2. 李归厚墓出土

二、实用对象的转移与新技术成就

汉代以前的青铜容器主要为神服务,而汉代以后的铜器主要为人服务。[1]这一宏观特征使秦汉时期的"青铜器已失去了从前那种居于文化中心地位的光彩","中国古代的青铜艺术渡过了最后的辉煌"[2]。但唐代铜的产量的增加和对前代工艺技术的继承与发展应是事实,那么铜的使用在社会生活中是怎样的面貌呢?

用铜制作礼器在唐代并未完全绝迹。《旧唐书·礼仪志》载:"铸铜为九州鼎……司农卿宗晋卿为九鼎使,都用铜五十六万七百一十二斤。"[3]当然这是国家行为,并未像先秦时期那样在各级贵族之中推广。用铜制造礼器失去了高贵性,但东汉以后兴盛的佛教寺院却接替宗族成为用铜的重要场所。

有关寺院铸钟、铸佛的记录很多。太宗贞观三年(629)"用铜三千斤,铸钟一口"[4]。高宗麟德二年(665)西明寺制造了重一万斤的铜钟。中宗时慧云在濮州报成寺铸造的弥勒高一丈八尺。代宗时自觉在镇州大悲寺铸大悲菩萨,高四十九尺[5]。保存至今的有陕西延安地区富县宝室寺铜钟[6],是唐代传世最早的铜钟。它铸于贞观三年(629),重180公斤,钟通高1.55、腰围4.2、口径1.5米。肩部饰莲花,钟体上部饰飞天,中部饰朱雀,下部饰青龙并铸318字铭文,铭文落款为"大钟主上大将军张神安,大钟主赵夷、杜茂"。著名的景龙观钟,铸于景云二年(711),六角弧形,高2.74、口径1.65米,重6000公斤。以二十六模分五段铸成,装饰分三层十八格,以蔓草间隔,格内饰飞天、翔鹤、走狮、腾龙、朱雀、独角兽等,四角辅以祥

[1] 杨菊花:《汉代青铜文化概述》,《中原文物》1998年2期。

[2] 俞伟超:《秦汉青铜器概论》,《古史的考古学探索》,文物出版社,2002年。

[3]《旧唐书》卷二二《礼仪志》,867—868页。

[4] 张神安:《唐贞观铜钟铭》,《全唐文》卷一五六,704页。

[5] 赞宁:《宋高僧传》卷二六《唐今东京相国寺慧云传》《唐镇州大悲寺自觉传》,中华书局,1987年,658、657页。

[6] 王永亮:《富县宝室寺铜钟》,《文博》1990年3期。

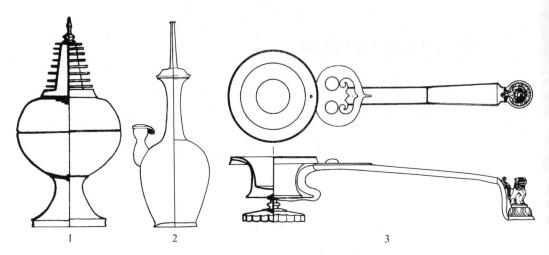

图 5-13　洛阳龙门神会和尚身塔塔基出土铜器

1. 铜盒　2. 净瓶　3. 带柄手炉

云,钟身正面有铭文292字,出自睿宗皇帝之手[1]。铜像制造数量更多,长安安邑坊立法寺,"铸金铜像十万躯,金石龛中皆满,犹有数万躯"[2]。目前零星出土和收藏的唐代铜造像很多,仅山西平陆一次就出土25件佛教、道教铜造像[3],可见铸钟造像耗费了大量的铜。

　　佛教寺院中的用具也多用铜来制造,因此手炉、熏炉、香炉、净瓶、香盒等也是唐代铜器中重要的一类。洛阳龙门神会和尚身塔塔基中出土铜盒、净瓶、带柄手炉(图5-13)[4]。手炉是僧侣在举行法会时在佛前烧香的手持用具。铜盒常做成塔顶豆式,也是佛家法事活动用品。同类器物在江西瑞昌也曾出土(图5-14)[5]。瑞昌的佛具发现于墓葬之中,长沙赤峰山2号唐墓也出土铜香手炉、熏炉[6],这是墓葬中偶尔出现佛教遗物的特殊现象。陕西临潼庆山寺出土的

[1] 马骥:《唐景龙观钟》,《中国大百科全书·文物博物馆》,中国大百科全书出版社,1993年,534页。

[2]《酉阳杂俎》续集卷五《寺塔记上》"安邑坊玄法寺",251页。

[3] 平陆县博物馆:《山西平陆出土一批隋唐佛道铜造像》,《考古》1987年1期。

[4] 洛阳市文物工作队:《洛阳神会和尚身塔塔基清理》,《文物》1992年3期。

[5] 张翔华:《析江西瑞昌发现的唐代佛具》,《文物》1992年3期。

[6] 湖南省博物馆:《长沙赤峰山2号唐墓简介》,《文物》1960年3期。

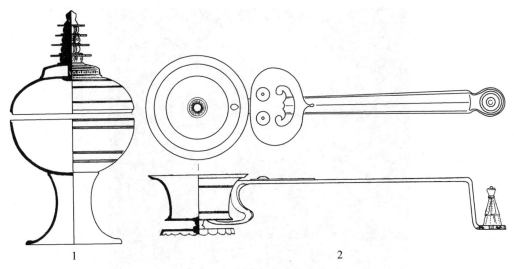

图5-14　江西瑞昌唐墓出土铜器

1. 铜盒　2. 带杯手炉

香炉,高13、口径13.5厘米,有6个兽面兽足,其间有兽首衔环(图5-15)。陕西扶风法门寺地宫发现铜浮屠(图5-16)[1],这些器物表明寺院中使用铜来制造各种器物是流行的做法。佛教、道教铜造像很多,陕西宝鸡出土的唐代鎏金铜天王像(图5-17),高70厘米,重31.2公斤,除发髻外,通体鎏金。

铜料用于铸钱。与前代相比,唐代商品经济发展迅速,对钱币的需求量猛增,玄宗开元中"天下铸钱七十余炉"[2],"天宝中,诸州凡置九十九炉铸钱"[3]。用在铸钱上的铜对冶铜造器带去了极大影响。

从传世的大铜钟、佛教造像、铜镜以及部分器物来看,唐代铜器制作技术仍具有相当的水准。偃师杏园唐墓出土的铜器皿加工精细,打磨光滑,有的器表留有规则旋痕,说明制作时使用了机械。宋祯墓的烛台小巧玲珑,通高34.8厘米,由4个部件巧妙地组装而成,便于携带。经光谱测定,铜为主要元素,还含有较多的锡、

[1]法门寺博物馆:《法门寺》,陕西旅游出版社,1994年。

[2]《新唐书》卷五二《食货志》,1360页。

[3]《通典》卷九《食货·钱币》,109页。

图 5-15　陕西临潼庆山寺出土香炉

图 5-16　陕西宝鸡法门寺出土铜浮屠

图 5-17　陕西宝鸡出土铜天王像

铅,有微量的银、铁、镍、砷、锑、锌、铬元素。这件器物是以铜、锡、铅合金为原料制成的[1]。比较精致的铜器还有高秀峰墓出土的铜马和铜龟(图5-18),以及北京史思明墓出土的铜龙、铜牛等[2]。史思明墓出土的铜龙为蹲坐状,高16.4厘米,造型极为生动(图5-19)。

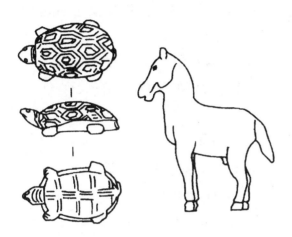

图5-18　唐高秀峰墓出土铜龟、铜马

图5-19　北京唐史思明墓出土铜龙

唐代铜器皿继承了青铜铸造、焊接、镂空等技术,鎏金也运用在铜器上,有的制作更为精美。如果说郑绍方墓出土的铜錾花鎏金炉与前代相比还看不出有多大进步,那么日本奈良正仓院南仓藏"紫檀金钿柄香炉"(图5-20)可视为这一时期鎏金铜器的代表作,炉内鎏金,底

图5-20　日本奈良正仓院藏铜手炉

[1] 中国社会科学院考古研究所化验室 黄素英：《杏园唐墓金属器皿化学成分的光谱定性分析》,中国社会科学院考古研究所：《偃师杏园唐墓》,科学出版社,2001年。

[2] 北京市文物研究所：《北京丰台唐史思明墓》,《文物》1991年9期。

座、炉体外侧和柄上为金镶嵌纹样，花纹中还嵌各色宝石、玻璃。香炉为焚香用具，香火温度很高，鎏金花纹需耐高温，可见当时鎏金技术很高。这件器物的产地虽无法肯定，但反映了唐朝的工艺[1]。

日本奈良兴福寺收藏的中国8世纪制作的青铜"华原磬"（图5-21）[2]，用精湛的技术显示了盛唐时期高超的写实艺术风格。其造型是以一个双眼注视前方、端庄趴卧的狮子为底座，狮背上立六角棱柱，最上部是四条龙，龙头分别向两边伸出，身体向下构成圆弧状，尾部盘绕在棱柱上。龙体构成的圆弧内悬挂金鼓。通高96厘米。华原磬的磬架左侧龙头竖立着鬃毛，右侧龙头鬃毛下垂，似乎有意识地表现了雌雄。金鼓两面合扣

图5-21　日本奈良兴福寺藏"华原磬"

作钲鼓状，垂吊在龙体盘绕成的圆弧内，两面纹样相同。中央为八叶莲花纹的撞座，内外区在珍珠地纹上饰缠枝卷草纹。从金鼓的装饰意匠、制作技术上看，与磬架的狮子和龙不是同一时代的，大约是平安或廉仓时代补制的。磬架的设计构成借用了龙体自然卷曲的巧妙变化，活泼自由，具有动态感。而作为底座的卧狮端庄，表情狞厉。整体庄严肃穆，不失佛门用具的特色。龙、狮身体细节的刻画一丝不苟，鼻眼清晰传神，甚至龙体的腹、背鳞片也因转折盘卷而进行了区别刻画，上部鳞片粗大，越接近尾部越细小，残留的鎏金仍闪闪发光。

---

[1] 昭和五十七年《正仓院展》，便利堂，1982年，34—35页。

[2] 东京国立博物馆：《日本国宝展》图154，大冢巧艺社，1990年。

日本法隆寺宝物中的"龙首瓶"（图5-22）[1]，通高49.8、腹径18.6、底径11.4厘米，重3410克。注口部呈龙头形，带盖，细长颈，瓶身鼓腹，底部接高圈足。注口到瓶腹有半环形把手。注口的龙头上有一个角，恰好用作提瓶时拇指开盖的纽。龙头上颚为盖，下颚为注口，关闭盖时由牙齿咬合。半环把手象征龙身，上面有细密的线刻鳞纹。瓶的腹部浅刻线条自由流畅的4匹天马，马身上有双翼，胸和臀部用联珠表示饰带。其中两天马之间有墨书"北堂丈六页高一尺六寸□□□"的文字。龙首瓶注口的盖和龙身把手为分别铸造，瓶的颈、腹、高足也分别铸造，然后接合成型。高足部有损坏和修补。龙首的角、腹、高足留有较厚的镀银层，龙首、龙身、颈部、天马纹镀金。龙首瓶注口的盖、龙身把手和华原磬应采用了蜡模制造技术，才使龙的面目清晰，龙体鳞片分明，狮身肌肉强健，鬃毛丝丝可辨。关于该瓶的产地，日本学界有中国唐代的舶来品和7世纪日本制作的器物两种说法。目前较新的学术刊物在介绍这件器物时，笼统地指出是8世纪、中国唐代或日本奈良时代的作品。毫无疑问，龙首瓶的整体器形特点在西亚、中亚的波斯萨珊和粟特金银器、铜器、陶器中可找到大量例证，然而胡瓶式的造型上，注口却做出了中国式的龙头。日本与之造型最相似的作品为正仓院藏"漆胡瓶"，也是一件中国舶来品，在奈良时代日本传统器物中几乎连仿制品也找不到。故"龙首瓶"波斯萨珊器形和中国式龙头说明，它还应是中国唐代制品，是西方文化与中国传统融合的创新之作，这是唐朝器物中十分流行的作法。

图5-22
日本法隆寺藏"龙首瓶"

法隆寺的"龙首瓶"是用铜铅及锡熔化而制作的铜制品，也可称作响铜、白铜。响铜是青铜的一种，含较多铅锡，呈深黄色，因敲击时有较长时间的回音，故称响

---

[1] 东京国立博物馆：《日本国宝展》图155。

铜。这种工艺在地中海地区最发达,响铜出现较多是唐代铜器的重要特征。这一现象可能与中西交通的繁荣、外国技术的输入有关。响铜器是铸造成型的,由于合金组成有变化,故比汉代青铜器质地软,铸造完毕后还用刀凿加工,改变了以往青铜的制作过程,使铸造而成的坚固形态变得更为柔和。陕西长安县曾出土唐代铜净瓶,应是用这种工艺制作的(图 5 - 23)[1]。这种瓶主要用于寺院,陕西临潼庆山寺也曾出土同类器物(图 5 - 24)[2]。

图 5 - 23   陕西长安县出土铜净瓶

图 5 - 24   陕西临潼庆山寺出土铜净瓶

[1] 长安博物馆:《长安瑰宝》,世界图书出版社,2002 年,38 页。响铜工艺出现可能更早,这种形制的铜瓶也在河北景县北朝封氏墓、河北赞皇东魏李希宗墓、山西太原北齐厍狄迴洛墓出土。张季:《河北景县封氏墓群调查记》,《考古通讯》1957 年 3 期;石家庄地区革委会文化局文物发掘组:《河北赞皇东魏李希宗墓》,《考古》1977 年 6 期;王克林:《北齐厍狄迴洛墓》,《考古学报》1979 年 3 期。

[2] 东京国立博物馆:《宫廷の荣华——唐の女帝·则天武后とその时代展》,大冢巧艺社,1998 年,82 页。

　　湖北安陆县文化馆征集到一件精美的唐代双耳葡萄纹铜壶，高34厘米，重11公斤[1]。肩部双耳作葡萄根状，腹部四周浮雕藤蔓，藤上有三十六片叶和十二串葡萄。山西省博物馆藏唐代铜牛车（图5-25），是一件难得的铜器，牛的面目表情、肢体肌肉都生动地表现了出来，车棚、车轮制作也十分精细[2]。保利艺术博物馆藏几件唐代铜器，其中双龙耳盘口壶属于大型器物，通高44.5厘米，重4.5公斤[3]，此外还有手炉、盒和八棱瓶（图5-26、5-27）。与双龙耳盘口壶同类的造型

图5-25　山西省博物馆藏铜牛车

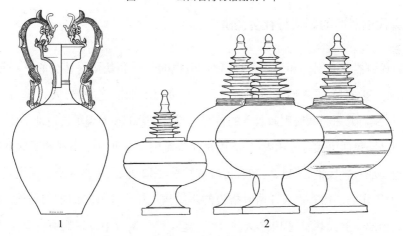

1　　　　　　　　　　　2

图5-26　保利艺术博物馆藏铜盘口壶、铜盒

[1] 余从新：《湖北安陆发现唐双耳葡萄铜壶》，《文物》1983年6期。
[2] 东京国立博物馆：《宫廷の荣华——唐の女帝·则天武后とその时代展》，149页。
[3] 《保利藏金》编辑委员会：《保利藏金》，岭南美术出版社，1999年，337页。

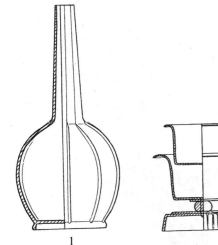
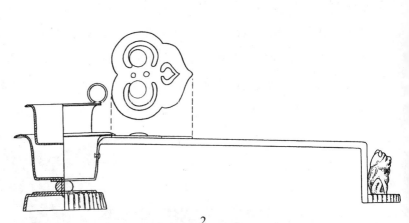

图5-27　保利艺术博物馆藏铜八棱瓶、铜手炉

在陶瓷器中较多,在洛阳关林、孟津唐墓中都有出土[1]。八棱瓶在瓷器中也有发现。

三、唐代铜器皿的制造与社会经济

唐代铜器皿的制造和使用日渐减少,但铜的生产和使用对社会的影响更大。《唐六典·少府监》"掌冶署"条载:"凡天下诸州出铜铁之所,听人私采,官收其税。"[2]铜矿开采是政府财政收入的重要来源。安徽铜陵发现采矿遗址9处、冶铜遗址20处,包括唐代遗迹在内[3]。南京江宁汤山镇东北九华山在现矿区开掘坑道时也发现有唐代铜矿[4],已知有古坑道暴露段12处、古采场4个。采场是分层采掘的,工作面还留有古人开凿时搭设的木结构工作台及残存的框架结构。四个采场的顶部及壁面共发现10个天井、28个巷道口。调查中发现的遗物有木钩、木

[1] 洛阳市文物管理局:《古都洛阳》,朝华出版社,1999年,159、160页。

[2]《唐六典》卷二二《少府监》"掌冶署"条。

[3] 安徽文物考古研究所:《安徽铜陵古代铜矿遗址调查》,《考古》1993年4期。

[4] 南京市博物馆等:《南京九华山古铜矿遗址调查报告》,《文物》1991年5期。

框架提升器、竹篓、瓷碗等。还清理了 1 处冶炼遗迹。从地表陷落区的范围及其他遗迹现象分析，地下的古采场应具有相当的规模。铜矿中出土的瓷器与唐代宜兴窑的产品相似，时代大体为唐代中、晚期。

唐朝采矿有时可以私营，铜器制作却以官府控制为主。"少府监中尚署"条载："铜钵铜出代州，赤生铜出铜源监也。"[1]文献记载的供铜及器物制造的地点主要有扬州、润州、宣州和桂州。扬州是铜器制造的盛地，鉴真东渡时曾在扬州购买了瓶、盂、盘等大批铜器[2]。《旧唐书·韦坚传》："(韦)坚预于东京、汴、宋取小斛底船三二百只置于潭侧，其船皆署牌表之。若广陵郡船，即于枋背上堆积广陵所出锦、镜、铜器、海味；……会稽郡船，即铜器、罗、吴绫、绛纱；……先是，人间戏唱歌词云：……潭里船车闹，扬州铜器多。"[3]1975 年在扬州师范学院和江苏农学院工地发掘了唐代遗址，出土炉灶和简易铸造设置，有的铸造铜器用的坩埚口沿上有"流"，内壁附有铜绿，附近土层中还发现了许多炼铜渣[4]。

唐代的铜是国家战略资源，必须加以管制。总体来说唐代禁止私造铜器。但由于日常生活中铜器仍受到人们的喜爱，制造铜器便有利可图。《旧唐书·杨嗣复传》记载："今江淮以南，铜器成肆，市井逐利者，销钱一缗可为数器，售利三四倍，远民不知法令，率以为常，纵国家加炉铸钱，何以供销铸之弊？所以禁铜之令不得不严。"[5]"每销钱一千为铜六斤，造写杂物器物，则斤直六千余，其利既厚，销铸遂多。"[6]销钱做器的利润可达三到六倍，六斤铜铸出的钱价值一千，而做成器物则能卖六千，货币的面值不如自身原料的价值，促使一些人专做毁钱造器的生意。私

［1］《唐六典》卷二二《少府监》"中尚署"条，571—577 页。

［2］《唐大和上东征传》载，天宝二年，鉴真第二次自扬州东渡，携带"漆合子盘卅具……螺钿经函五十口，铜瓶廿口，花毡廿四领，袈裟一千领，[裙]衫一千对，坐具一千床，大铜盂四口，[竹叶盂]卅口，大铜盘廿面，中铜盘廿面，小铜盘四十四面，一尺铜叠八十面，少铜叠三百面……"中华书局，2000 年，47 页。

［3］《旧唐书》卷一〇五《韦坚传》，3223 页。

［4］南京博物院、扬州博物馆、扬州师范学院发掘工作组：《扬州唐城遗址 1975 年考古工作简报》，《文物》1977 年 9 期。

［5］《旧唐书》卷一七六《杨嗣复传》，4557 页。

［6］《唐会要》卷八九《泉货》，1628 页。

造私卖铜器成风必然造成铜荒,直接扰乱了国家经济,影响到国计民生,如果不对铜的生产和器物制造进行有效控制,会直接影响到整个社会的经济运转。

大量制造铜器会使原料缺乏,铸钱必然受到影响,唐代禁止铜器,主要是围绕着铜器制造与钱荒之间的矛盾展开的。中宗时"盛兴佛寺,百姓劳弊,帑藏为之空竭"[1],虽然有些夸大,但寺院用铜已经引起了统治阶层的关注。大约在开元中期以前,私铸铜器一度合法,后鉴于有些人铸造器物以侔暴利,又屡加禁止。《唐大诏令集》载开元十七年九月《禁铸造铜器诏》曰:"今天下泉货益少,布币颇轻,欲使流通,焉可得也。且铜者,馁不可食,寒不可衣,既不堪于器用,又不同于宝物,唯以铸钱,使其流布。宜令所在加铸,委按察使申明格文。禁断私卖铜、锡,仍禁造铜器。所有采铜、锡、铅,官为市取,勿抑其价,务利于人。"[2]《唐会要》又载:"贞元九年正月,张滂奏:诸州府公私诸色铸造铜器、杂物等。伏以国家钱少,损失多门,兴贩之徒,潜将销铸,每销钱一千,为铜六斤,造写杂物、器物则斤值六千余,其利既厚,销铸遂多。江淮之间,钱实减耗。伏请准从前敕文,除铸镜外,一切禁断。"[3]贞元九年(793)正月禁造铜器,十年六月便废除,只是限定铜器的价格。铜器价格的限定似乎很荒谬,即"器物约每斤价值不得过一百六十文"[4]。在实际生活中,器物材料是决定器物价格的重要因素之一,但用途和人工价值亦十分重要,往往工艺难度大、制作精巧的器物远比材料的价值高,所以限定器物价格的措施难以行得通。元和元年(806)再次禁止铜器[5],原因也是滥造铜器导致铸钱铜少。文宗时又"病币轻钱重……禁铜器"[6]。铜器与钱币争用原料的矛盾,成了唐代后期统治阶层不断讨论的国家大事。《册府元龟》载:

---

[1]《旧唐书》卷一〇一《辛替否传》,3155 页。

[2]《唐大诏令集》卷一一二《禁铸造铜器诏》,商务印书馆,1959 年,582 页。

[3]《唐会要》卷八九《泉货》,1628 页。

[4]《唐会要》卷八九《泉货》:"(贞元)十年六月敕,今后天下铸造买卖铜器,并不须禁止。其器物约每斤价值不得过一百六十文。委所在长吏及巡院,同勾当访察,如有销钱为铜,以盗铸钱罪论。"1628 页。

[5]《唐会要》卷八九《泉货》:"元和元年二月,以钱少,禁用铜器。"1628 页。

[6]《新唐书》卷五四《食货志》,1390 页。

　　（开成三年）六月，帝御紫宸殿，问宰臣曰："币轻钱重，如何？"宰臣杨嗣复曰："此已多年，但且禁铜，不可广变法，广变法即必扰人。"李珏曰："今请加炉铸钱，他法不可。先有格令，州府禁铜为器。当今以铜为器而不知禁，所病者，制敕不曾下经年，而州县因循，所以制令相次，而见之为常。今自淮而南，至于江岭，鼓铸铜器，列而为肆，州县不禁，市井之人，逐锥刀之利，以一缗范为他器鬻之，集利不啻数倍。是则禁铜之令，必在严峻，斯其要也。"[1]

铜原料本身和价值并不成为禁止制造铜器的根本原因，但作为铸钱的原料，不允许永久性的浪费和随意流失。

　　从唐代法律中也可以见到铜在社会生活中的作用。唐代法律中有称为"收赎"的条款，即九品以上的官犯罪，可以纳铜留官，实际是用钱赎罪、抵罪[2]，纳铜代替应服之刑。这项法律普遍实施。唐代判罪惩罚有笞、杖、徒、流、死刑，均可用铜赎免，"杖六十，赎铜六斤。杖七十，赎铜七斤。杖八十，赎铜八斤。杖九十，赎铜九斤。杖一百，赎铜十斤"[3]。死刑也可赎铜一百二十斤[4]。唐代赎刑以铜是为常法，向犯人征铜，这种惩罚性质属于剥夺财产之刑。"天宝六年四月八日敕节文：其赎铜如情愿纳钱，每斤一百二十文。"[5]此后铜钱并用。张易之、张昌宗显赫一时，贪赃枉法，遭到朝臣的猛烈攻击，迫于压力，武则天罚张昌宗铜二十斤[6]。

　　唐代对实用的铜镜铸造则不加禁止。"（大历）七年十二月，禁天下新铸造铜器，唯镜得铸，其器，旧者听用之，不得货鬻。将广钱货，资国用也。"[7]对造佛像多数情况下也不禁。有时禁止铸造铜像，是因为商人狡诈，用户随意，滥造佛像，对佛祖不恭不敬。武宗毁佛属特殊事例，毁佛时留下四个寺院，说明并不以消灭佛教为

[１]《册府元龟》卷五〇一《邦记部·钱币三》，6005 页下栏。

[２] 刘俊文：《唐律疏议笺解》，中华书局，1996 年，52—56 页。

[３]《唐律疏议笺解》，22 页。

[４]《唐律疏议笺解》，42 页。

[５]《唐会要》卷四〇《定赃估》，727 页。

[６]《资治通鉴》卷二〇七"则天后长安四年"条："乙未，司礼少卿张同休、汴州刺史张昌期、尚方少监张昌仪皆坐赃下狱"，6572 页。

[７]《册府元龟》卷五〇一《邦记部·钱币三》，6000 页上栏。

目的。"废浮屠法,永平监官李郁彦请以铜像,锺、磬、炉、铎皆归巡院,州县铜益多矣。"[1]主要还是考虑经济问题。《新唐书·食货志》:"盐铁使以工有常力,不足以加铸,许诸道观察使皆得置钱坊。淮南节度使李绅请天下以州名铸钱,京师为京钱。大小径寸,如开元通宝,交易禁用旧钱。会宣宗即位,尽黜会昌之政,新钱以字可辨,复铸为像。"

政府统一收购、控制铜料,造成了日常铜制器物的减少。此外,在唐朝人看来,"铜之为兵不如铁,为器不如漆"。"铜者,馁不可食,寒不可衣,既不堪于器用,又不同于宝物,唯以铸钱,使其流布。"[2]当然这是配合限制、禁止使用铜器的一种规劝,是实用铜器可由其他质料的器物代替的一种倡议。铜在唐代就其材料本身来说并不十分珍贵,也未必是制造各种器物最合适的材料,因陶瓷、漆器、金银器的兴盛,日常生活需要的铜器也的确有被取代的趋势。

(本文原名"唐代铜器皿简论",载《文博》2005 年 2 期。此次重刊略有修订。)

---

[1]《新唐书》卷五四《食货志》,1385 页。
[2]《通典》卷九《食货·钱币》,106—107 页。

6

使驾驭自由：马具

一、中国早期马镫的有关问题

马镫是坐骑上的重要部件，使人们在骑马时可保持身体的平衡，无论是日常生活，还是对敌作战，都发挥了很大作用。然而，在被称为骑马民族活动区域的西亚、中亚和东亚，马镫的出现却很晚。日本学者樋口隆康曾写过《镫的起源》一文[1]，指出世界最早的马镫产生于中国。后来韩国学者以朝鲜半岛南部釜山市东莱区福泉洞古坟群出土的马镫为主，参照中国、日本出土的资料，作《古式镫考》[2]，也把朝鲜半岛的马镫渊源追溯到中国。20 世纪 50 年代初，朝鲜学者曾把朝鲜国立中央历史博物馆所藏的高句丽时代的马镫称为世界上最早的马镫，时代为 5—6 世纪，并认为中国古代的突厥人在战争中的新武器——马镫，是由 8 世纪前半的唐朝吸收过去的，而中国唐代以前没有马镫遗物[3]。20 世纪 50 年代以后，我国各地相继发现有关马镫的资料，除了出于有时代可考的墓葬中的外，其他的年代时有错定，特别是一些马镫的时代提得过早，造成了混乱。本文试图对中国唐代以前的马镫作一初步分析，并澄清某些错误认识。

1. 早期马镫的发现与特征

文献记载，我国春秋末年才有骑马之事，然而直到南北朝时期，汉族贵族们仍

---

[1]《展望アジアの考古学——樋口隆康教授退官记念论集》，新潮出版社，1983 年。

[2] 申敬澈：《古式镫考》，《古代文化》1986 年 6 期。

[3]《具有世界最早年代的高句丽生铁"马镫子"》，冯鸿志译自《民主朝鲜报》，见《考古通讯》1957 年 1 期。

不尚骑乘[1]。在南北朝时期的墓葬中常随葬明器牛车,以象征出行代步的用具。北方少数民族,早在南北朝以前,便游牧于中国北部,骑马与他们日常生活紧密相关。但是,当时骑马可能不用马镫,就像西汉时期的陶骑马俑的马背上只有鞯和鞍一样,他们骑马大概也是如此,或干脆骑裸背马[2]。由于北方地区诸民族崇尚骑马,墓葬中不仅出有马具,还有殉葬马匹的习俗。早期马镫的发现,也主要在这一地区。汉族的贵族不尚骑马,不等于所有的人都不骑马,特别是作为交通工具和应用于战争需要时,骑马还是较普遍的。马镫正是在这一历史条件下出现的。

我国最早的一批马镫实物,主要有:河南安阳孝民屯154号墓出土1件[3]、辽宁朝阳袁台子墓出土2件[4]、吉林集安万宝汀78号墓出土4件[5]、吉林集安七星山93号墓出土2件[6]、辽宁北票西官营子冯素弗墓出土2件[7]、吉林集安禹山下41号墓出土2件[8]、宁夏固原北魏墓出土2件[9](图6-1),这些马镫形制和制造上的特点如下。

孝民屯154号墓　木芯外包鎏金铜皮。马镫上部为长柄,柄上端有横穿,下端为扁圆形镫环。总长27、柄长14.5、柄环宽16.4厘米。

袁台子墓　木芯外包皮革。表面涂漆,并有朱绘云纹图案。长柄,上端有横穿,下部为近三角形的镫环,环壁内宽外窄,横截面呈梯形。镫芯可能由藤条合成,在环的上端有一个三角形木楔。总长28、柄长14、镫环宽15厘米。

万宝汀78号墓　木芯外包鎏金铜皮。包裹的办法是:先在木镫的内外侧面镶以窄条的鎏金铜片,以细长的小铜钉加固,踏足部分则由里向外加5颗鎏金铜铆钉,然后在两面夹镶镫形的鎏金铜片,在里沿和外沿分别用小钉加固,其边缘稍折

[1] 参考孙机:《唐代的马具与马饰》,《文物》1981年10期。

[2] 杨泓:《中国古兵器论丛·骑兵和甲骑具装》,文物出版社,1983年。

[3] 中国社会科学院考古研究所安阳工作队:《安阳孝民屯晋墓发掘报告》,《考古》1983年6期。

[4] 辽宁省博物馆文物队等:《朝阳袁台子东晋壁画墓》,《文物》1984年6期。

[5] 吉林省博物馆文物工作队:《吉林集安的两座高句丽墓》,《考古》1977年2期。

[6] 集安县文物保管所:《集安县两座高句丽积石墓的清理》,《考古》1979年1期。

[7] 黎瑶渤:《辽宁北票县西官营子北燕冯素弗墓》,《文物》1973年3期。

[8] 吉林省博物馆文物工作队:《吉林集安的两座高句丽墓》,《考古》1977年2期。

[9] 宁夏固原博物馆:《固原北魏墓漆棺画》,宁夏人民出版社,1988年。

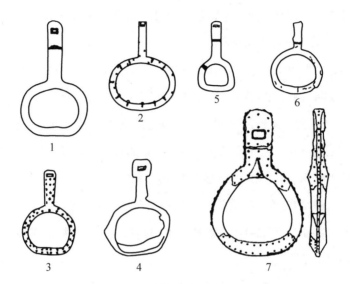

图 6-1　中国最早的马镫实物

1. 孝民屯 154 号墓马镫　2. 万宝汀 78 号墓马镫　3. 七星山 96 号墓马镫　4. 固原北魏墓马镫
5. 袁台子墓马镫　6. 禹山下 41 号墓马镫　7. 冯素弗墓马镫

向侧面，裹住侧面的窄条铜片。柄的上部有横穿，下部环呈横椭圆形。总长 24、镫环宽 18 厘米。

　　七星山 96 号墓　木芯外包鎏金铜皮。以细长的铆钉加固，铆钉长短与马镫的厚薄相宜，制作工艺精湛，很难看出铆钉的痕迹。镫柄上端有一横穿，现孔内还留有一干朽的皮条，可能原用皮条穿此系于马鞍上。

　　冯素弗墓　桑木芯外包鎏金铜片。制法是用断面作截顶三角形的木条，顶尖向外揉成圆三角形镫身，两端上合为镫柄，分叉处又填三角形木楔，使踏足承重而不致变形。柄上端有横穿。镫环内面钉薄铁片，上涂黑漆。工艺精细。镫体与金属包片均有残失。总长 23、镫环宽 16.8 厘米。

　　禹山下 41 号墓　木芯外裹铁皮。现存一铁片，下侧尚见一凸起的钉痕，可知原木镫和铁皮是钉连的，其间内外侧面的夹隙则镶嵌顺势弯转的窄长铁片。镫柄的上端有横穿。在踏足的部位还从里侧钉入 6 枚厚实的方帽小钉。总长 27、镫宽 20 厘米。

固原北魏墓　铁制。柄端为长方形,上有方形孔。其下为镫柄,柄较短,再下是横椭圆形镫环。总长 18.7 厘米。

上述马镫均发现于北方地区,从造型和尺寸上看应是实用品。由于某些马镫外包很薄的皮革、铜皮或铁皮,木柄部分与镫环木芯有的可能并非一体,在使用时极易损坏,故不排除是明器的可能。即使如此,其形状和尺寸亦与实用马镫相同,只是用材和工艺不太讲究而已。这批早期马镫的共同特点是:镫柄较长,柄上穿孔位于柄的上部;除宁夏固原北魏墓出土的外,柄的厚度与镫环相同;多用木芯,外包鎏金铜片、铁片和皮革。制法以万宝汀 78 号墓和冯素弗墓出土马镫介绍得最为详尽,是用木条绕成镫环,将两端合在一起为镫柄,再包铜、铁、皮革,加钉固定,柄上端凿出横穿用以拴系。

早期马镫的使用,在出土的陶马以及壁画中表现得很清楚,不仅直接显示镫在马上的位置、拴系方法,甚至表现出人在骑乘时的情况。湖南长沙西晋永宁二年(302)墓出土一批骑马俑[1],马鞍的左下垂有马镫。由于只见于一侧,另一侧没有,是为迅速上马时踏用的,骑上马后便不再使用了,有人称之为"马脚扣"[2]。陶制品与实际生活中的情况相比,在制作上不够精确,但仍可以看出这种马镫的特点。它直接拴系在前鞍桥之下,比较靠前,不便于骑马人踏用,和实用马镫的位置是不同的。南京象山 7 号墓(东晋)[3]、河南安阳北齐范粹墓[4]、河南安阳北齐和绍隆夫妇墓[5]、河北磁县湾漳北朝墓[6]的陶马都在左右两侧塑出了马镫;新疆吐鲁番阿斯塔那十六国时期的墓中出土的木马[7],也在障泥上画出镫的形象

[1] 湖南省博物馆:《长沙两晋南朝隋墓发掘报告》,《考古学报》1959 年 3 期。

[2] 参考孙机:《唐代的马具与马饰》,《文物》1981 年 10 期。

[3] 南京市博物馆:《南京象山 5 号、6 号、7 号墓清理简报》,《文物》1972 年 11 期。

[4] 河南省博物馆:《河南安阳北齐范粹墓发掘简报》,《文物》1972 年 1 期。

[5] 河南省文物研究所、安阳县文管会:《安阳北齐和绍隆夫妇合葬墓清理简报》,《中原文物》1987 年 1 期。

[6] 中国社会科学院考古研究所、河北省文物研究所邺城考古工作队:《河北磁县湾漳北朝墓》,《考古》1990 年 7 期。

[7] 财团法人古代オリエント博物馆编集:《中国新疆出土文物・中国・西域シルクロード展》图录,旭通信社,1986 年。

（图6－2）。它们都置于马鞍部中间偏前，而且位置稍稍偏下，正是人骑在马上脚下垂之处。实用马镫和雕塑品上的马镫，说明南北朝时期我国不仅出现了马镫，而且在北方和南方都得到了广泛的应用。

图6－2　出土的木马和陶马上的马镫

1. 阿斯塔那十六国时期墓木马上的镫　2. 安阳北齐范粹墓陶马上的马镫
3. 长沙西晋墓骑马俑上的马镫　4. 南京象山东晋7号墓陶马上的马镫
5. 安阳北齐和绍隆墓陶马上的马镫

　　壁画中的图像，使我们可以更进一步了解马、镫、骑乘者之间的关系。吉林集安高句丽时期的武踊塚墓室壁画[1]、江苏丹阳建山金村南朝墓骑马鼓吹乐队砖画[2]都描绘了骑马踏镫的形象。内容最丰富的是山西太原北齐娄叡墓壁画[3]，墓道绘出行和回归图，其中有许多鞍马人物，马、镫、人三者的关系表现得很充分。画中的马，有的悠然前行，有的奔驰如飞，还有的勃然跃起，骑乘者完全靠脚下所踏的马镫来保持身体的平衡（图6－3）。娄叡墓的时代为北朝晚期（570），足见当时

［1］池内宏、梅原末治：《通沟》卷下，日满文化协会刊，1938年。
［2］南京博物院：《江苏丹阳县胡桥、建山两座南朝墓葬》，《文物》1980年2期。
［3］山西省考古研究所等：《太原市北齐娄叡墓发掘简报》，《文物》1983年10期。

图 6 - 3　壁画中的马镫

1. 集安武踊塚壁画　2、3. 娄叡墓壁画

人们已经熟练地使用马镫进行骑马活动了。

2. 早期马镫的演变

系统地进行马镫的类型和分期研究，目前尚有许多困难，只能根据现有的材料粗略地勾划马镫的类别和时代演变的趋势。

中国早期马镫的发展可分为三个阶段。

第一阶段：4 世纪初及以前。

这一阶段的实例只有相当于 4 世纪初的安阳孝民屯 154 号墓出土的镫和长沙西晋永宁二年（302）墓骑马俑鞍下的镫。两者均为单镫。长沙西晋墓的骑马俑，骑马人并未将脚踏在马镫上，马镫仅悬挂在鞍的左侧。孝民屯 154 号墓未被破坏,墓中的随葬品仍在埋葬时的位置,马镫出土于马鞍的左侧。这种仅供上马时使用的单镫恰恰回答了中国汉族人居住区域内马镫是如何产生的这一重要问题。陕西临潼秦始皇陵附近发现的俑坑和咸阳西汉杨家湾大墓的俑坑,陶马、陶骑马俑数量极多,马上有各种饰件,唯独不见马镫。云南石寨山滇国遗物,汉魏时期壁画、画像石,北方匈奴、东胡族文物中亦有不少骑马人物形象和马具资料,也都不见马镫。因此,即使这时期已出现马镫,不可能很流行,直到孝民屯154号墓和长沙西晋墓时见到的仍是单马镫。这两例单马镫的形制已具备了后来真正马镫的基本形态,表明中国汉族居住的黄河、长江流域马镫的起源大约就在这一时期。

但是,马镫起源不只是汉族居住区域和中国境内的考古学问题。作为骑马民族的用品,它涉及的地区较为广阔。日本学者相马隆曾列举公元前1世纪前半辽宁西岔沟匈奴墓出土的牌饰[1]和陕西客省庄战国末到西汉武帝以前的140号墓的牌饰[2]以及鄂尔多斯出土的牌饰,认为马背之下似圆环的东西可能是马镫[3]。明斯(E. H. Minns)在《斯基泰人和希腊人》一书中指出斯基泰人使用皮革马镫[4]。法国卢浮宫博物馆藏帕提亚时代的"狩猎骑手"图,在马的右侧腹下有一环,也被推测是皮革制的马镫[5]。中国学者丰州根据青海省互助土族自治县境内的1座东汉土洞墓中出土的1件牌饰和海南藏族自治州共和县的同类遗物,认为这种牌饰是由一大马及背上一小马构成的,大马腹部的镂空部分是一副宽大的方形马镫[6]。武伯纶还指出汉代霍去病墓前石卧牛身上刻有两个镫,是不容忽视的

[1] 孙守道:《"匈奴西岔沟文化"古墓群的发现》,《文物》1960年8、9期合刊;翦伯赞先生认为西岔沟古墓群应是东胡族的遗物,见《谈谈中国历史博物馆预展中陈列的秦汉时期少数民族的历史文物》,《民族团结》1959年12期。
[2] 中国科学院考古研究所编著:《沣西发掘报告——1955—1967年陕西长安县沣西乡考古发掘资料》,文物出版社,1963年。
[3] 相马隆:《轮镫源流考》,《流沙海西古文化论考》,山川出版社,1977年。
[4] 转引自相马隆:《轮镫源流考》,《流沙海西古文化论考》,山川出版社,1977年。明斯(E. H. Minns)还举出阿尔泰地区鄂尔齐斯河流域的积石冢内出土的马的遗体和铁镫,但这座墓的时代不明。
[5] 相马隆:《轮镫源流考》,《流沙海西古文化论考》,山川出版社,1977年。
[6] 丰州:《考古杂记》,《考古与文物》1983年1期。

材料,并援引苏联考古学家吉谢列夫见到该石刻后说的:"解决了中国在什么时候开始用镫的问题。"[1] 上述诸说把马镫起源大大提前了。值得注意的是,他们所列举的资料(图6-4)无一件是实用马镫或明器马镫。至于那些牌饰,是斯基泰—匈奴文化的遗物,以铸造方法制成,器物均带镂空,器体不大,所说的镫在器物中所占的位置甚小,难以看清,尚不能完整地表现出镫的样式。帕提亚时代的图画上,骑马猎手正在弯弓射箭。在奔驰的马背上张弓瞄准,身体保持平稳是必要的。奇怪的是骑乘者的脚并未踏在"镫环"内,因此这种镫至多是上马用的单镫。而霍去病墓前石卧牛身上刻出的镫,无任何马具如鞍、鞯等共用,孤立地施于牛腹,与牛体极

图6-4 铜牌饰和图画中的马镫

1. 客省庄140号墓出土的铜牌饰   2. 青海省互助土族自治县出土的铜牌饰
3. 法国卢浮宫收藏的帕提亚时代"狩猎骑手"图

[1] 武伯纶:《关于马镫问题及武威汉代鸠杖诏令木简》,《考古》1961年3期。

不协调,况且出现在牛的身上,被推测是后人戏刻不无道理[1]。因此,它们都不能作为马镫出现的确凿证据。但是,这批资料却给我们两点重要的启示:一是在真正马镫出现之前,在西亚、中亚和中国曾有一个使用单镫的阶段。长沙西晋墓的骑马俑、安阳孝民屯 154 号墓出土的镫、斯基泰—匈奴牌饰以及帕提亚的图画,已经证实单镫使用的时代在 4 世纪以前。二是在金属或包裹金属皮的马镫出现之前,应该有皮革马镫的使用。用皮革制造各种器具也符合骑马游牧民族的习俗,袁台子墓出土的木芯包皮革的马镫便是证明。皮革制品不易保存,考古发掘中尚未见到实物。不过,从以上牌饰、图画上推测,皮革马镫的使用应在 4 世纪初之前,其地区为西亚、中亚、东亚古代骑马民族活动区域内,最初产生于中国北部的可能性最大。

第二阶段:4 世纪中叶至 5 世纪中叶。

这一时期的袁台子墓、冯素弗墓、万宝汀 78 号墓、七星山 96 号墓出土了真正的马镫。实例均为双镫,说明这一时期是马镫的形成时期。这些马镫都以藤条之类的木质材料为芯,外包铜、铁、皮革等,制作十分精细,但不复杂。仅从形制上观察,袁台子墓和冯素弗墓出土的马镫的环部近似于三角形,似乎与第一阶段长沙西晋墓骑马俑上的单马镫相似。而万宝汀 78 号墓和七星山 96 号墓出土的椭圆形镫环的马镫则很像第一阶段安阳孝民屯 154 号墓出土的单马镫的式样。国外学者比较重视这一差别,甚至推测是两个不同的谱系[2]。类型和谱系的确立,需要有较多的实例。而这一时期制造马镫的主要材料,即木芯部分,却使我们不得不考虑以下情况:作为近三角形镫环的代表,冯素弗墓出土的马镫用桑木条揉成镫环,木条的两端合为镫柄,然后包以鎏金铜片,用钉固定。其他椭圆形的马镫的制法也大抵如此,这是一种用手工方法制作的马镫,形制难以保证一致。可以说,这一阶段的马镫没有完全一致的。在没有更多的资料情况下,对仅有的几个实例分类,意义似乎不大。但是,以木条为马镫的核心,材料太短,制作起来很不方便,镫柄部分是由

[1] 见武伯纶:《关于马镫问题及武威汉代鸠杖诏令木简》,《考古》1961 年 3 期;杨泓:《关于铁甲、马铠和马镫问题》,《考古》1961 年 12 期。
[2] 申敬澈:《古式镫考》,《古代文化》第 38 卷第 6 号,1986 年。

弯成镫环后所剩部分合成的,所以,镫的柄部都很长,是这一阶段马镫的共同特点。这样的马镫,如果把用于拴系的穿孔开在柄的下部,余下的上部便会在骑乘时摆动碍事,因而,穿孔开在长柄的上部也成为这一阶段马镫的又一特点。

第三阶段:5 世纪中叶至 6 世纪末。

实例有禹山下 41 号墓和固原北魏墓出土的马镫。此外,宁夏北魏时期的陶马,在马鞍两侧刻划出了马镫[1],这种线刻只表现出马镫的存在,难以分析当时马镫的形态。安阳北齐范粹墓、南京象山 7 号墓、丹阳吴家村齐墓(图 6-5-3)[2]、南京对门山南朝墓(图 6-5-1)[3]出土的陶、石马上雕塑出的马镫(图 6-5)尽管也不是实物,却比北魏陶马上的线刻表现得更加清楚。这一阶段发现表现马镫的遗物,说明马镫已有了相当程度的普及。《南齐书·张敬儿传》载:"敬儿与攸之司马刘攘兵情款,及苍梧废,敬儿疑攸之当因此起兵,密以问攘兵,攘兵无所言,寄敬儿马镫一只,敬儿乃为之备。"可见军中骑兵已以马镫为必备用具。苍梧在今广东境内,说明马镫不仅在北方,在南方地区也很流行。这一阶段的马镫形制大多数已不是近三角形或椭圆形,而呈现出一种新的样式。镫柄变短,镫环的两侧较直,踏板较平,娄叡墓壁画中所绘的马镫,已把这种短柄、平底镫环、两侧较直的特点充分表现出来。宁夏固原北周李贤墓出土 1 件明器马镫(图 6-5-2)[4],柄很短,顶端为尖状,镫环上宽下窄,踏板平直,

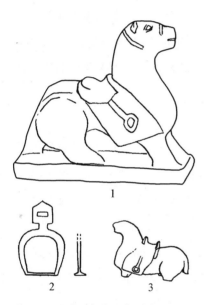

图 6-5　5 世纪中叶至 6 世纪末的马镫

1. 南京对门山南朝墓石马上的镫
2. 固原北周李贤墓出土的马镫(明器)
3. 丹阳吴家村南齐墓石马上的镫

[1]《中国内蒙古北方骑马民族文物展》,北九州市立美术馆开馆十周年纪念图录,日本经济新闻社,1983 年。
[2] 南京博物院:《江苏丹阳县胡桥、建山两座南朝墓葬》,《文物》1980 年 2 期。
[3] 南京市文物保管委员会:《南京郊区两座南朝墓清理简报》,《文物》1980 年 2 期。
[4] 据 1987 年北京中国历史博物馆举办的"宁夏文物展览"陈列品。

而且宽于环的两侧,具备同时期陶塑、壁画上马镫的基本特点。实用器物中,固原北魏漆棺墓出土 2 件铁马镫,大同司马金龙墓也出有铁马镫[1]。固原北魏漆棺墓所出铁马镫虽锈蚀严重,但仍可看出柄顶带穿孔的部分宽于柄,环的底部也比两侧要宽。

这一阶段的新式马镫至少有两个优点:一是柄顶端用于穿孔的部分加宽,可使穿孔加大,能用较粗的皮条类来拴系,起到结实、牢固的作用。另一个是镫环底部平直并加宽,使骑乘者的足部与镫环底的接触面增多,起到舒适、稳定的作用。至此,马镫的形式已经成熟。在中国马镫的发展演变史中,唐辽金元时期的马镫固然有一定的变化和各时代的特征,但上述两个在使用功能上出现的新现象,即柄顶端穿孔的变化和镫环底部加宽变平的作法,却一直为后代所承袭。同时,这一阶段出现的以铸造技术制成的马镫,为大量生产、满足需要提供了条件。而牢固结实、经久耐用也表明马镫已成为坐骑上的必备器件。

3. 几件相关马镫的年代

20 世纪 80 年代初,湖北省洪湖县萧家湾出土了 1 件青铜马镫,高 26.4、柄顶宽 4.8、镫环底部踏板宽 7.2 厘米,显然是件实用器物(图 6-6-1)[2]。报道者对这件

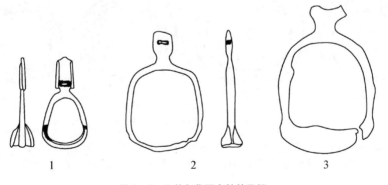

图 6-6　几件年代可商榷的马镫

1. 萧家湾出土的马镫　2. 抚顺高尔山城出土的马镫　3. 克尔木齐古墓出土的马镫

[1] 山西省大同市博物馆等:《山西大同石家寨北魏司马金龙墓》,《文物》1972 年 3 期。
[2] 洪湖革命历史纪念馆 余向东:《洪湖出土青铜马镫》,《江汉考古》1987 年 1 期。

马镫的年代进行了推测,认为:"萧家湾区域是东汉末年'火烧乌林,赤壁大战'的
腹心地带,有可能是这场大战的遗物。"但我认为这件马镫的年代要比报告的推测
晚得多。如前所述,目前中国发现的早期马镫包括单马镫在内都不早于4世纪,尽
管马镫出现的时间可能还早,但孝民屯154号墓、长沙西晋永宁二年(302)墓的单
马镫,已初步表明了中国汉族居住区内马镫产生时期的某些特征。最早的一批实
用马镫均出于墓葬中,有共存的墓葬形制和其他器物,因而马镫的年代基本是清楚
的。这些早期马镫,无论形制还是制法,都与萧家湾出土的青铜马镫无共同之处。
此外,日本早期的如新开1号古坟和七观古坟以及朝鲜半岛福泉洞古坟群出土的5
世纪的马镫[1]也与中国早期马镫接近(图6-7),但与萧家湾出土的马镫迥异。
而萧家湾出土的马镫却与北京林家坟唐墓、陕西蓝田唐代窖藏出土的实用马镫及
西安郊区405号唐墓、陕西礼泉郑仁泰墓出土的明器马镫接近[2],因此,萧家湾出
土的马镫应是唐代遗物。

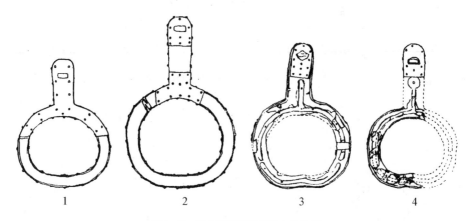

图6-7 日本和朝鲜半岛出土的马镫

1. 日本新开1号古坟出土的马镫 2. 日本七观古坟出土的马镫
3. 朝鲜半岛福泉洞3号坟出土的马镫 4. 朝鲜半岛福泉洞22号坟出土的马镫

[1] 白石太一郎:《古坟时代の工芸》,讲谈社,1990年;申敬澈:《古式镫考》,《古代文化》第38卷第6
号,1986年。
[2] 首都博物馆:《嵌金铁马镫》,《文物》1984年4期;蓝田县文管会 樊维岳:《陕西蓝田发现一批唐代
金银器》,《考古与文物》1982年1期;中国科学院考古研究所:《西安郊区隋唐墓》,科学出版社,
1966年;陕西省博物馆、礼泉县文教局唐墓发掘组:《唐郑仁泰墓发掘简报》,《文物》1972年7期。

1956 年辽宁扶顺高句丽时期的高尔山城内发现了 1 件铁马镫[1]，镫柄很短，环几乎直接与柄端带穿孔的部分相连，镫环呈圆角长方形，下部为椭圆形踏板，踏板背面起脊，高 17.5、镫环径 10.5、踏板长 10、宽 4 厘米（图 6 - 6 - 2）。原报告将其定为高句丽时代的遗物，韩国学者亦执同样看法[2]。不过，高尔山城在高句丽灭亡之后仍被后代沿用，城内出土的遗物未必都是高句丽时代的。与高尔山城铁马镫形制相同的马镫在辽宁喀左北岭、义县清河门、赤峰大营子等地的辽墓中均有发现[3]，据此，高尔山城出土的这件铁马镫，应是一件较典型的辽代马镫。

新疆阿勒泰县克尔木齐古墓也曾出土 1 件铁马镫，镫柄已残，镫环孔径 10—11 厘米（图 6 - 6 - 3）。此马镫被收录在《新疆古代民族文物》图录中，时代被定在战国至汉[4]。克尔木齐古墓群发掘后的原报告仅在叙述出土铜器时提到有马具，并未进行详细介绍，墓葬登记表"随葬器物"一栏中也未录有马镫[5]。关于克尔木齐古墓群的年代，一种意见认为墓群中的一部分墓葬形制和出土器物与苏联南阿勒泰地区卡拉苏克文化颇为相似，年代偏早，另一部分墓中的出土物有明显的汉代风格，应是战国至西汉时代呼揭人的文化遗存[6]。另一种意见则认为此墓群为西汉到唐代几个不同民族在不同阶段的遗存[7]。因此，这件铁马镫属于哪一文化或民族的遗物尚不能确定。克尔木齐古墓群内涵复杂，目前可供比较的其他遗存极少，历史上呼揭、匈奴、柔然、突厥等民族及其别种和属部都曾在这里活动，并与汉族文化有频繁的交往。仅从克尔木齐所出马镫的形制上观察，与中国发现的并可

---

[1] 抚顺市文化局文物工作队：《辽宁抚顺高尔山古城址调查简报》，《考古》1964 年 12 期。
[2] 金廷鹤：《韩国の考古学》，河出书房新社，1972 年。此外，该书还列举了 1 件据说出土于通沟 12 号墓的马镫，认为是高句丽时代的遗物（见该书 242 页图）。但这件马镫形制特殊，似应为金代遗物。
[3] 武家昌：《喀左北岭辽墓》，《辽海文物学刊》1986 年创刊号；李文信：《义县清河门辽墓发掘报告》，《考古学报》第八册，1954 年；前热河省博物馆筹备组：《赤峰县大营子辽墓发掘报告》，《考古学报》1956 年 3 期。
[4] 《新疆古代民族文物》，文物出版社，1985 年。
[5] 新疆社会科学院考古研究所：《新疆克尔木齐古墓群发掘简报》，《文物》1981 年 1 期。
[6] 《新疆古代民族文物》，文物出版社，1985 年。
[7] 新疆社会科学院考古研究所：《新疆克尔木齐古墓群发掘简报》，《文物》1981 年 1 期。

以肯定其时代的马镫相比,更接近于唐代的马镫。把它定为战国至汉,至少在目前是值得怀疑的。

4. 结语

马镫研究是东欧、西亚、中亚和东亚普遍关注的课题。日本学者提出的"骑马民族文化"中,马镫研究占有重要地位。20 世纪 60 年代以前,人们认为在骑马民族文化中心的中亚一带,马镫是在 7 世纪以后出现的,后来由于日本大谷古坟发现了 5 世纪后半的马镫,不得不重新探讨在世界范围内马镫的起源时间和地区这一问题。日本和朝鲜半岛是出土实用马具最多的国家和地区,据统计日本随葬马具的古坟达千余座[1],朝鲜半岛的古坟也大都出土马具。据现有资料,早期马镫的形制和制法主要是木芯外包铁皮的环状马镫。中亚和西亚一带尽管有大量带骑马纹样的器物,但直到萨珊朝时期仍极少见到骑马用镫的形象。欧洲马镫最早发现于 6 世纪的匈牙利[2]。从上述情况看,所有这些地区马镫出现的时间都晚于中国。

中国早期马镫资料主要发现在中原地区。对此,有的学者解释为,中国汉人不善于骑马,他们骑马习俗的形成时间要晚于中亚和中国北方。以农耕为主的汉族人,不如骑马民族那样可以不用马镫便能熟练地驾驭马匹,故发明了马镫[3]。即马镫的创造是从非骑马民族首先开始的。这种认识是有一定道理的,如果理解为马镫是经过中国农耕的汉族之手加以创新、发展,并对骑马民族文化产生了极大影响的话,这一观点无疑是正确的。但是,通过上述对中国早期马镫的分析,可以清楚地看到早期马镫主要见于中国北方,那些时代更早的斯基泰—匈奴牌饰上的形象,较多地出现在中国由辽宁到西北地区的北方。尽管牌饰上的马镫表现得很不清楚,但可以推测,在 4 世纪之前,马镫已经出现,并且是游牧于中国北方的骑马民族发明的。

---

[1] 坂本美夫:《4~5 世纪の马具》,《考古学ジャーナル》1985 年 257 号。
[2] 转引自孙机:《唐代的马具与马饰》,《文物》1981 年 10 期。
[3] 《展望アジアの考古学——樋口隆康教授退官记念论集》,新潮出版社,1983 年。

二、日本藤之木古坟出土马具的文化渊源

1985 年 7 月，日本奈良县立橿原考古学研究所在该县生驹郡斑鸠町发掘了藤之木古坟。坟墓之大，保存之好，引起了人们的注意。特别是墓中出土一批前所未见的马具，更轰动了日本的学术界[1]。这一信息，对于日本、中国、朝鲜半岛的马具和文化交流的研究，都具有重要的意义。本文拟对有关问题略加讨论。

目前日本发现的古代马具，时代最早的属 5 世纪前叶。较早的马具多被认为来自中国或朝鲜半岛，稍晚的也被看作与大陆有着密切的关系。但是，藤之木古坟所出土的马具却较为特殊，不仅在日本马具的发展谱系中相似的东西很少，而且在中国或朝鲜半岛目前也难以找到可直接类比的材料。

藤之木古坟出土的马具，有鎏金铜制鞍桥包片、镫、镳、杏叶、节约、云珠、带扣和一些饰件，它们在形制上的特征参见本文附录。

在日本的古坟时代，特别是古坟时代后期，马具是极为流行的随葬品。中国同一时期的墓葬中，以实用马具随葬的甚少。高句丽地区和朝鲜半岛虽然也流行以马具随葬，但目前发现的也远不如日本的多。但马具部件，在中国、朝鲜半岛却都有出土。

中国黄河流域及以北地区目前发现的比较完备的座骑马具，主要有下列几批：最早的是相当于 4 世纪初的河南安阳孝民屯 154 号墓[2]，稍晚的有辽宁朝阳袁台子墓[3]、辽宁本溪晋墓[4]、辽宁北票西官营子北燕冯素弗墓[5]，4 世纪前叶的吉林集安万宝汀 78 号墓[6]、七星山 96 号墓[7]，5 世纪中叶的禹山下 41

---

[1] 中国对藤之木古坟的发现情况也作了介绍。参见童斌：《日本出土反映古代中、朝、日文化交流的超一流马具》，《国外社会科学》1986 年 4 期；卞弋：《日本藤之木古坟简介》，《考古》1986 年 12 期。

[2] 中国社会科学院考古研究所安阳工作队：《安阳孝民屯晋墓发掘报告》，《考古》1983 年 6 期。

[3] 辽宁省博物馆文物队等：《朝阳袁台子东晋壁画墓》，《文物》1984 年 6 期。

[4] 辽宁省博物馆：《辽宁本溪晋墓》，《考古》1984 年 8 期。

[5] 黎瑶勃：《辽宁北票县西官营子北燕冯素弗墓》，《文物》1973 年 3 期。

[6] 吉林省博物馆文物工作队：《吉林渠安的两座高句丽墓》，《考古》1977 年 2 期。

[7] 集安县文物保管所：《集安两座高句丽积石墓的清理》，《考古》1979 年 1 期。

号墓[1]。

这些墓葬除冯素弗墓之外均出有鞍桥。孝民屯 154 号墓、万宝汀 78 号墓、七星山 96 号墓出土鎏金铜制鞍桥包片,袁台子墓出有鞍桥皮革。从形制上看,这些鞍桥的上部为较平的圆拱,两边下折明显,下垂部分微向内收。鞍桥较窄。据万宝汀 78 号墓出土的鞍桥和其他墓中所出土的一些饰件看,这些鞍桥的下缘两侧应有翼状饰片[2]。与上述鞍桥不同,禹山下 41 号墓出土的铁质鞍桥包片为圆拱形,桥部较宽,两边下折不明显,下垂部分较直。该墓还出土"鞍板饰片",中部有一斜向的长方孔,应是鞍桥上的翼状饰片。

孝民屯 154 号墓出土了中国迄今所见最早的马镫实物[3]。这件马镫的上部为长柄,顶端有横穿孔。下部为扁圆形的镫环,踏足之处略向内凹。七星山 96 号墓也出有这种马镫。万宝汀 78 号墓的马镫形制略同,但镫环的踏足处不内凹。袁台子墓、禹山下 41 号墓和冯素弗墓的马镫与之区别较大,柄部较短,镫环均为圆角三角形,踏足处也不内凹。

孝民屯 154 号墓出土的马镳接近圆形,上部凸出的部分较大,"引手"[4]的上端有活动的环,可以接缰绳。七星山 96 号墓、袁台子墓的镳与孝民屯 154 号墓的略同,但"引手"上端无环,而是用横柱与两边相连。万宝汀 78 号墓出土两种马镳,有一种为扁圆形,无上端凸出的部分。另一种上端有较小的凸起。

孝民屯 154 号墓、袁台子墓出土的杏叶相同,形制简单,为束腰状,上部有横穿孔,下部圆弧,底部有尖。万宝汀 78 号墓和七星山 96 号墓均出一种"桃形马饰",上部有横穿孔。万宝汀 78 号墓的"桃形马饰"中间有十字或镂花。

---

[1] 吉林省博物馆文物工作队:《吉林渠安的两座高句丽墓》,《考古》1977 年 2 期。

[2] 孝民屯 154 号墓出有弯头形鞍饰两件,"形状相同,但弯头方向相反。系片状弯头形,中有两并列穿"。袁台子墓鞍桥内缘上有对称的斜行革面。万宝汀 78 号墓出土的鎏金铜片中,"一件局部平面作卷云式,中有斜向的长方孔,孔四周及卷云形的边沿均饰有由背面向前面锥刺成的凸起小点,应是鞍板上的花饰"。据这些器件的形制判断,应为鞍桥中的翼状饰片。日本对鞍桥的细部叫法有专门用语,一般的鞍桥,在中部从左到右有一凸棱将其分为上下两部分,上部称"海部",即本文中的桥部,下部称"矶部",即本文中的翼状饰片。

[3] 孝民屯 154 号墓出土仅 1 件马镫,系单马镫,从出土部位看,系挂在马鞍左前方。

[4] "引手"为日本马具辔中一部件的名称,指马镳外部与马镳联系在一起的部件,用以系缰绳。

　　节约在七星山 96 号墓和禹山下 41 号墓都有出土。其中部为凸起的圆心，上下左右为四个薄片，片上有铆钉。不同的是前者为花瓣形，后者为方形。此外，七星山 96 号墓还发现作出五瓣的节约。

　　另外，孝民屯 154 号墓出土"銮铃"，万宝汀 78 号墓和禹山下 41 号墓出土"缀管叶泡饰"，这类器件在过去发现的高句丽墓中也有出土[1]。它们均为辔带上的饰件[2]，孝民屯 154 号墓的銮铃上部是圆形帽盖，下为带把圆锥体铃身，四周有长方形镂孔，内有铁质小圆球铃舌。万宝汀 78 号墓的那件底部是一覆扣的半球，顶有一立柱，柱上平伸出吊钩，悬吊卵形叶片。禹山下 41 号墓的那件较复杂，底部为一枚六瓣形花饰和一片骨制的圆形薄片，其上为立柱，立柱顶呈环状，中穿一枚卵形铜叶。

　　将日本出土的马具同中国的上述发现相比，可以看出它们之间形制上的联系。

　　从鞍桥看，孝民屯 154 号墓、袁台子墓、万宝汀 78 号墓和七星山 96 号墓出土的鞍桥，上部均为比较平缓的圆拱形，两边下折明显，下垂部分略内收，接近于日本早期的如滋贺县新开 1 号古坟出土的鞍桥，与藤之木古坟的鞍桥区别较大。5 世纪中叶的禹山下 41 号墓出土的鞍桥在形制上则大体与藤之木古坟的一致，即上部圆拱两边下折舒缓、垂直，翼形饰片较宽（图 6－8）。

　　从马镫看，中国的马镫与藤之木古坟的踏足前部包覆的马镫不同。日本古坟时代主要有两种马镫。一种是踏足部分作成环状的马镫，被称为"轮镫"。这种"轮镫"和我国目前发现的马镫属同一种类。另一种是踏足部分的前部包覆起来的马镫，被称为"壶镫"。这种马镫我国目前尚未发现。"轮镫"在日本流行较早，"壶镫"略晚。藤之木古坟出土的马镫比较特殊，从镫的残部观察，木芯镫环做成圆三角形，踏足前部作出"壶部"，再用鎏金铜片包在容易磨损的地方。这种镫可能是"轮镫"向"壶镫"过渡的样式[3]。日本早期如新开 1 号古坟和七观古坟出土的马

[1] 吉林省博物馆辑安考古队：《吉林辑安麻线沟一号壁画墓》，《考古》1964 年 10 期。
[2] 中国社会科学院考古研究所技术室：《安阳晋墓马具复原》，《考古》1983 年 6 期；杨泓：《新罗"天马冢"马具复原研究——兼谈中国古代马具对海东的影响》，《考古与文物》1985 年 2 期。
[3] 〔日〕斑鸠町教育委员会：《斑鸠藤ノ木古坟》，1986 年。

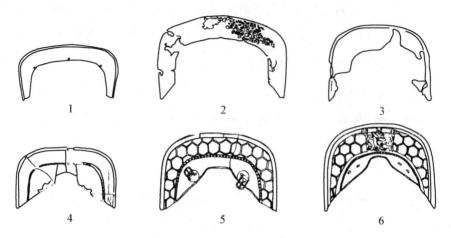

图 6-8　中国和日本出土的鞍桥

1. 孝民屯 154 号墓　2. 万宝汀 78 号墓　3. 禹山下 41 号墓
4. 新开 1 号古坟　5. 天马冢　6. 藤之木古坟

镫,柄较短,镫环为椭圆形,不像孝民屯 154 号墓马镫那样呈扁圆状,踏足处也不向内凹;但总的看来,接近于中国发现的环状马镫。藤之木古坟的镫,如去掉其踏足处的包覆部分,与中国冯素弗墓所出马镫接近。对于上述两种环形镫,有的学者认为二者有着先后演变关系[1],也有的学者认为应分为两型,属于不同的两个谱系,二者无必然联系[2]。但从中国已发现的马镫来看,似乎椭圆形镫环的马镫比圆角三角形镫环的马镫要早,而藤之木古坟的马镫与中国较晚的镫环呈圆角三角形的马镫接近是毫无疑问的(图 6-9)。

马镳在中国北方地区西周时期就已出现[3]。汉代流行"S"形马镳,这种镳在3 世纪末的集安万宝汀 242 号墓中也曾出现[4]。但这时尚未见到与座骑的鞍、镫等同出的例子。孝民屯 154 号墓等几批较完备的座骑马具中的镳,均为椭圆形,镳的上部为带凸起、有穿和不带凸起、无穿两种。上部带凸起、有穿的镳,凸起部分较

[1] 〔日〕穴呎咮光、马目顺一:《安阳孝民屯晋墓の提起する问题》,《考古学ジャーナル》第 227、228 号,1984 年。
[2] 申敬澈:《古式镫考》,《古代文化》第 38 卷第 6 号,1986 年。
[3] 翟德芳:《北方地区出土之马衔和马镳略论》,《内蒙古文物与考古》第 3 期,1984 年。
[4] 吉林集安县文管所:《集安万宝汀墓区 242 号古墓清理简报》,《考古与文物》1982 年 6 期。

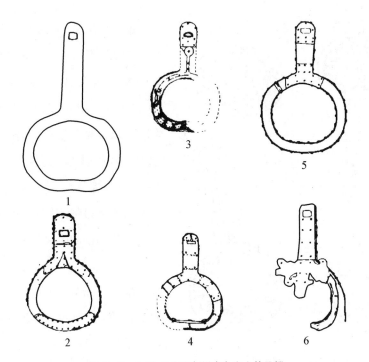

图6-9　中国、日本和朝鲜半岛出土的马镫

1. 孝民屯154号墓　2. 冯素弗墓　3. 福泉洞35号坟
4. 福泉洞10号坟　5. 七观古坟　6. 藤之木古坟

大,镫的整体似一直领鼓腹圈底罐。日本马具中,较早曾流行"F"形马镫。6世纪以后盛行椭圆形镫,藤之木古坟的"心叶形"马镫即属于这类。这件镫上部凸起的部分比中国的要小,下部连接着扁圆形的镫体,整体像侧视的"茧形壶",但底部有尖,成心叶状(图6-10-4)。总之,藤之木古坟出土的镫与孝民屯154号墓等的镫应是同类,与中国3、4世纪以前的"S"形镫和日本5世纪中叶流行的"F"形镫不同。

　　上面谈到的中国和日本的马具,可以反映出在6世纪以前,两国马具的形制和发展演变规律有许多相似之处,但不是同步的,相同的马具中国出现略早一些。藤之木古坟出土的马具,许多特征都可以在中国找到渊源,它们更接近于前举中国马具中较晚的实例。同时,从中日马具的联系中,也明显反映出它们之间的缺环。这一问题,我们将在后面讨论。

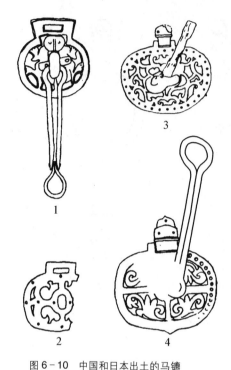

图 6-10　中国和日本出土的马镳

1. 孝民屯 154 号墓　2. 万宝汀 78 号墓
3. 天马冢　4. 藤之木古坟

藤之木古坟出土马具的装饰纹样，内容丰富，尤其是鎏金铜制鞍桥上以透雕、浮雕、线刻等技法，通体雕饰纹样，最值得重视。其布局是：外缘包边浮雕忍冬纹；前桥的桥部中央已残，两边的纹样为龟甲连续纹，龟甲纹中分别透雕龙、凤凰、虎、狮子，四周还有小禽和忍冬纹；前桥的翼状饰片左右浮雕相对的龙；后桥的桥部中央浮雕鬼神像，鬼神像上安三根立柱的把手，立柱底部饰成莲花座；桥部两边也是龟甲纹，其中分别透雕兽、鬼面、凤凰、象，还有小禽、兔、狮子、忍冬纹。翼状饰片左右各浮雕两个动物。马镳、杏叶、障泥包边及其饰件上也有忍冬纹和龙。

中国已发现的早期座骑马具中有纹饰的不多，袁台子墓出土的鞍桥所包的皮革上涂有褐色漆，上面朱绘云纹图案；孝民屯 154 号墓的杏叶上细线阴刻锯齿、水波、鸟纹。这些纹样都很简单。比较复杂的纹样是万宝汀 78 号墓的鎏金铜鞍桥片上透雕的卷云花纹和孝民屯 154 号墓马镳上透雕的蛙形纹样。中国这一时期马具出土得不多，现有资料可能还不足以反映当时马具上的纹样情况。但其他遗物上可以见到与藤之木古坟马具纹样十分相似的纹饰。

1. 宁夏固原北魏墓棺盖漆画[1]。棺盖边饰忍冬纹，其间画飞鸟。中部满布缠枝卷草图案，组成近菱形的连续纹样，其间画忍冬及奇鸟异兽。棺盖前缘和两侧垂直面，均画忍冬缠枝花，前缘边饰采取按单元分隔多方连续布置的手法。棺两侧的绘画分上中下三栏，中部为大型联珠龟甲纹，各龟甲纹之间套以联珠圆环，其间画

---

[1] 固原县文物工作站：《宁夏固原北魏墓清理简报》，《文物》1984 年 6 期。

供养天人或对禽对兽及忍冬纹。

2. 甘肃敦煌北魏刺绣横幅花边[1]。多方连续的联珠龟甲纹间有圆环相套，里面分布忍冬纹。

3. 甘肃敦煌莫高窟第248窟花边[2]。在多方连续的龟甲纹基础上，穿插忍冬纹样。

4. 山西大同云冈石窟第9窟浮雕花边[3]。为龟甲纹和圆环相隔组成的多方连续花纹，其间饰忍冬纹样。

5. 甘肃敦煌莫高窟第259窟花边[4]。采用连续龟甲纹的作法，并穿插曲线连环带，其间饰忍冬纹。

6. 山西大同南郊出土的北魏鎏金铜牌饰[5]。用透雕的技法，上、下边饰忍冬、卷草纹，中间为一骑马射箭的武士，衬有海兽、花草及伎乐童子。

7. 广东遂县发现的南朝窖藏金银器中的一件鎏金盅[6]。通体刻有花纹，腹部环绕一周龟甲纹带，每个龟甲纹中分别为朱雀、人首乌、鱼、花叶等（图6-11）。

上述实例在图案布局上均采用连续的龟甲纹，在每个六边形的龟甲纹中填以纹样，内容以忍冬纹为主，也有的是禽、兽、人物。这与藤之木古坟鞍桥上纹样的布局和特征完全一致。值得注意的是，上述实例均为中国南北朝时期的作品，因此，这种图案应是中国5世纪流行的样式。另外，大同石家寨北魏司马金龙墓出土的石柱础方座[7]和云冈石窟第6、7、8、9窟中的一些纹样[8]（图6-12），有的虽然是不完整的龟甲纹或无龟甲纹，但构图均采用连续、分单元的布局。藤之木古坟的鞍桥图案与这些图案不仅构图一样，细部作法也十分接近，反映出相互的关系十分密切。

---

［1］敦煌文物研究所：《新发现的北魏刺绣》，《文物》1972年2期。

［2］敦煌文物研究所：《新发现的北魏刺绣》，《文物》1972年2期。

［3］敦煌文物研究所：《新发现的北魏刺绣》，《文物》1972年2期。

［4］敦煌文物研究所：《新发现的北魏刺绣》，《文物》1972年2期。

［5］大同市博物馆：《山西大同南郊出土北魏鎏金铜器》，《考古》1983年11期。

［6］遂溪县博物馆：《广东遂溪县发现南朝窖藏金银器》，《考古》1986年3期。

［7］山西省大同市博物馆、山西省文物工作委员会：《山西大同石家寨北魏司马金龙墓》，《文物》1972年3期。

［8］〔日〕水野清一、长广敏雄：《云冈石窟》，日本写真印刷株式会社，1951—1956年。

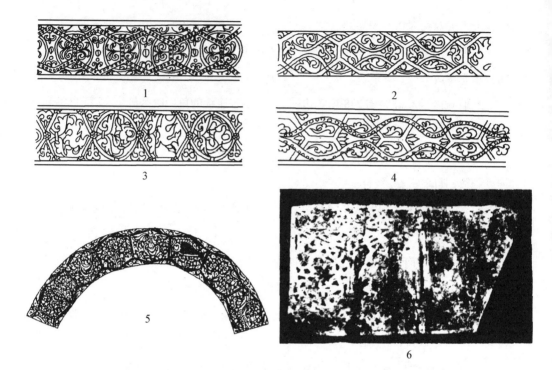

图 6-11 龟甲纹图案

1. 敦煌北魏刺绣花边　2. 敦煌莫高窟 248 窟花边　3. 云冈石窟第 9 窟花边
4. 敦煌莫高窟 259 窟花边　5. 大同北魏鎏金铜牌饰　6. 遂县鎏金盅腹部花纹

图 6-12 忍冬纹及局部

1. 司马金龙墓石柱础花纹　2. 云冈石窟第 6 窟花边
3. 天马冢障泥花边

藤之木古坟年代被定在 6 世纪后半偏早,而所出马具图案与中国 5 世纪的图案如此相似。同时我们看到,正如前面提到中日马具形制上的联系中存在着缺环一样,纹样上也存在着缺环。

位于中日之间的朝鲜半岛上的考古工作,为弥补上述两方面缺环提供了极好的资料。朝鲜半岛有关的考古发现,以南部庆尚北道庆州市 1973 年发掘的古新罗墓葬天马冢[1]最为重要。该墓出土了五套马具,包括鞍、镫、障泥、马衔、寄生、马铎、杏叶、辔头、胸带、鞴带、带卡等。鞍桥为圆拱形,略有肩部,两边垂直向下,底端呈尖状。马镫上部为长柄,顶端有横穿,下为扁圆形镫环,底较平,不向内凹。马镳为椭圆形,上部凸起部分较小,有的中间为十字,有的饰简单的忍冬纹。杏叶有两种,一种与万宝汀 78 号墓所出桃形马饰的形制基本相同,仅桃形略扁,其间的忍冬纹简单,而且较小。另一种为扁圆鱼尾形。鞴带铜饰与万宝汀 78 号墓相同。天马冢这些马具的形制,除扁圆鱼尾形杏叶不见于中国外,其他都与中国的接近,恰好可填补出土中日马具间的缺环。如该墓所出的马镳均为椭圆形,其中一套底部略呈尖状,不如藤之木古坟的马镳尖状明显,也不像中国的马镳根本没有尖状。镳顶部凸起比中国的小,而接近藤之木古坟的样式。镳上透雕的忍冬纹与万宝汀 78 号墓马镳上的忍冬相似,二者均比藤之木古坟的简单(图 6 - 10)。天马冢出土的心叶形杏叶的形制与中国所见桃形马饰同,桃形内的忍冬纹也与万宝汀 78 号墓的 1件相似,但天马冢的杏叶上面钉满铆钉,有的多达 57 个,已远远超出了固定器件本身所需的数量,而具有装饰功用。这一现象在中国尚未见到,但在日本并不罕见。日本的马具除了具有实用的功能外,还常常作为赏赐物,由上层统治者赏赐给地方首领,加强其服属关系。这促进了马具的大量制作,也使马具向装饰性发展,5世纪末、6 世纪初,镳、杏叶等都变成了较大的形制,上面密布许多钉饰,还附加如铃等的装饰。天马冢所见的钉饰较多的心叶形杏叶,不如日本的豪华,但也比中国的装饰性强。天马冢还出土一副白桦树皮制的障泥,障泥的边缘绘有分单元的连续忍冬图案(6 - 12 - 3),这种图案与前面列举的中国 5 世纪流行的图案布局一致,

[1] 转引自〔日〕韩国文化财普及协会:《天马冢》,学生社,1975 年。

特别是每个单元采用环状翻卷的形状、一反一正多方连续的方式,几乎与司马金龙墓石柱础方座的花纹如出一辙,也与藤之木古坟鞍桥桥部上下的花边十分相像,三者是一脉相承的。更令人注意的是天马冢五具鞍具中,有一具的桥部也是在连续的龟甲纹中透雕卷草纹,它的龟甲纹与藤之木古坟的鞍桥(图6-8-6)一致,而卷草纹和万宝汀78号墓的一副鞍桥的卷草纹相同。天马冢的这一鞍具,正好介于二者之间。天马冢在地区上处于二者之间,年代属5、6世纪之际,也处于二者之间,这一有趣的事实正说明中国马具的传播和影响。比天马冢时代早的釜山市东莱区福泉洞古坟群出土了一批马镫,时代在5世纪前叶。这批马镫的镫环有椭圆形底部内凹的,也有圆角三角形的(图6-9-3、4),也反映了中国、朝鲜半岛、日本马具发展变化的过渡关系[1]。

另外,藤之木古坟所出鞍桥的尺寸,前桥宽51、高41.5厘米,后桥宽57、高43厘米,无疑是实用性马具。一般说来,墓葬中所出器物可能早于墓葬营建的年代,实用器物更是如此。通过与中国、朝鲜半岛马具的对比,藤之木古坟随葬马具的制作年代有可能略早于6世纪中叶。

中国淮河以南地区,与藤之木古坟马具的纹样有关的遗物发现得不多。广东遂县发现的鎏金盅虽有连续的龟甲纹,但其中的装饰内容与藤之木古坟鞍桥的纹样不同,而且不见最盛行的忍冬纹。藤之木古坟的鞍桥龟甲纹中的"狮子"尽管与南朝的一些石刻相似,但这类形象在北方地区也是常见的。总之,藤之木古坟马具上的纹样,受中国南方的影响似乎不大,而与中国北方、朝鲜半岛的关系比较密切。朝鲜半岛的有关标本,如百济武宁王陵出土的木制马鞍和新罗饰履冢出土的靴子上都饰有龟甲纹[2],前者属6世纪前半,后者属5世纪末、6世纪初。高句丽时代的铜镜上也有饰以龟甲纹的[3]。此外,新罗瓦上还可以见到与天马冢白桦树皮障泥边饰、司马金龙墓石柱础方座上同类的忍冬纹[4]。

[1] 申敬澈:《古式镫考》,《古代文化》第38卷第6号,1986年。
[2] 转引自〔日〕朝鲜总督府:《庆州金铃冢饰履冢发掘报告》,1981年;大韩民国文化财管理局:《武宁王陵》,1974年。
[3] 转引自〔日〕黄沍根:《高丽铜镜を通して见た韩国文样史》,第一书房,1981年。
[4] 转引自〔日〕黄沍根:《高丽铜镜を通して见た韩国文样史》,第一书房,1981年。

藤之木古坟马具的纹饰,除前面论及的龟甲纹、忍冬纹之外,还有龟甲纹内的鬼神、鬼面、象、兔子、凤凰、龙、虎、狮子等。

鬼神、鬼面像饰于器物之上,中国开始得很早。与藤之木古坟鞍桥上相似的,则盛行于南北朝之后,如河南洛阳北魏石棺(图6-13)[1]和一些墓志的装饰纹样上所见到的,均面目狰狞,作奔跑状。藤之木古坟鞍桥上所饰执物鬼神在中国东晋画像砖墓中也曾发现过[2]。汉魏北朝的画像石、画像砖、瓦当、石刻上的鬼面更是屡见不鲜,高句丽壁画以及朝鲜半岛庆州附近出土的新罗砖上也很流行[3]。藤之木古坟鞍桥的桥部两侧出现了象,有的日本学者指出这是日本5、6世纪没有的纹样[4]。在中国,商周时期青铜器上就已出现象纹,东汉以后真正流行,如内蒙古和林格尔汉墓壁画上的"仙人骑白象"[5],山东滕县画像石上的六牙象等[6]。但这一时期出现得不多。北朝时象的形象逐渐多了起来,绝大多数都与佛教内容有关。中国6世纪以前器物上以兔子为纹样的也很多,常常与"玉兔捣药"、狩猎或象征月亮的题材相联系,有的作为铜镜等的装饰,有的出现在石棺雕刻上[7]。凤凰、龙、虎、狮子等在中国更是广为流行。藤之木古坟刚刚发掘时,由于鞍具锈损,肉眼难以辨清上面的纹样,曾有人推测鞍桥上有四神的形象。经过X光摄影,纹样中不能辨认出"玄武",看来其他的凤凰(朱雀)、虎、龙也不能认为是四神的内容了。然而这三种动物,确与中国四神中的朱雀、白虎、青龙一样。在中国,战国以后四神非常流行,建筑、墓葬以至瓦当、铜镜上都能见到,高句丽和日本古坟壁画中也出现过。不难看出,藤之木古坟鞍桥上的鬼神、动物纹样,都曾在中国流行,有些形态还十分接近。但是,中国古代流行什么纹样,纹样装饰在什么器物上,与什么题材相关,一般都有一定的规律,反映当时人们的思想意识和历史背景。像藤之木古坟的鞍桥

---

[1] 洛阳博物馆:《洛阳北魏画象石棺》,《考古》1980年3期。
[2] 镇江市博物馆:《镇江东晋画像砖墓》,《文物》1973年4期。
[3] 转引自〔日〕黄沍根:《高丽铜镜を通して见た韩国文样史》,第一书房,1981年。
[4] 〔日〕《文样に东アジア凝缩》,《朝日新闻》1985年12月3日。
[5] 内蒙古自治区博物馆文物工作队:《和林格尔汉墓壁画》,文物出版社,1978年。
[6] 傅惜华:《汉代画像全集》初编,商务印书馆,1950年。
[7] 王子云:《中国古代石刻画选集》,中国古典艺术出版社,1957年。

那样集多种形象于一身的例子,在中国尚未发现。藤之木古坟的鞍桥从整体上看,是经过精心设计的,它把各种不同的形象放入统一的六边形龟甲纹内,每个形象的姿态变化都在这一空间内进行,加之穿插的忍冬纹及龟甲纹的连续形式,就使这些缺乏关联的形象成为一个统一体。这里,纹样本身的含义居于次要地位,纹样的装饰形式则更受重视。在中国,按照传统的神怪思想、宗教思想和社会习俗,一般不会把这些内容组合在一起,迄今也没有类似实物的发现。但这些纹样的渊源又都在中国。因此,藤之木古坟马具的制造者和制造地点,应是值得继续研究的问题。

图 6 - 13   鬼神像

1. 藤之木古坟鞍桥桥部中央鬼神   2. 洛阳北魏石棺边饰鬼神

目前藤之木古坟内的石棺尚未打开,正式发掘报告还未出版。我们期望着有关资料全部正式发表,那时当能进一步推进日本古坟时代与中国古代文化关系的研究。

附录

鎏金鞍桥包片:顶部为圆拱形,两边垂直向下,下端呈尖状,整个鞍桥分为桥部和翼状饰片部分。后桥的桥部中间安有管状把手。翼状饰片中间上凹,两侧呈斜翼状,并各有两个穿孔,为固定卡带之用。桥部和翼状饰片之间有一凸棱。前桥的桥部中间已残,翼状饰片两边各有一个固定卡带的穿孔。其他方面均与后桥同。

镫:已残破。但仍可看出镫环为木芯,呈圆角三角形,外部包金属片。踏足前部原用革类物品包覆,再用鎏金铜片覆盖容易磨损的部位。

　　镳：扁圆形，上部凸起的部分有穿孔，用以安卡带，并与络头上的革带相接。中部外侧安有铁条制成的"引手"。一端作成环状，用来系缰绳。

　　杏叶：两种。一种是鎏金铜制，棘叶形，上部较窄，漫圆状，中部偏下有三层、五个尖棱，第一、二层各两个，最下层一个。另一种是铁地包鎏金铜制，钟形，上部较窄，漫圆状，底部较宽，也有五个尖棱，但同在一条水平线上。

　　节约：中部为圆形，上下左右各伸出一薄片，薄片为花瓣形，每瓣上有三个铆钉。

　　鞦带铜饰：分为三部分，底部呈六角形，与倒扣的覆钵体相接，覆钵上有立柱，立柱中部平伸出十个吊钩，用以勾吊垂叶，但垂叶已失。

　　此外还有残破的云珠、障泥边缘、叶形和心叶形及环形饰件。

　　（本文原名"关于日本藤之木古坟出土马具文化渊源的考察"，载《文物》1987年9期；"中国早期马镫的有关问题"，载《文物》1993年4期。此次重刊略有修订。）

7

似于生人：唐俑

唐陵石刻、佛教造像，多被作为唐代雕塑艺术的代表，写进了各种教科书式的论著中。这一评价有很大的缺陷，陵前雕刻尽管精美，毕竟是礼仪性的标志。佛教造像属宗教内容，作品多有局限。相比之下，墓葬出土的俑类数量众多、种类丰富，不仅在艺术上是那个时期的精品，而且更能反映唐代雕塑的整体风貌。这些俑的组合、演变还涉及许多更为复杂深刻的社会问题。

还有一些错误的论断影响着人们对唐代雕塑的认识。如人物形象中"以胖为美"被认为是唐代的审美情趣，这至少是一种偏见，误解了唐人的审美品位。事实上，以清瘦为特点的唐俑很普遍，尤其是唐初，修长几乎是全部陶俑的特色。至于说体态丰腴的杨贵妃受到唐玄宗的赞赏，因此影响了唐人对美的追求，这一说法更无根据，因为早在杨贵妃出世前，女性塑像中已有不少丰腴的女俑。这些误解出现的根本原因在于美术史研究和鉴赏习惯于用一些所谓的"典型的"、有"代表性的"的作品，来概括某一时代的美术特色，当以田野发掘为基础的考古学出现后，我们可以在年代排序、类型归纳、区域划分的基础上，重新审视唐代雕塑作品。

无论是把俑作为美术史的研究对象，还是作为今日艺术创作的借鉴参考，都需要对唐俑有基本的认识，即有年代的判断及其象征意义的考订。换句话说，这些唐俑是什么时候制造的？象征的身份是什么？此外，俑放在什么人的墓葬中？为什么放置？数量组合如何？也十分重要。唐俑的艺术价值和社会意义只有在这个基础上才可以讨论。

唐人自己是如何看待俑的呢？《旧唐书・舆服志》载："太极元年，左司郎中唐绍上疏曰：……孔子曰：明器者，备物而不可用，以刍灵者善，为俑者不仁。传曰：俑者，谓有面目机发，似于生人也。"[1] 这是中国古老的观念，也是唐人对俑的理

[1] 《旧唐书》卷四五《舆服志》，1958 页。《释名・释葬制》"送死之器曰明器，神明之器异于人也"。

解。这里明确了两层含义：1. 俑是坟墓中陪葬用的偶人，是专为死者准备的随葬品，没有或很少具有展示的功能。2. 俑按现实生活中的人来塑造，在很大程度上再现了当时的生活风貌。

一、四神十二时与音声队、童仆

"甄官令掌供琢石、陶土之事，……凡砖瓦之作，瓶缶之器，大小高下，各有程准。凡丧葬，则供其明器之属。……当圹、当野，祖明、地轴、鞹马，偶人，其高各一尺。其余音声队与童仆之属，威仪、服玩，各视生之品秩所有，以瓦、木为之，其长率七寸。"[1]"文武官及庶人丧葬，三品以上明器九十事，四神十二时在内……"[2]

俑主要用陶土塑造，泥、竹、木、石、纸俑发现较少。唐朝规定了墓葬中俑的数量、尺寸和种类。"四神十二时""音声队""童仆"是俑的主要类别，表现了一定的组合关系，大体可对应现代考古学上所称的辟邪压胜俑、仪仗俑和家内仆侍俑的分类。

图 7-1　偃师杏园唐墓出土镇墓兽

唐代俑群组合依时代早晚和被葬者地位有所不同，主要表现在数量的多少和某些种类的有无上。辟邪压胜俑，即镇墓兽、镇墓武士、十二生肖、铁猪、铁牛和一些怪兽。仪仗俑包括各种骑马俑、出行侍卫俑，还有牛车及御夫俑、马和马夫俑、骆驼和驼夫俑。家内仆侍俑是体现家居生活的各类男女俑、乐舞俑等。从较长的时段上看，这些俑的种类比较固定，组合也比较规范。

辟邪压胜俑中最常见者被称作镇墓俑，每座墓葬中一般 4 件一组，放在墓门内或甬道中（图 7-1），两件兽形，其中一件人面，一件兽面；

[1]《唐六典》卷二三《将作监》，597 页。
[2]《唐会要》卷三八《葬》，695 页。

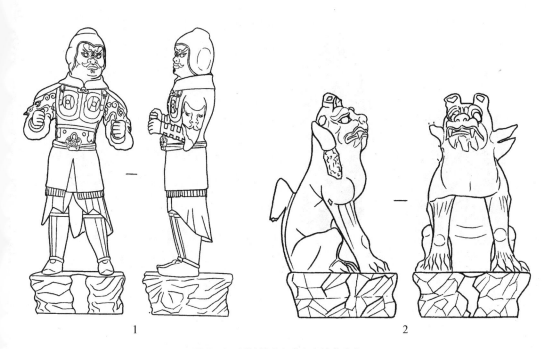

图7-2　新城长公主墓出土镇墓武士

两件为武士，或称为天王，身着复杂的铠甲，但不同于其他俑中的一般军士，也有根据服饰不同被分别叫作武士和文官者（图7-2）。它们属于守墓驱鬼的塑像，是《唐六典》《唐会要》在谈到墓中随葬的明器时说到的"四神"，它们可分别叫作"当圹、当野、祖明、地轴"，它们与表示方位的青龙、白虎、朱雀、玄武的四神或四灵不同。早在1956年王去非就已经指出"四神"就是墓葬中随葬的两件镇墓兽和两件镇墓武士[1]。1986年河南巩义市康店镇砖厂唐墓出土两件镇墓兽，其中一件兽面者背部墨书清晰的"祖明"二字（图7-3）[2]，证明了这一推断。西安西郊唐长安城醴泉坊出土有经过素烧而不合格的陶坯、施釉而烧结的器物，其中有"天宝四载……祖明"字样的陶片[3]。唐苏思勖墓志中也曾有"设田横之歌，列当圹之器"

［1］王去非：《四神、巾子、高髻》，《考古通讯》1956年5期。

［2］郑州市文物考古研究所：《中国古代镇墓神物》，文物出版社，2004年，181页。

［3］张国柱、李力：《西安发现唐三彩窑址》，《文博》1999年3期。

图 7-3　巩义唐墓出土兽面镇墓兽

的描述[1]。由于它们表现的是"神",有别于其他俑类,造型硕大,甚至与真人相仿,故而在墓葬随葬品中十分突出。中国古人有十分强烈而独特的生死情结,相信人死后魂魄犹存,故希望能在墓室里平安而不受侵扰。镇墓兽面目狰狞,武士威风凛凛,它们放在墓门前或甬道内,可以起到辟邪、守卫的作用[2]。

唐以前,镇墓兽、镇墓武士俑已经出现并成为固定组合;唐代镇墓俑更加规范,只在样式上因时代早晚略有差别。7 世纪中叶以前,镇墓兽带矮底座,身体稍前倾,鬃毛较少,面目相对和善(图 7-4)。7 世纪后半到 8 世纪初,镇墓兽底座升

图 7-4　长安里王村唐墓出土镇墓兽

[1] 陕西省考古所:《西安东郊唐苏思勖墓清理简报》,《考古》1960 年 1 期;吴钢主编:《全唐文补遗》第三辑,三秦出版社,1996 年,79 页。

[2] 墓中的四神,历代都在不断变化。《唐会要》谈到的"当圹、当野、祖明、地轴",宋代加了"祖思",广东海康发现的一座元代墓葬,墓壁上嵌砌一组阴刻神煞的画像砖,每种形象上有榜题,在双首蛇身画像上题"地轴"。参见曹腾騑等:《广东海康元墓出土的阴线刻砖》,《考古学集刊》2,中国社会科学出版社,1982 年。

高,昂首挺胸,面目略凶狠,鬃毛高而复杂(图7-5)。8世纪中叶以后,镇墓兽多作站立状,有的手执一条蛇(图7-6)。

1

2

图7-5　节愍太子墓出土镇墓兽

　　武士俑所着铠甲戎装,是唐代军戎服饰的一个极好写照,其形象如同佛教图像和造像中的护法神,不过它们充当了墓中的守护者,因此人们常用天王俑来称呼镇墓武士俑。如果从形象上进行比较,那种神化气质更浓、极尽华美和威武的武士俑在盛唐时期才流行。7世纪中叶以前,镇墓武士多头戴圆顶兜鍪,身着明光甲,手持盾,服饰简单,造型比较呆板(图7-7)。7世纪后半到8世纪初,手持盾牌的镇

1　　　　　　　　　　　　　2

图7-6　8世纪中叶以后唐墓出土镇墓兽

1. 西安紫薇 M60 唐墓出土　2. 长安南里王村唐墓出土

墓武士已不见,兜鍪多为尖顶另加装饰,铠甲复杂而逼真,整体威武神化,很多镇墓武士脚踏兽、鬼、牛等(图7-8)。有的武士戴鹖冠,鹖整体饰于冠上,鹖冠比较高大,冠后有包叶。也有的只在冠两侧的包叶上画出鸟翼。鹖是一种凶猛的鸟,武士头冠插鹖羽以表示威武。8世纪中叶以后,镇墓武士鹖冠的意趣虽仍保留,但有的做成了大而醒目的蹲坐的鹖鸟,有的代之以卷草、云纹联珠等纹样,镇墓兽和镇墓武士面目凶恶,但其制作开始简化(图7-9)。到了晚唐,墓中以铁牛、铁猪代替了原来的镇墓兽和镇墓武士。

　　镇墓兽、镇墓武士在墓葬中一般为两对4件,但也有一些例外,个别墓葬出土6件、8件甚至10件[1]。河南郑州唐墓出土8件,该墓为合葬墓,夫妇二人入葬的时间不同,随葬品分属夫妇二人[2]。偃师北窑5号墓也出土两套,一套三彩,一套彩绘,分别置于墓室和墓道内。报告推测可能是因为重复购置,或因为迁葬,夫人先

―――――――――――

[1] 西安市文物保护研究所:《西安南郊唐墓(M31)发掘简报》,《文物》2004年1期。
[2] 河南省文化局文物工作队:《郑州上街区唐墓发掘简报》,《考古》1960年1期。

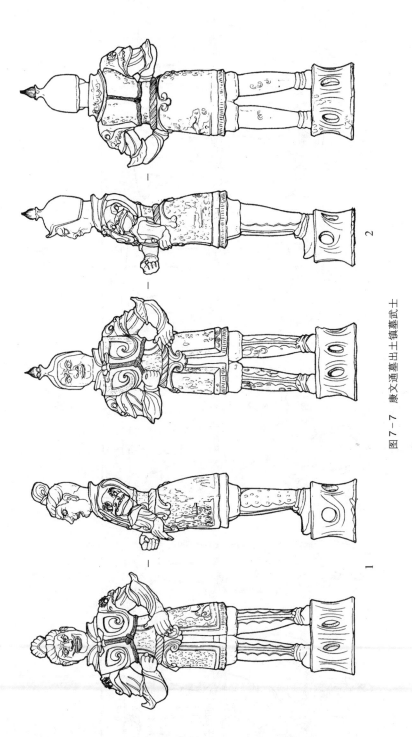

图7-7　康文通墓出土镇墓武士

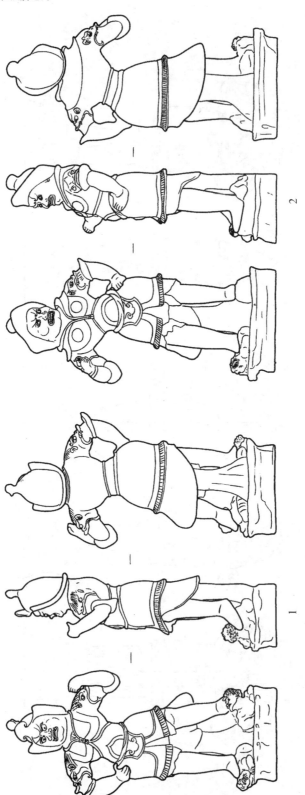

图 7 - 8　节愍太子墓出土镇墓武士

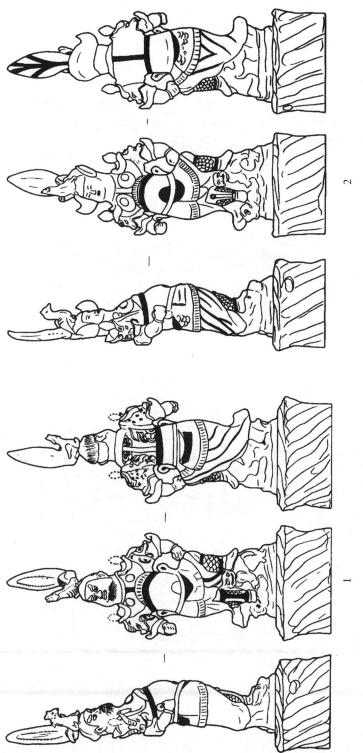

图 7 - 9 西安紫薇 M60 出土镇墓武士

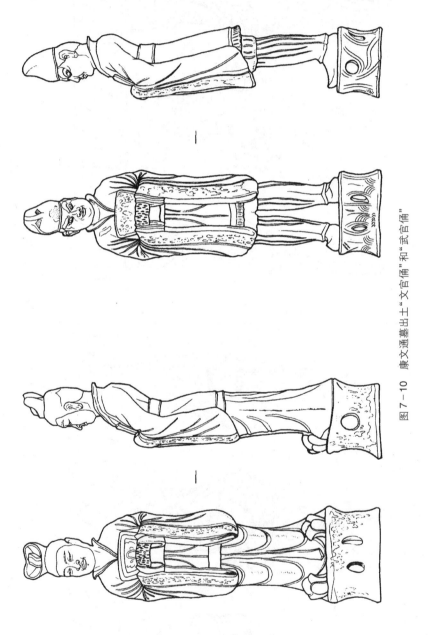

图 7 - 10　康文通墓出土"文官俑"和"武官俑"

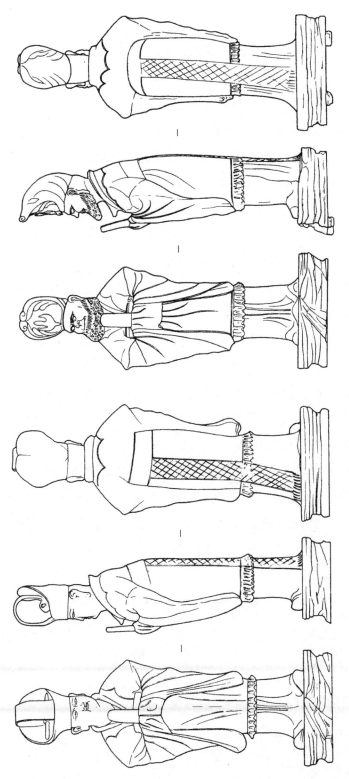

图 7 – 11　西安唐墓出土"文官俑"和"武官俑"

逝,购置了彩绘俑群;后夫君去世,又购置了三彩俑群,故合葬时出现了重复[1]。永泰公主墓也出土4件镇墓武士、4件镇墓兽[2]。景云元年(710)节愍太子墓竟发现了10件[3],镇墓兽两对4件、天王俑两对4件、文官俑和武官俑各1件。如果墓葬是合葬墓,男女分别葬入两套"四神"似乎可以理解。但节愍太子墓是改葬墓,太子妃杨氏开元十七年葬新丰细柳原,正妻是否与节愍太子合葬,报告认为"因墓室被盗扰,也难以判断"。节愍太子是政变兵败被杀的,当时属大逆不道,其妻是否被株连不得而知,不过可以推测,其妻如果当时被杀,理应在节愍太子昭雪时与节愍太子合葬,如果节愍太子改葬时还活着就无法合葬。还有一类是6件一组,开元十二年(724)金乡县主墓中出土6件镇墓俑[4],比一般墓多出"文官"和"武官"。西安神功二年(698)独孤思贞、神功元年(697)康文通墓(图7-9、7-10)、西安南郊M31也是如此[5]。

在通常的4件镇墓俑之外多出的2件俑,常常称为"文官俑"和"武官俑"(图7-11)。文官俑穿宽袖袍,戴梁冠。洛阳偃师咸亨三年(672)杨公墓出土一件头戴高梁冠的俑,颈下用朱红彩写出"文官"二字[6]。武官俑一般身着裲裆、头戴鹖冠,而这种身着裲裆、头戴鹖冠的俑,很多被误认为是文官俑(图7-12)。

总之,2件镇墓兽、2件镇墓武士,应为文献中的"四神",即"当圹、当野、祖明、地轴"。6件一组的俑,另两件多是"文官俑"和"武官俑",他们与"四神"镇墓武士相比,面目不那么凶恶,表现得不像神而像人。但服饰特殊,形体很大,有别于其他俑类,与辟邪压胜俑放置在一起成为组合。这一套四神再加文官俑和武官俑也应看作是当时的组合。有时还有特殊的现象。如西安紫薇田园都市工地

---

[1] 偃师商城博物馆:《河南偃师县四座唐墓发掘报告》,《考古》1992年11期。

[2] 陕西省文物管理委员会:《唐永泰公主墓发掘简报》,《文物》1964年1期。

[3] 陕西省考古研究所、富平县文物管理委员会:《唐节愍太子墓发掘报告》,科学出版社,2004年。

[4] 西安市文物保护考古所 王自力、孙福喜:《唐金乡县主墓》,文物出版社,2002年。

[5] 中国社会科学院考古研究所:《唐长安城郊隋唐墓》,文物出版社,1980年;西安市文物保护所:《唐康文通墓发掘简报》,《文物》2004年1期;西安市文物保护研究所:《西安南郊唐墓(M31)发掘简报》,《文物》2004年1期。编者注:698年则天后已改年号为"圣历元年",但墓志为提前预备,故仍为"神功贰年"。

[6] 偃师商城博物馆:《河南偃师县四座唐墓发掘报告》,《考古》1992年11期。

图 7 – 12　洛阳安菩墓出土武官俑

唐墓(M60)[1]，未被盗掘，长方形单室土洞墓。墓室入口有 2 件天王俑、2 件镇墓兽，后面还有 2 件龙首人身俑(图 7 - 13)。

图 7 - 13 西安紫薇 M60 出土龙首人身俑

十二生肖或十二兽，被认为起源于原始图腾崇拜，或源自星象学[2]，后来被兴起的道教所接纳，张蕴认为"南北朝时十二生肖已被广泛使用于记录生年和推算年龄，同一时期，十二生肖俑、像亦进入丧葬领域，成为随葬器物和墓室装饰图案之一，它所表现的是岁月轮回，时光流转之意"[3]。

十二生肖的图像出现较早，主要出现在墓志石刻上，以俑的形象出现则略晚。东湖岳家嘴隋墓出土者为陶制彩绘，湘阴隋大业六年(610)墓是凸字形单室券顶砖墓，墓壁有十二个小龛，龛内置十二生肖。洛阳偃师杏园发现一批墓葬，神龙二年(706)宋祐、宋祯墓志志盖铭文四周，刻有用文字"子、丑、寅、卯、辰、巳、午、未、申、酉、戌、亥"表示的十二地支。景龙三年(709)李嗣本、李延祯墓志，文字变成了十二生肖的图像。开元二十六年(738)李景由墓志上有十二生肖的图案，墓内出土铁十二生肖俑。天宝九载(750)郑琇墓志周边刻十二生肖图像，同时出土十二生肖俑(图 7 - 14)。天宝四载(745)崔悦墓出土十二生肖俑[4]。晚唐时期的宪宗元和九

[1] 陕西省考古研究所：《西安紫薇田园都市工地唐墓清理简报》，《考古与文物》2006 年 1 期。
[2] 詹鄞鑫：《神灵与祭祀：中国传统宗教综论》，江苏古籍出版社，1992 年；郑文光：《中国天文学源流》，科学出版社，1979 年。
[3] 张蕴：《西安地区隋唐墓志纹饰中的十二生肖图案》，《唐研究》第 8 卷，北京大学出版社，2002 年。
[4] 中国社会科学院考古研究所：《偃师杏园唐墓》，科学出版社，2001 年。

年(814)郑绍方墓、文宗大和三年(829)韦河墓、武宗会昌三年(843)李郃墓、宣宗大中元年(847)穆惊墓、宣宗大中八年(854)李瑞友墓、懿宗咸通十年(869)李悦墓,墓室四壁掏挖12个小壁龛,未发现遗物,可能就是用来放置木质十二生肖俑的,但经长期浸渍,今俑已无存。有的龛内残留有站立的木质生肖俑的腐朽痕迹。洛阳地区的唐墓,似乎也发生了由文字到图像,再到雕塑的演变。隋和初唐,墓志图案为动物原形,陪衬有云朵青山、树木花草;盛唐时以祥云为伴,生肖超脱凡尘进入天界,完全神化;中唐之后改为人身[1]。

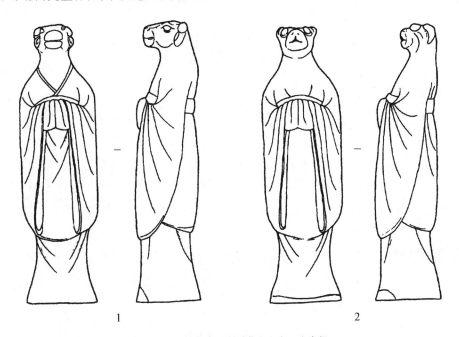

1　　　　　　　　　　　2

图7-14　偃师杏园郑琇墓出土十二生肖俑

西安开元二十四年(736)孙承嗣夫妇墓也出土有十二生肖俑(图7-15)[2],可见洛阳、西安地区十二生肖以俑的面貌而流行是在中晚唐[3],十二生肖俑是唐后期墓葬随葬品中流行的新内容,也直接关系到了墓葬形制的变化。十二生肖俑

[1] 张蕴:《西安地区隋唐墓志纹饰中的十二生肖图案》,《唐研究》第8卷,北京大学出版社,2002年。
[2] 陕西省考古研究所、西安市文物保护考古所:《唐孙承嗣夫妇墓发掘简报》,《考古与文物》2005年2期。
[3] 十二生肖塑像首见于临淄北朝墓,是将动物放在特制的龛台上。但目前仅此一例,见山东省文物考古研究所:《临淄北朝崔氏墓》,《考古学报》1984年2期。

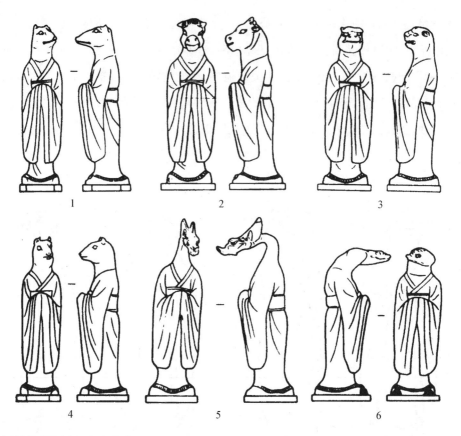

摆放位置固定，或在墓室北部，或沿墓室四壁摆放，或在墓室四壁开小龛放置。唐肃宗建陵内城门外，也曾出土兽首人身马首、猴首石生肖像[1]。出土十二生肖俑的偃师杏园唐墓，许多是低级官吏墓和小型平民墓。在形象上，十二生肖俑多为兽首人身站立状，双手拱于胸前，身着交领宽袖袍，胸间束带，下裳长垂至地。

还有怪兽俑。这些怪兽俑并非通常所说的一套4件组合中的镇墓兽，它们造型怪异，有人面兽、双头蛇身兽、人面鱼、人面鸟身兽等形象（图7-16）[2]，也被叫作压胜俑、神煞俑等，一般放在墓室前部。徐苹芳据《永乐大典》收录的《大汉原陵秘葬经》中《监器神煞篇》记载的公侯将相、大夫以下至庶人墓中的明器，结合考古发现，

[1] 李浪涛：《唐肃宗建陵出土石生肖俑》，《文物》2003年1期。
[2] 山西大学文博学院、襄垣县文物博物馆：《山西襄垣唐代浩氏家族墓》，《文物》2004年10期。

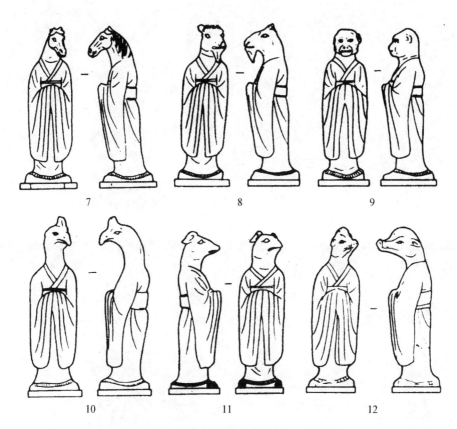

图7-15　西安孙承嗣夫妇墓出土十二生肖俑

指出其中人面鸟身俑叫"观风鸟"，单人头或双人头蛇身俑叫"墓龙"，人首鱼身俑叫

"仪鱼"[1]。这些显然不是《唐六典》《唐会要》记述的唐朝政府规定丧葬明器中的当

圹、当野、祖明、地轴等。这类神煞的渊源能追溯到南北朝时期，分布于南、北方[2]，

唐代则在长江中游和黄河以北、河套以东及辽宁朝阳地区流行，似乎属于一种地方性

葬俗，一直流行到五代、宋。在长安、洛阳地区发掘的大量唐墓中则极少发现[3]。

---

[1] 徐苹芳认为《秘葬经》成书在金元时期，是山西的地理葬书，也反映了其他地区特别是北方地区的
　　某些葬俗和唐代的情况，见《唐宋墓葬中的"明器神煞"与"墓仪"制度——读〈大汉原陵秘葬经〉札
　　记》，《考古》1963年2期。

[2] 《隋唐环岛文化の形成と展开》，《东アジアと"半岛空间"》，思文阁出版，2003年。

[3] 目前洛阳地区仅在巩义市出土。见刘洪淼、李玉荣：《巩义市出土唐代人首蛇身交尾俑》，《中原文
　　物》1998年1期。

图 7－16　山西襄垣唐墓出土怪兽俑

铁猪、铁牛是取代镇墓俑、出现在中晚唐墓葬中的新类别。它们多放在墓门附近。它们的出现，在文献中记载得很清楚。开元年间集贤学士徐坚欲葬其妻，问兆域之制于宰相张说，张说引僧泓之言对云："墓欲深而狭。深者取其幽，狭者取其固。平地之下一丈二尺为土界……土龙六年而一暴，水龙十二年而一暴。当其隧者，神道不安。……铸铁为牛豕之状像，可以御二龙。"[1]张说特别指出"僧泓之说如此，皆前贤所未达也"，显然是新的现象和习俗。考古发现也多在中晚唐墓中（图7-17）。

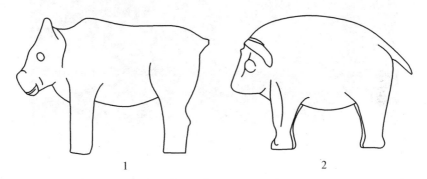

图7-17　偃师杏园唐墓出土铁猪和铁牛

1. 崔防墓出土　2. 李存墓出土

"音声队"即目前考古报告中所谓的仪仗俑，应该与现实礼仪制度中的"卤簿"有关。封演《封氏闻见记》言："舆驾行幸，羽仪导从，谓之卤簿。"帝王和高级官员出行有仪仗队跟随，唐墓和石窟壁画中保存着很多出行仪仗图。出行仪仗也用在丧葬活动中，《唐会要》卷三八《葬》载：五品已上皆给卤簿。指送葬队伍。在墓葬随葬品中则常常以牛车为中心（图7-18），前后排列着各种骑马俑、出行守卫俑、牛车及御夫俑、马和马夫俑、骆驼和驼夫俑，成为随葬品中表示身份和地位的标志性内容[2]。

墓葬中的仪仗俑大约在西晋以后逐渐固定下来，鞍马牛车在队伍中十分醒目，其原因可能是西晋时有身份地位的人正式出行多乘坐牛车[3]，高官豪门以坐牛车

［1］《大唐新语》卷一三《记异》，中华书局，1984年，195页。

［2］刘增贵：《汉隋之间的车驾制度》，《中研院历史语言研究所集刊》第六十三本第二分册，1993年，392页。

［3］《晋书》卷二五《舆服志》载："古之贵者不乘牛车，汉武帝推恩之末，诸侯寡弱。贫者至乘牛车，其后稍见贵。自灵、献以来，天子至士庶遂以为常乘，至尊出朝堂举哀乘之。"765页。

图 7 - 18   偃师杏园唐墓出土仪仗俑

为贵。习俗出于北方，后在南方也流行[1]。这种日常用车，以陶模型的形式随葬，在西晋以后极为流行，当表示被葬者生前的地位。牛车也许还和合葬墓中的女性有关，因为牛车常与鞍辔齐备的马相配合，二者在壁画中表现得更明显。

陕西礼泉县唐上元二年（675）阿史那忠墓[2]，墓道西壁绘牛车出行图，车辕两侧各站一御者，右边者戴圆毛帽，足蹬长筒乌靴，左边者右手执牛缰绳，裤腿下口用带束扎，穿麻鞋。阿史那忠官职是"右骁卫大将军"，死后赠官为"镇军大将军、荆州大都督、上柱国"，最高官职为一品官。此墓为夫妇合葬墓，牛车出现于墓道西壁，其妻为定襄县主，故该牛车也可能表示的是阿史那忠夫人的等级。陶制的模型在墓葬中也是如此，节愍太子墓、河南偃师杏园唐景龙三年（709）李嗣本墓[3]，均出土了较完整的陶牛车，牛车前檐刻出木栅栏，后檐右旁留门（图7-19）。

---

[1]《颜氏家训·涉务》载梁世士大夫"出则车舆，入则扶侍，郊郭之内，无乘马者"。
[2] 陕西省文物管理委员会等：《唐阿史那忠墓发掘简报》，《考古》1977 年 2 期。
[3] 中国社会科学院考古研究所河南第二工作队：《河南偃师杏园村的六座纪年唐墓》，《考古》1986 年
    5 期。

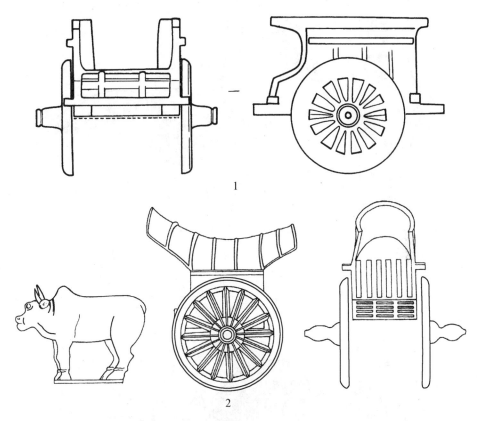

图 7 - 19　唐墓中出土牛车

1. 节愍太子墓出土　2. 偃师杏园李延祯墓出土

　　鞍鞯装饰齐备的马在唐墓中必不可少,特别是高等级墓葬,它们象征着墓主人出行时的乘坐用具(图 7 - 20)。《旧唐书·舆服志》记载:"自高宗不喜乘辂,每有大礼,则御辇以来往。爰泊则天以后,遂以为常。玄宗又以辇不中礼,又废而不用。开元十一年冬,将有事于南郊,乘辂而往,礼毕,骑而还。自此行幸及郊祀等事,无远近,皆骑于仪卫之内。"

　　在尚武精神的影响下,骑马之风盛行,也成了身份的象征。郑重的场合可以骑马,更促进了骑马之风的蔓延。唐文宗大和六年诏敕:"诸文武官赴朝、诸府道从:职事一品及开府仪同三司,听七骑。二品及特进,听五骑。三品及散官,三骑。四品、五品,二骑。……鞍通用银装。六品一骑,通用输石装。……未任者听乘蜀马,

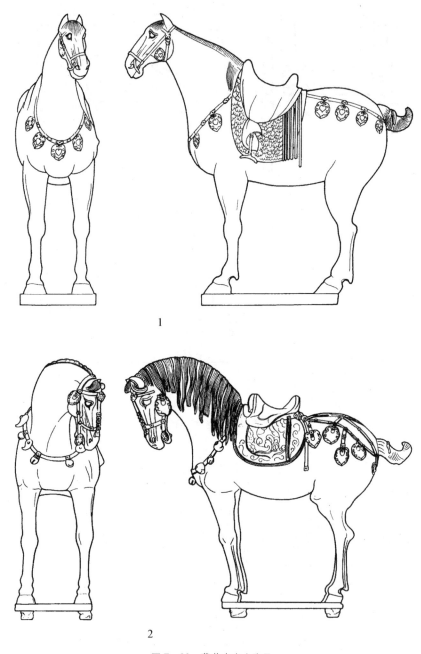

1

2

图 7 - 20 墓葬中出土陶马

1. 节愍太子墓出土 2. 西安南郊 M31 唐墓出土

鞍用乌漆装。"[1]宋人赵彦卫《云麓漫钞》中说："自唐迄本朝，却以乘马朝服为礼。"那些鞍鞯装饰齐全的马，可能就是文献记载的"诞马"，象征着主人的坐骑。阿史那忠墓[2]墓道东壁画有诞马，是阿史那忠的仪仗，也与开元礼的规定，即三品以上官员卤簿中应有诞马相一致[3]。从文献和考古两方面资料看，马匹和牛车有礼仪象征的意义。

　　牛车、马匹两边或之后站立的仪仗俑，多为军士形象，通常成组、成批出现，形态相同者重复率很高，有的手中原来执物，出土时已腐烂，但在手中留有执物的孔洞(图7-21)。大型墓葬中还有男、女骑马俑，以及马、骆驼、马夫、驼夫俑等。有

1　　　　　　　　　　　　　　　2

图7-21　新城长公主墓出土仪仗俑

[1]《唐会要》卷三一《舆服上》，669页。
[2]陕西省文物管理委员会等：《唐阿史那忠墓发掘简报》，《考古》1977年2期。
[3]《通典》卷二〇七《开元礼纂类二·群官卤簿》。

图7-22　节愍太子墓出土
仪仗武士

的报告定名为狩猎者也应是仪仗俑类。这些俑在大型墓葬中放置在墓道两侧壁龛内,在稍小的墓葬中放置在墓室前部。

景云元年(710)节愍太子墓中有头戴虎头帽的仪仗武士62件(图7-22),骑马俑105件,包括具装甲骑俑、风帽俑、笼冠俑、幞头俑,其中16件笼冠骑马俑,手中原执乐器,属于乐俑(图7-23)。开元十二年(724)李撝墓出土俑1077件,包括男立俑(仪仗类)563件、风帽俑314件、笼冠俑117件、幞头俑103件、小冠俑30件。龙朔三年(663)新城长公主墓出土幞头俑39件、笼冠俑63件、风帽俑70件、男骑马俑33件、女骑马俑30件。

童仆即考古报告中的家内仆侍俑,包括体现家居生活的各类男女立俑、乐舞俑。开元二十九年(741)李宪墓出土俑870件,包括大俑141件、中俑4件、小俑725件。小俑通高30—40厘米,其中有幞头俑188件,属于仆侍类。这类俑一般拱手而立,尤以女性为多(图7-24),多置于墓室后部或棺床附近。

作为功能性很强的明器,不能随心所欲进行制造,其所受局限使作品规范化,因而在造型风格上具有鲜明的时代特色。唐代除了同类俑在不同时期有所变化外,并非所有种类的俑自始至终都在流行,也即是说俑的内容组合也有变化。唐代用俑随葬是礼仪制度和丧葬习俗的体现,制度规定着等级差别、尊贵卑贱,习俗传达出社会观念,映射着现实生活。唐代普通人的丧葬只能私自准备俑类,品官丧葬由官府供给,满足不了需要时也能从店铺中购买,这些俑有的来自民间作坊[1]。丧葬用品的官作与民作的状况,决定了俑有极大的统一性,俑群组合与造型特征的转变,展现出阶段性变化和时代风尚。因此在唐代历史中,俑的造型手法和艺术风

---

[1]《李娃传》记述了长安城专卖凶器的店铺,而且店铺间会比较物品的优劣,围观者数万。见《太平广记》卷四八四引《异闻集》,中华书局,1981年,3988页。北京大学1975年在长安西市调查时发现过陶俑。见宿白:《隋唐长安城和洛阳城》,《考古》1978年6期。

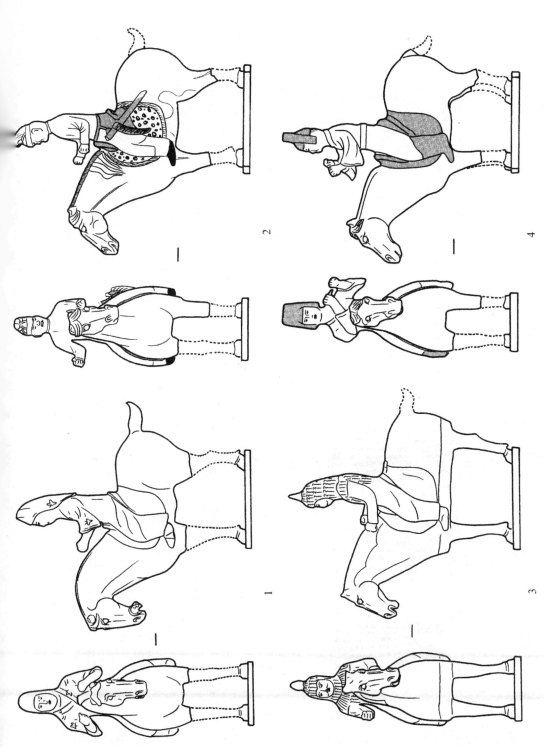

图 7-23　节愍太子墓出土笼冠骑马俑

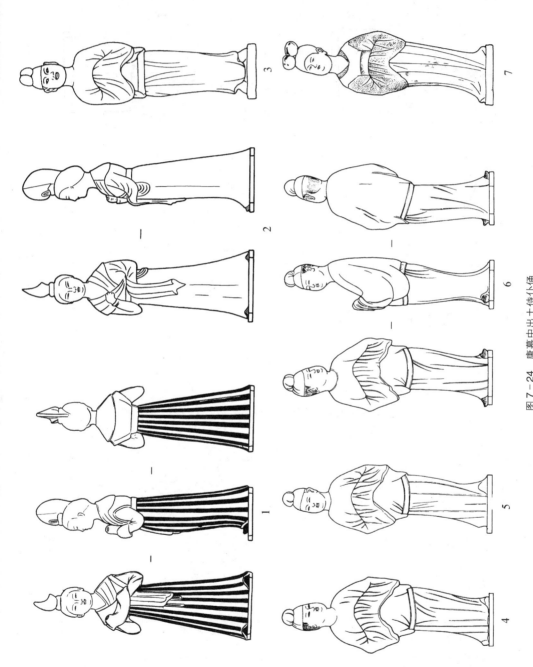

图 7-24 唐墓中出土侍仆俑

1,2. 节愍太子墓出土 3—7. 李宪墓出土

格并不完全相同。唐前期仪仗俑在不断"简化"，一是内容简化，二是数量简化，仪仗俑由几百件减至几十件，甚至几件，8世纪中叶以后家内生活俑群取代了军事气氛浓厚的仪仗俑，十二生肖流行，晚唐墓中的铁牛、铁猪代替了原来的镇墓兽和镇墓武士，完全失去了凶猛可怖的气势，使随葬器物趋于世俗化、大众化。

女俑的时代变化最明显。7世纪中叶以前，即唐高祖到唐高宗前期，女俑身材修长，人体比例较适当。面部清秀，身着简单上衣和长裙，裙上常饰以条纹。此时多见窄狭的胡服，贴体显出身材特征。女俑头部发髻高高挽起，样式很多。7世纪后半到8世纪初，即唐高宗后期至睿宗时期，女俑服饰变得宽大，显得身材丰颐。发式多高髻，种类更多。8世纪中期以后，特别是唐玄宗以后，人物造型变胖，面目神态生动，唐玄宗开元时期较丰满，而天宝时略显臃肿。8世纪中期还有不少半身俑或称胸俑，这类俑头胸以下可能原来用木质材料制作，已经腐朽。总之，唐初娴雅而潇洒，盛唐丰丽而浪漫，再晚些舒展而放纵。但无论是朴素文雅还是丰满华丽，总体风貌是一致的，即无不蕴含着健康爽朗的气质。

二、骏马、骆驼与胡人

俑本来指偶人，但目前考古报告习惯上把一些动物类陶塑也叫作俑，如动物类的驼、马、猪、羊、狗、鸡等，这些家禽家畜一般用以表示生活。马则显示出特殊的地位，在数量上独占鳌头。唐代养马风气之盛为历代之最，官私养马者颇多。《新唐书·兵志》载："王侯、将相、外戚，牛、驼、羊、马之牧布诸道，百倍于县官，皆以封邑号名为印自别。……议谓秦、汉以来，唐马最盛。"文献记载，武德四年（621）李渊一次就给李寿"马八百匹"。李寿墓西壁壁画绘有马厩和草料库房，也反映出高级贵族家养马之风的盛行[1]。唐代还用重金买马。"……岁许朔方军西受降城为互市，以金帛市马，于河东、朔方、陇右牧之。既杂胡种，马乃益壮。"[2]开元年间与突

---

[1] 陕西省博物馆、陕西省文管会：《唐李寿墓壁画试探》，《文物》1974年9期。
[2] 《新唐书》卷五〇《兵志》。

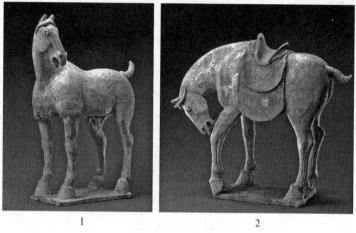

1   2

3

图 7-25 　墓葬中出土马俑

1、2. 独孤思敬墓出土　3. 永泰公主墓出土

厥"每岁赍缣帛数十万匹就市戎马,以助军旅,且为监牧之种,由是国马益壮"[1]。重要的是,唐代大力养殖马匹,唐代前来中国定居的胡人,有不少人精通于牧业,宁夏固原发现了粟特人墓地,这些人中,有的就是中央官府牧场的牧马官员[2]。陈寅恪认为:"若骑射并论,自必师法胡人,改畜胡种之马,且任胡人血统之人主持牧政。此必然之理,必致之势。"[3]马与唐人的身份、地位相联系,与唐人的生活密不可分,因此在创作中加入了理想主义色彩,追求俊美而又华丽,有的马俯首静立,有的引颈嘶鸣,有的举足待发,有的安步徐行(图 7-25)。

[1]《资治通鉴》卷二一三"玄宗开元十五年"条,6779 页。

[2] 罗丰:《固原南郊隋唐墓地》,文物出版社,1996 年。

[3] 陈寅恪:《论唐代之蕃将与府兵》,《中山大学学报》1957 年 1 期。

图7-26　墓葬中出土驮物骆驼俑

1. 洛阳关林唐墓出土　2、3. 郑仁泰墓出土

　　骆驼是克服沙漠戈壁艰难困苦的重要交通工具，中西交通繁荣的唐代对骆驼的塑造也达到了顶峰。唐墓随葬品中的骆驼，有的驮载丝绸，悬挂山羊、野雉、兔子、水壶等(图7-26)，可以看作是"丝绸之路"的象征。墓葬中还发现有载乐骆驼俑，其中一件骆驼上载五人，另一件上载八人，这是"源于生活、高于生活"的艺术作品(图7-27)。一些劲健肥壮的骏马和昂扬坚毅的骆驼还与胡人俑搭配，成为一种特殊的组合(图7-28)。这种搭配更是"丝绸之路"上生活的缩影。

　　胡人俑是唐代的一大特色，仅李宪墓就出土胡人俑34件，有的戴幞头，有的戴尖顶帽，有的头发两侧分梳，至耳畔及后颈处向上翻卷，有的有棕红色卷发。胡人

1   2

3

图 7－27 墓葬中出土载乐骆驼俑

1、3. 西安中堡村唐墓出土
2. 鲜于庭诲墓出土

1　　　　　　　　　　　　　2

图 7 - 28　胡人牵马(驼)俑

1. 契苾明墓出土　2. 西安中堡村唐墓出土

俑大致为深眼、突鹰钩鼻、大胡须、高颧骨、卷发或披发,头戴尖顶帽、折沿高顶帽或平顶帽,穿翻领衣、左衽衣、窄袖衣等,外貌和服饰与东方人的形象相距甚大。虽然很难确切考定是否为回鹘、波斯、粟特、大食、东罗马、南亚人等(图 7 - 29),但面目轮廓与中原人不同,表示他们来自不同的国家和地区。胡人俑绝大多数是男性,但金乡县主墓出土的一批女俑中[1],有相貌奇丽者,略有"深目高鼻"甚至妖冶的面容,恰如李白诗"胡姬貌如花,当炉笑春风"[2]的形象,将这些女俑比拟为来自异域、在长安酒肆中给人带来欢乐的"胡姬"应该不成问题(图 7 - 30)。这些男女胡人也是文化的传播者,他们极大地影响了唐人的生活。

　　歌舞表演、杂技戏弄乃至生活小景也为唐俑所表现。西安郑仁泰墓、洛阳岑夫人墓都出土过成组的歌舞俑,应该是官宦之家日常生活的侧影。吐鲁番阿斯塔那 206 号张雄及妻合葬墓出土舞乐戏弄俑,俑高约 5 厘米,小巧精致(图 7 - 31),与

[1] 西安市文物保护考古所 王自力、孙福喜:《唐金乡县主墓》,文物出版社,2002 年。
[2] 李白:《前有一樽酒行二首》,《全唐诗》卷一六二。

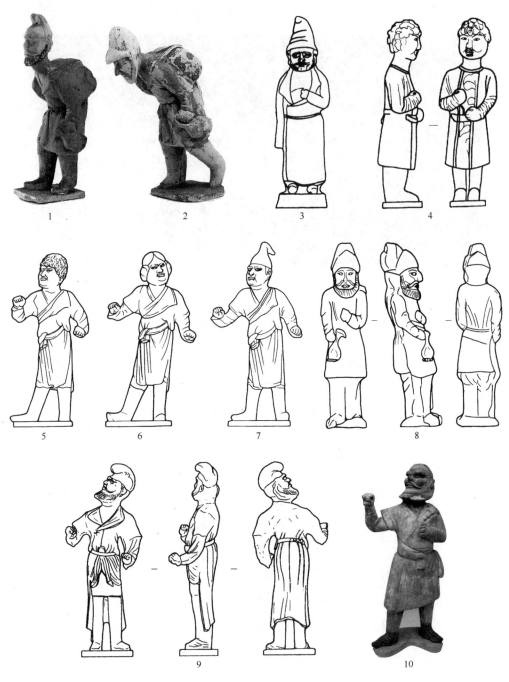

图 7-29 唐墓出土胡人俑

1、2. 大英博物馆藏   3. 巩义唐墓出土   4. 洛阳关林唐墓 M1305 出土
5、6、7. 李宪墓出土   8. 洛阳唐墓出土   9. 西安唐墓 M31 出土   10. 山西襄垣唐墓出土

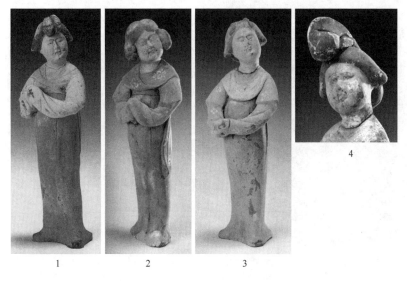

图 7 - 30　金乡县主墓出土胡姬俑

图 7 - 31　吐鲁番唐墓出土舞乐戏弄俑

图7-32　鲜于庭诲墓出土绿衣俑

唐罗隐在《木偶人》"雕木为戏,丹腹之,衣服之"[1]的记载相合。唐戏弄是歌舞杂技外的一种戏剧性表演,其内部有分类和科目。鲜于庭诲墓所出绿衣俑,被考证为戏弄中的参军戏。参军戏有两个固定角色,一为参军,一为苍鹘,皆穿绿衣,表演时多注重表情,鲜于庭诲墓出土的这两件面目表情生动的绿衣俑与此正合[2](图7-32)。

唐代丧葬中,用傀儡表演歌舞是流行的习俗,段成式《酉阳杂俎》前集十三:"世人死者作伎乐,名为乐丧。"[3]杜佑《通典·散乐》:"作偶人以戏,善歌舞,本丧乐也。"[4]丧葬用的傀儡,不仅是死人在另一个世界享乐的象征,也用在送葬时的表演中,以便大肆炫耀。

有些娱乐俑的塑造未必与丧葬制度直接有关,他们可能表现的是现实生活,西枣园唐墓、插秧村唐墓、十里铺唐墓都出土有这类俑。西安南郊唐墓出土的三彩杂技俑[5],力士头顶6个童子展现惊险动作,而最上面的童子竟然作出高空撒尿状,完全是一种童趣的描写(图7-33)。西安唐金乡县主墓出土8件杂技俑,表演内容比较明确的有倒立、戴竿、戏弄和侏儒说唱。戴竿俑还曾在吐鲁番阿斯塔那武周时期的336号墓出土。西安地区还出土了表现包裹婴儿、童子洗澡等生活小景的唐俑[6](图7-34)。

[1]《全唐文》卷八九六,4148页。

[2]田进:《唐戏弄俑》,《文物》1959年8期。

[3]《酉阳杂俎》前集卷一三《尸穸》,123页。

[4]《通典》卷一四六《乐·散乐》,1966页。

[5]西安市文物保护研究所:《西安南郊唐墓(M31)发掘简报》,《文物》2004年1期。

[6]陕西省博物馆:《隋唐文化》,(香港)学林出版社,1990年,118、119页。

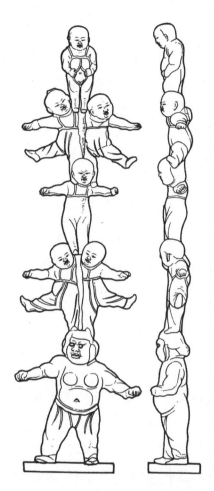

图 7-33　西安南郊 M31 出土陶俑

图 7-34　西安唐墓出土陶俑

俑在考古学上主要分作辟邪压胜俑、仪仗俑和家内仆侍俑,具体内容极为丰富。由于追求"似于生人",唐代丰富多彩的生活都在俑中加以表现,可以说考古在地下发现了唐人的世界。俑千姿百态,是唐代崇尚意趣的美学追求的载体,也是时代精神的艺术体现。俑既是对生活的赞颂,也传达出了社会习俗的信息。

三、女俑与女性生活

经过文人、史家记录的唐代女性生活,有一定的虚假性。那些经过夸张、润色的女性形象,容易阻隔人们对她们真实生活的了解,因此一些不准确、不具备代表性,甚至模糊而神秘的记载,给研究唐代女性生活造成了阻碍。即便是真实的记录,因缺乏直观性,无法给人更多的视觉上的认识。

唐代建立庞大帝国的同时,还留下了一个地下王国——唐代陵墓。这个地下王国同样富丽豪华,其中作为陪葬的人俑数量众多、内容丰富。各地发掘的唐代墓葬中,随葬有千姿百态的女性形象和表现女性生活场景的遗物,为多角度研究唐代女性提供了新天地。

中国墓葬中随葬俑最盛期在唐代,给人留下最深印象的恰恰是那些女俑。为什么要用她们随葬?她们随葬在什么人的墓里?她们以什么身份随葬?人们将女俑作为艺术品来欣赏时,常常忽视了这些深层次问题。考古报告中提到的女俑,有准确的出土地点、时代和组合关系,可以分地区、按时代、依群体来考察唐代女性生活,许多历史真实也许能从这些方面得到正确的解释。

1. 女俑的身份与变化

《旧唐书·舆服志》载:"太极元年,左司郎中唐绍上疏曰:……孔子曰:明器者,备物而不可用,以刍灵者善,为俑者不仁。传曰:俑者,谓有面目机发,似于生人也。"这既是唐人对俑的理解,也是中国古老的观念。俑是中国古代坟墓中陪葬用的偶人,形象与真人不异。

8世纪中叶以前的唐朝大、中型墓几乎都随葬有俑,女俑又必不可少,而且数量多少、种类差异与墓主人的地位有直接联系。俑首先表达的是礼仪制度。永泰公主李仙蕙墓是目前发掘最大的唐墓之一[1]，为双室砖墓，有长斜坡墓道和8个小龛，距墓道口的4个龛放置俑，共878件，分陶、木两种材质。比较清楚地可以看到有陶女骑马俑76件、陶女立俑100件、三彩女骑马俑3件、三彩女立俑6件。还有一些置于墓室中。与永泰公主身份相似、墓葬规模略同的懿德太子李重润墓、章怀太子李贤墓也分别出土了许多女俑[2]。级别略低一些，身兼右武卫、右卫、右领军卫三大将军职衔的郑仁泰墓出土彩绘釉陶俑466件，其中有女立俑55件、女坐俑1件、女跪坐乐俑14件、女舞俑2件、女骑马俑36件[3]。身份再低一些的唐光州定城县令柳凯墓出土女俑38件[4]。女俑数量的多少与墓主的等级成正比。

从一个家族的墓葬中也可以看出随葬俑与身份有关。洛阳偃师杏园发掘了李嗣本、李延祯父子墓。李嗣本墓中出土女骑马俑6件、女侍俑22件；李延祯墓内随葬女侍俑11件[5]。李嗣本是李延祯之父，后代因归祖茔而在同一时间改葬。李嗣本为砖室墓，李延祯为土洞墓，这不是因父子关系导致的差异，而是李嗣本为宁州录事参军，李延祯生前无官职所导致，故李嗣本墓比李延祯多出女侍俑11件、女骑马俑6件。

以上只是众多墓葬中的简单举例，大量墓葬中随葬俑的数量、种类都与墓主生前的地位有关，而女俑的多少、类别与表达身份更是密切相关。在考古发现时由于墓葬被破坏，俑的数量与当时有差距，但以大量墓葬为基础，统计俑的数量仍有意义[6]。

为什么从皇族到普通官吏的墓中都随葬有女俑？这应该与唐代制度有关。唐令规定，贵族五品以上有媵妾。"媵"在春秋时代是随嫁的女子，通常是侄娣，虽非

[1] 陕西省文物管理委员会：《唐永泰公主墓发掘简报》，《文物》1964年1期。
[2] 陕西省博物馆、乾县文教局唐墓发掘组：《唐懿德太子墓发掘简报》，《文物》1972年7期；陕西省博物馆、乾县文教局唐墓发掘组：《唐章怀太子墓发掘简报》，《文物》1972年7期。
[3] 陕西省博物馆、礼泉县文教局唐墓发掘组：《唐郑仁泰墓发掘简报》，《文物》1972年7期。
[4] 洛阳市第二文物工作队、偃师县文物管理委员会：《河南偃师唐柳凯墓》，《文物》1992年12期。
[5] 中国社会科学院考古研究所：《偃师杏园唐墓》，科学出版社，2001年。
[6] 齐东方：《试论西安地区唐代墓葬的等级制度》，《纪念北京大学考古专业三十周年论文集》，文物出版社，1990年。

正妻,但有一定的地位,与妾不同。唐代一品官可以拥有媵十人,她们的身份为视从六品;二品有媵八人,视正七品;三品及国公媵六人,视从七品;四品媵四人,视正八品;五品媵三人,视从八品[1]。既然是制度规定,高级贵族一般都应如此。在贵族家庭中,还有大批奴婢类的女侍。由于个人的品行、爱好不同,有的贵族家庭拥有的女性的数量远不止如此,文献中能见到的高级贵族之家的奴婢、女伎达十数人、数十人,有的甚至达上百人、几百人。既然有制度规定,为了人们在死后下葬时遵循礼制,也为了表示身份,就要制作女俑放入墓室,来标明自己的地位。墓葬中有无女俑随葬,成了身份的标志,就连宦官墓也如此。无官职的富贵之人死后,也可用少量的女俑随葬。

唐以前社会也存在贵族养妾、养家庭女乐的现象,俑的出现也不始于唐朝,为什么到唐代特别兴盛? 大概是因为从汉至北朝,俑主要出现在墓主地位较高的墓中,内容突出仪仗;到唐代,俑开始普及,除了对传统的继承外,种类日趋丰富,丧葬礼仪中几乎成了必不可少的随葬品。同时唐廷对不同身份可用多少数量、内容、尺寸的俑随葬做出了规定。《唐六典》在谈到墓中随葬的明器时说:"当圹、当野、祖明、地轴、鞦马、偶人,其高各一尺,其余音声队与童仆之属,威仪、服玩,各视生之品秩所有,以瓦、木为之,其长率七寸。"

按照目前考古报告的叙述,俑大致分仪仗俑和生活俑两大类。"音声队"与"童仆"大概可以比拟成仪仗俑和生活俑,其中都有女俑。考古学虽然没有对唐俑做更严格的分类,但女俑分别表现的是侍奉、游乐、歌舞、厨事等活动,是可以区分的。不同形象和内容的俑在墓内摆放时在空间上试图再现人间生活。

唐俑中几乎没有表现墓主人的形象者,也不刻意表现特有的人物,女俑也只是具有象征意义或表示某种身份。李贤墓中的陶俑分为大、中、小型[2]。大型女俑38件,通高多在73—80厘米之间,中型女俑4件,通高44—45厘米。大小形象也表现出她们象征的不同身份,前者似乎为贵妇,后者似为侍者。西安紫薇田园都市工地唐

---

[1]《唐六典》卷二"司封郎中"条,37—38页。

[2] 陕西省考古研究所:《唐李宪墓发掘报告》,科学出版社,2005年。

墓，未被盗掘，随葬器物41件，包括陶俑29件，其中有仕女俑2件、侍女俑6件。仕女俑形象较华贵，有1件发髻上还贴有真发（图7-35）。另6件侍女俑，从着装上看身份较低[1]。

俑有身份高低之分，制作上也有大小之别。如果仔细观察女俑的服饰、姿态、形象，从身份上大约可分为贵妇、伎乐、侍从、奴婢。从年龄上看，贵妇年龄较大，伎乐、侍从、奴婢年龄较小。

图7-35　西安紫薇唐墓M60出土仕女俑

所谓"贵妇"是个不准确的名称，是指那些穿着入时、表情矜持的女俑，显然这些女俑有某种较高的地位，在墓葬中数量不多，最可能表现媵妾之类。唐前期这些女俑通常穿窄袖衣，下面着长裙，肩部有披帛。除了用服饰区别外，这类女俑的尺寸也比较大。鲜于庭诲墓出土4件[2]，中堡村唐墓出土9件，服饰略有差别，表情各具风采，神情娴雅，雍容华贵[3]（图7-36）。

伎乐属特殊人群。中国古代乐和倡、伎有关，倡也称作伎，指从事歌舞的乐工艺人。东汉许慎《说文解字》"倡，乐也"，"倡伎"二字由此而生。贵族豪富、文人雅士、官府军营都畜养伎乐。这些人是宾宴典礼、文人聚会、游山玩水时助兴的人。伎乐有男有女，西安市西郊开元二十七年（739）右卫大将军雁门郡开国公俾失十囊墓出土伎乐俑一组6件，均为头戴黑色软巾、身穿窄袖长袍的男性，坐地手执各种乐器，有琵琶、排箫、箫、答腊鼓和横笛等。但伎乐多为女性，她们的身份比较复杂，特别是在开放的唐代，她们可以与主人亲密厮守，也可能被主人像商品一样卖掉，

[1] 陕西省考古研究所：《西安紫薇田园都市工地唐墓清理简报》，《考古与文物》2006年1期。

[2] 中国社会科学院考古研究所：《唐长安城郊隋唐墓》，文物出版社，1980年。

[3] 陕西省文物管理委员会：《西安西郊中堡村唐墓清理简报》，《考古》1960年3期。

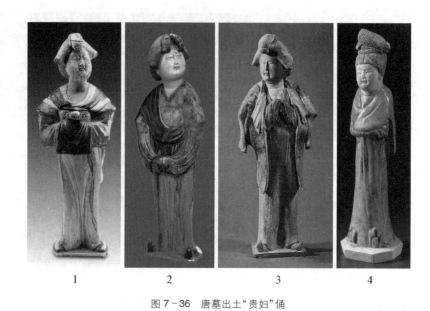

图7-36 唐墓出土"贵妇"俑

1. 西安南郊 M31 出土 2. 中堡村唐墓出土 3. 鲜于庭诲墓出土 4. 永泰公主墓出土

实际是被赞美和被玩弄的双重存在[1]。歌舞伎乐俑一般出于等级较高的墓中，《唐会要》载：神龙二年"九月，敕三品已上，听有女乐一部，五品已上，女乐不过三人，皆不得有钟磬"。现实生活中规定了贵族们可以拥有女乐，墓葬中乐伎俑的数量也依等级高低递减。郑仁泰的官职为右武卫大将军（正三品）、凉州刺史（正四品上）、上柱国（正二品）、同安郡开国公（正二品），墓中有成组的歌舞俑，女舞俑 2 件，梳双髻，身着广袖曳裙，扬袖摆腰，舞姿柔缓顺畅；女跪坐俑 14 件，梳单螺髻或双螺髻，手执乐器，分别吹排箫、弹琵琶、奏古筝、演奏笙、吹大筚篥、吹小筚篥或吹竖笛，属坐部伎（图 7-38）。唐金乡县主墓出土骑马女乐俑，乐器有腰鼓、琵琶、箜篌、筚篥和钹[2]（图 7-37）。洛阳孟津武周大足元年（701）岑夫人墓出土 10 件伎

[1] 张祜《爱妾换马》："一面妖桃千里蹄，娇姿骏骨价应齐。"《全唐诗》卷二六。李白《襄阳歌》："千金骏马换小妾，笑坐雕鞍歌落梅。"《全唐诗》卷一六六。
[2] 西安市文物保护考古所 王自力、孙福喜：《唐金乡县主墓》，文物出版社，2002 年。

图 7 - 37　金乡县主墓出土骑马女乐俑

图 7 - 39　洛阳孟津岑氏墓出土伎乐俑

图 7 - 38　郑仁泰墓出土歌舞俑

乐俑,其中女乐俑6件、女舞俑4件,属贵族家庭乐队[1](图7-39)。岑氏为官宦之家,其父岑文昭为唐秘书省校书郎、太宗朝岑文本之弟。万县和长沙的官位相对较低的墓中分别出土乐俑4件和5件;河北沧州唐墓墓主人身份不明,疑为中下级官吏,出土乐舞俑5件。

　　乐伎俑有时制作得十分华丽,特色突出,陕西长武总章元年(668)张臣合墓出土盛装的"环髻女俑"2件(图7-40),报告描述:"头绾双环望仙髻,面目丰满圆润,粉面朱唇,颈佩串饰,半袒胸,细腰。衣宽袖衫,肩着翘角披肩,下着曳地长裙,套裙两侧饰有飘带,履头颇高。双手于胸前相对,食指上指。高39.8厘米。"[2]这种罕见的样式,以前只在国外博物馆的旧藏中见到,日常生活中的女性无论怎样装饰打扮,都很难出现如此复杂的装束。这两件女俑头绾双环奇特夸张,套裙下摆做成旗帜样的尖状,细袖而袖口肥大,颈部还佩戴串饰。俑双手食指向上指,与生活中

图7-40　张臣合墓出土盛装"环髻女俑"　　　图7-41　吐鲁番唐墓出土盛装女俑

[1] 310国道孟津考古队:《洛阳孟津西山头唐墓》,《文物》1992年3期;刘海旺:《孟津唐岑氏夫人墓墓志及伎乐俑研究》,《华夏考古》1993年2期。
[2] 长武县博物馆:《陕西长武郭村唐墓》,《文物》2004年2期。

经常出现的拱手等不同，像是一个特殊的动作，配以细腰上束、裙带飘舞的姿态，或可称之为戏装俑。这样的俑在吐鲁番唐墓也曾发现，由于身穿（或装饰）真实的织物衣服，更为华丽，而且从面部妆容来看，更像是"演员"（图7-41）。

　　宫廷和贵族私人配备舞乐伎人，在中国历史悠久，如西晋豪族石崇有女乐伎几十人，在宴饮中进行表演。北朝的高聪"有妓十余人，有子无子皆注籍为妾，以悦其情"[1]。唐代中央太常寺下属大乐署、鼓吹署等，机构庞大[2]。除了直属宫廷，长安还有"太常梨园别教院"，洛阳有"梨园新院"，培养了大量音乐、舞蹈人才。此外各地方军、政机构及民间又有宫伎、官伎、营伎、家伎。养伎乐姬妾已形成风习，人们死后下葬的明器中就会放入之，以炫耀身份；下级官吏虽无官给女乐，却可以私养，因此偶尔也用这类女俑来随葬。

　　侍从与奴婢身份虽然同样卑微，却有一定的区别。侍从贴身服侍主人，随主人的身份而高贵，往往打扮入时，表情却比较谦恭，以随从的模样出现（图7-42）。柳凯墓出土的女俑，如果根据发式划分，单刀半翻髻16件、双髻9件、高髻6件、螺髻2件，其意在区别身份。奴婢属于杂役之类，多从事厨事等粗糙繁重的劳作活动，吐鲁番阿斯塔那出土一组泥塑彩绘厨事活动俑，有擀面、推磨，制饼、舂米等[3]（图7-43）。这类俑并不注重身份的认定，构拟的情景意在反映女性生活，带有赞美的意味，因此在表示奴婢类的劳役俑、侍奉俑时，也常常面带笑容，充满活力和美感，有意淡化身份。如果跨时代进行比较：汉代卑微谦恭，唐代轻松活泼，宋代拘谨严肃，不同风格一望即知（图7-44）。唐代女俑形象总体特征的形成，与唐代女性比较开放，并非都是受压迫、受欺辱的对象的文化大背景相关。

　　不同时期的女俑有不同的种类组合和造型变化。唐初普通女俑一般身材修长，比例适当，面部清秀、消瘦。头部发髻挽起，多平矮。流行窄狭的服装款式，似

---

[1]《北史》卷四〇《高聪传》，1479页。

[2]《新唐书》卷二二《礼乐志》载："唐之盛时，凡乐人、音声人、太常杂户子弟，隶太常及鼓吹署，皆番上，总号音声人，至数万人。"477页。

[3] 新疆维吾尔自治区博物馆：《新疆出土文物》，文物出版社，1975年，图119、120。

图 7-42　唐墓出土侍从俑

1. 巩义唐墓出土　2. 西安唐墓出土　3. 凤翔唐墓出土

图 7-43　吐鲁番阿斯塔那出土厨事活动俑

贴在身上显出身材,给人一种俏丽修长的感觉(图 7-45)。7 世纪中叶以后发髻逐渐向高发展,样式多变(图 7-46)。8 世纪初是修长类型的女俑最后可见阶段,接下去就很难见到这种女俑了。8 世纪取而代之的是身材丰颐、服饰宽大的女俑(图 7-47)。西安西郊鲜于庭诲墓和中堡村唐墓女俑几乎都是圆脸颊,不太高的

图 7-44　汉、唐、宋代女俑

1. 汉代　2. 唐代　3. 宋代

图 7-45　唐初女俑　　　　图 7-46　7世纪中叶—8世纪初女俑

图 7-47 8 世纪女俑

李宪墓出土

鼻子,向前抛环的髻,可用雍容富贵来形容。比起开元时期的丰满,天宝时则略显臃肿,反映了当时人们审美观的变化(图 7-48)。8世纪中叶到 8 世纪末,胸俑大量发现,即只有头部和上身,看似简单,实际上原来外表披挂有丝织品制成的衣服,原来当更为华丽。高腰长裙的装束也逐渐变为宽松摇曳的衣衫,这一变化甚至引起了朝廷的关注,太和六年(832)唐廷规定:"又袍袄衫等,曳地不得长二寸已上,衣袖不得广一尺三寸已上,妇人制裙,不得阔五幅已上,裙条曳地,不得长三寸已上,襦袖等不得广一尺五寸已上。"[1]从陶

图 7-48 天宝时期女俑

1. 西安高楼村唐墓出土　2. 西安郭杜中纬村唐墓出土　3、4. 西安韩森寨唐墓出土

[1]《唐会要》卷三一《舆服上》。

俑和石刻壁画来看,这一强行规定并未见效。

2. 女俑与社会时尚

女性是审美时尚的引导者和展示者,她们的行为和装束常常敏感地反映着社会的变化。墓葬中的女俑是现实生活的写照,因而传递出许多真实的历史信息。

唐代女子的服饰,主要为襦、裙、帔的搭配。上身的衫又叫襦,是紧身、半袖、领口宽的短上衣。还有袄,长于襦而短于袍,有窄袖与长袖两类。下身为裙,曳地宽幅长摆。帔也叫披帛,可绕臂垂曳,行走时随风飘动(图7-49)。

唐代前期流行紧身窄小的服装款式,所谓"红衫窄裹小撷臂,绿袜帖乱细缠腰"[1],便是紧身上衣。太宗徐贤妃《赋得北方有佳人》也有"纤腰宜宝袜,红衫艳织成"[2],也形象地描绘了当时的女性形象。裙子流行高腰或束胸、贴臀、宽摆齐地的样式,显出身材的挺拔和人体结构的曲线美。这种长裙,被形容为"坐时衣带萦纤草,行即裙裾扫落梅"[3]。帔披在肩上,搭法多样,看似装饰,实为缓和紧身上襦、高腰长裙带来的挺拔之感,表现出一种富丽潇洒的优美风度(图7-50)。

唐前期人们喜爱窄狭的服装,突出苗条优雅的风格,这或许有两个原因,一是六朝艺术中称之为"丰肌秀骨"的传统得到了继承。另一是胡服给女性服装带来了冲击。因胡风盛行,唐初女装以衣裙窄小为时髦,女性装束中的半臂为短袖上衣,不穿半臂就显得不随俗。这一现象一直持续到8世纪前半。《安禄山事迹》说到天宝初年,"妇人则簪步摇,衩衣之制度,衿袖窄小"[4]。

8世纪中叶以后变化较大,人物向丰腴型发展,西安市东郊韩森寨红旗电机厂唐墓出土17件仕女俑,最高86厘米,最低也有71厘米,体态丰盈,姿态各异,宽袍大袖,气质独特(图7-51)。与之相称,服式越来越肥,头上还戴假发,梳高大的发髻,插很多金钗、银篦、金步摇之类的头饰,反映出一股豪华侈靡的社会风尚。9世纪

---

[1] 张鷟:《游仙窟》。
[2] 徐贤妃:《赋得北方有佳人》,《全唐诗》卷五。
[3] 孟浩然:《春情》,《全唐诗》卷一六〇。
[4]《安禄山事迹》卷下。

图 7 - 49　唐代女性服装

图 7 - 50　唐代女性服装

由于流行宽松的衣服，元稹《寄乐天书》说："近世妇人……衣服修广之度及匹配色泽，尤剧怪艳。"白居易《和梦游春诗一百韵》描写元和时期的服装是"风流薄梳洗，时世宽装束"。女子衣裙宽大，竟被诗人形容为"裙拖六幅湘江水，鬓挽巫山一段云"[1]。服装反映社会风气，因此引起了官员对裙长和袖宽尺度标准的建议："开成四年二月。淮南观察使李德裕奏。臣管内妇人。衣袖先阔四尺。今令阔一尺五寸。裙先曳地四五寸。今令减五寸。从之。"[2]

图 7-51
唐代女性服装

唐代女子好着色彩浓艳之裙，如红色石榴裙。从初唐到晚唐，诗人们都在吟咏，武则天《如意娘》"开箱验取石榴裙"[3]，万楚《五月五日观妓》"红裙妒杀石榴花"[4]，阎选《虞美人》"石榴裙染象纱轻，转娉婷"[5]"迎风帔子郁金香，照日裙裾石榴色"[6]。安乐公主用百鸟毛织成的毛裙，贵族女性争相效仿；杨贵妃喜欢黄裙，也成为时人模仿的对象。

女性的时尚要以生活富足为基础，愈益华丽也是经济繁荣的表现。用五彩缤纷、千变万化的织物，可以制作出美丽的服装，满足为美增色的需求和渴望。丰富多彩的女性生活也促进了手工业和商业的发展。唐前期流行条纹裙（图 7-52），条纹裙不光是漂亮的时装，也与当时织物的幅宽、质料有关。当织物较窄时，不得不将多幅布帛拼接在一起，为

图 7-52　着条纹裙女俑

---

[1] 李群玉：《同郑相并歌姬小饮戏赠（一作杜丞相悰筵中赠美人）》，《全唐诗》卷五六九。
[2] 《唐会要》卷三一《舆服上》。
[3] 武则天：《如意娘》，《全唐诗》卷五。
[4] 万楚：《五日观妓》，《全唐诗》卷一四五。
[5] 阎选：《虞美人》，《全唐诗》卷八九七。
[6] 《又赠十娘》，《全唐诗》逸卷下《游仙窟诗》。

美观,则用多种颜色的布帛拼接。盛唐以后,布帛织造发生变化,幅面增宽,条纹裙才逐渐减少,面料本身就可以呈现出华美浓艳的纹样[1]。一些女俑裙上贴塑

图7-53　西安王家坟唐墓
　　　　M90 出土女俑

出花纹,大概要表现织锦和刺绣的质地(图7-53)。织物中绸、纱、绫、罗生产技术的进步,使特殊的面料达到了"细细轻裙全漏影,离离薄扇诣障尘"的效果。

　　唐人恪守俑要"面目机发,似于生人"的古老观念,制作出的陪葬偶人,必然追求与生人的相似,俑的种类和特征直接与社会生活相联系。因此,女俑的每个细节的处理都显得十分重要。《大唐新语》在记载礼仪制度时涉及了一个关于女性服饰的有趣变化:

　　武德、贞观之代,宫人骑马者,依《周礼》旧仪,多着羃罗,虽发自戎夷,而全身障蔽。永徽之后,皆用帷帽施裙,到颈为浅露。……神龙之末,羃罗始绝。开元初,宫人马上始着胡帽,靓妆露面,士庶咸效之。

　　羃离原本遮掩全身,女性出门时必须穿戴,目的是不让人窥视[2]。这很难用俑来表现,但出现在了吐鲁番出土的唐代绢画中[3](图7-54)。很快流行戴帷帽,即在帽上垂网至颈。抛弃羃离戴帷帽,其效果是"到颈为浅露"。吐鲁番阿斯塔那222号墓和187号墓各出土1件骑马女俑(图7-55),是戴帷帽的俑最好的实例。前者头上帷帽用泥塑出,再涂上醒目的黑彩;后者用网罩表示,更为真实[4]。两墓的年代约属7世纪后半。这种前所未见的装束,必定是当时受到青睐的款式。到了神龙年间的8世纪初,完成了由羃离到帷帽的转变,再到十来年后的开元初,

[1]　孙机:《唐代妇女的服装与化妆》,《中国古舆服论丛》,文物出版社,1993年。
[2]　唐初李密反叛时,曾挑选几十名精壮武士,穿女性装,"戴羃离、藏刀裙下",可见羃离能把兵器隐藏起来。
[3]　东野治之:《传トルファン出土树下美人图について》,《佛教艺术》第108号,1976年。
[4]　陕西省博物馆:《隋唐文化》,(香港)学林出版社,1990年,192页,图16、17。

图7-54　吐鲁番唐墓出土女俑　　图7-55　吐鲁番唐墓出土女俑　　图7-56　咸阳唐墓出土女俑

又兴起戴胡帽，面部全都露出（图7-56）。这些形象在出土女俑中真实地展现了出来。

　　幂离到胡帽这一变化，表面上是女性服饰样式的翻新，可更深层次上是社会时尚和观念的变化。古人早有"女为悦己者容"的说法，当"悦己者"意识在女性心中日趋凸显时，女性会更看重能否显示自己的美丽、风度，甚至会把"时尚"作为着装标准。从幂离到胡帽，开始时人们无法接受，连帝王都感到厌恶恼怒，唐高宗甚至于咸亨二年（671）颁布诏令："百官家口，咸预士流，至于衢路之间，岂可全无障蔽？比来多着帷帽，遂弃幂离，曾不乘车，别坐檐子。递相仿效，浸成风俗，过为轻率，深失礼容。"[1]由幂离变为帷帽，被皇帝斥为轻佻失礼。然而，即使皇帝亲自下诏，也没能改变这一潮流，不受传统束缚的观念取得了胜利。女性靓妆露面逐渐被社会广泛接受，帝王的观念也在慢慢发生改变。唐玄宗在开元十九年（731）重下一道诏

[1]《旧唐书》卷四五《舆服志》。

图 7 - 57　唐代女性骑马俑

令:"妇人服饰……帽子皆大露面,不得有掩蔽。"[1]时间相隔60年,两位皇帝的观念完全相反,由坚决反对到大力提倡,还矫枉过直地要求"不得有掩蔽"。只有得到当时人们的认可,所谓的"奇装异服"才能得到流行,奇装异服的背后传达出了唐代的风俗信息。

---

[1]《唐会要》卷三一《舆服上》。

女性骑马是唐俑中的一大特色(图 7－57)，这不是普通的风俗衍变。《晋书·舆服志》载："古之贵者不乘牛车……其后稍见贵之。自灵、献以来，天子至士遂以为常乘。"[1]晋到唐初，有身份地位的人正式出行要乘坐牛车。后唐代身份高贵的人出行逐渐骑马，敢于追求的唐代女性自然也去模仿，传世绘画作品张暄《虢国夫人游春图》描绘了春风得意的虢国夫人与女眷、宫人骑着华丽的鞍马出行游玩的情景，这种女子露髻驰骋被认为是开元年间的新气象。但考古发现唐睿宗时豆卢氏墓后甬道绘有女性骑马出游的场景，而在陶俑中则出现更早，景龙三年(709)地位不高的李嗣本墓就有双环发髻和戴帽女性骑马击球，这是其他时代不可想象的事物。那些头上露出发髻、穿着紧身窄袖衣服的女子，英武而不失温婉。《旧唐书·舆服志》记载，开元初女性"露髻驰骋，或有着丈夫衣服靴衫，而尊卑内外，斯一惯矣"[2]。新奇而大胆的女子骑马击球是社会风尚的改变，暗示出唐代妇女享受的行动自由和社交自由。

3. 胡汉文化的交融

唐代开国皇帝李氏家族有胡人血统，他们不仅有剽悍的性格和健硕的体魄，也不拘泥于传统，眼界开阔，意识开放，自然会引导世风变化。唐朝的女性"既不在公庭，而风俗奢靡，不依格令，绮罗锦绣，随所好尚。上自宫掖，下至匹庶，递相仿效，贵贱无别"[3]。这段记载出现在正史中，表面上是谴责女性追逐奢靡，实也透露了社会时尚。

从女俑中可以看到，唐代女服的衣领有圆领、斜领、直领和鸡心领等(图 7－58)，这种领口低、露肌、袒胸的形象，在永泰公主墓壁画、懿德太子墓石刻上都有出现。西安王家坟村 90 号墓出土的一尊三彩女坐像，发髻高高挽起，圆形脸庞略带微笑，双手略举，胸部半露，美丽端庄(图 7－59)。中国古代造型艺术中缺乏对人体线条之美的追求，袒胸、露肌以取悦于人，很符合希腊艺术的观念，在唐

---

[1]《晋书》卷二五《舆服志》。
[2]《旧唐书》卷四五《舆服志》，1957 页。
[3]《旧唐书》卷四五《舆服志》，1957 页。

代所塑造的女性形象中,束腰长裙也似乎和荷马史诗中的"高系腰带"不谋而合,虽然很难说成这是希腊艺术的直接影响,但唐朝时丝绸之路通畅,伴随着西方各国和各民族的人的大量到来,希腊罗马波及整个西亚和中亚的人物形象会传入唐朝。事实上,长安城中定居着很多西方人,特别是服务行业中有由胡姬服务的酒馆,他们会将异域的审美倾向带给大众。此外北朝至唐胡汉文化杂糅,"唐源流出于夷狄,故闺门失礼之事,不以为异"[1],甚至皇室文化也"渐染胡俗,名不雅驯"[2]。在此氛围下,唐人对人体美的关注与传统不同,一方面有如王昌龄《采莲曲》中"荷叶罗裙一色裁,芙蓉向脸两边开",歌颂身穿长摆曳地、色彩艳丽、质地轻薄罗裙的美貌,另一方面有对"长留白雪占胸前""胸前瑞雪灯斜照"的赞美[3],两者共同组成了女性风采靓丽的风景。

图 7-58　西安王家坟唐墓 M90 出土女俑　　　　图 7-59　唐代女性服装

　　男女生理不同,服饰有别,传统礼仪中男女服装不得掺杂、逾越,男子穿妇人服将被指斥为"妖服"。而敢于追求美的唐代妇女,所受束缚较少,身穿男装是时尚,

[1]《朱子语类》卷一三六《历代三》,3245 页。据统计,唐代公主再嫁者 23 人,三嫁者 4 人。
[2] 陈寅恪:《李唐氏族之推测后记》,《金明馆丛稿二编》,生活·读书·新知三联书店,2001 年。
[3] 施肩吾:《观美人》,《全唐诗》卷四九四;李群玉:《同郑相并歌姬小饮戏赠》,《全唐诗》卷五六九。

因而男装女俑成为女俑中的一大特色（图7－60）。这种男装女性，在汉魏传统中找不到渊源，也很难在唐代以外找到例证。文献记载，一次唐高宗和武则天举行家宴，太平公主一身男性装束，上穿紫衫，腰围玉带，头戴皂罗折上巾，身上佩戴着武官饰物，以男子仪态歌舞于帝后面前[1]。太平公主男装，或与她性格刚烈、不喜脂粉气有关，故以男装表威仪。

图7-60　唐代女性的胡服与男装

[1]《新唐书》卷三四《五行志》："太平公主紫衫、玉带、皂罗折上巾，具纷砺七事，歌舞于帝前，帝与武后笑曰：'女子不可为武官，何为此装束？'"878页。

图7-61　男装女俑

所谓男装女俑，蕴含有猎奇和追赶时髦的心理，最开始大概是女艺人为之，后来是宫中女性，然后是官人之妻，再后来流行于普通女性之中。其特征是足蹬靴，头戴幞头，多穿胡服，干练、俊俏，充满活力。山西万荣薛儆墓石椁线刻男装女性，比陶俑表现得更精细。她们穿翻领胡服，袒右肩，将袖子缠于腰际，露出内着半臂[1]。金乡县主墓出土男装女俑，上身着窄袖衫，罩半臂，外着中长袍并扎束于腰间，用双袖在腰前打结[2]。这是受异域之风影响的装束。着男子的靴衫露面(图7-61)，应是当时人抒发性情、寄托心志的一种方式，被开放的唐人接受，并用陶俑来反复塑造。

唐代女俑千姿百态，其形象被概括为热烈放姿、自信张扬，与汉代以来人们欣赏的窈窕淑女含蓄内向为美不同，这种"另类"的审美观，与唐初皇族具有胡人血统有关，与丝绸之路兴盛有关，与开放的思想观念有关。

（本文原名"唐俑艺术与社会生活"，载《乾陵文化研究》（一），三秦出版社，2005年；"浓妆淡抹总相宜——唐俑与妇女生活"，载邓小南主编《唐宋女性与社会》，上海辞书出版社，2003年；《唐俑与女性生活》，载《王宽诚教育基金会学术讲座汇编》，上海大学出版社，2007年。此次重刊略有修订。）

[1]　山西省考古研究所：《唐代薛儆墓发掘报告》，科学出版社，2000年，图版78。
[2]　西安市文物保护考古所 王自力、孙福喜：《唐金乡县主墓》，文物出版社，2002年。

8

吐谷浑余部

一、吐鲁番阿斯塔那 225 号墓出土的部分文书的研究

吐鲁番阿斯塔那 225 号墓出土的 25、38、33、28、26、29、27 号文书,均无首尾,残缺严重。根据残存的内容和上面所钤"豆卢军□□□之印",可知均为豆卢军牒,反映的是吐谷浑归降唐朝的情况,为研究吐谷浑的历史提供了新的资料。过去,由于资料的贫乏,对于吐谷浑灭国后的一些情况,难以进行深入的研究,许多问题悬而未决。这些出土文书开阔了人们的眼界,同时对过去一些难以理解的文献记载也有了新的认识。

本节通过研究这几份文书的年代、有关地理及内容,确定了它们为武则天晚期的官府文书,内容反映了吐谷浑灭国后,一部分在故地沦为吐蕃臣民的吐谷浑人归降唐朝、唐朝派兵马接应的重要历史事件。进而结合其他相关文书和文献,对吐谷浑灭国后的去向,特别是人数众多的"余部"[1]的去向,以及他们与吐蕃、唐朝的关系作了初步探讨。

1. 文书录文

(为了更好地反映史料原貌,录文以繁体字的形式呈现。)

四　武周豆卢军牒为吐谷浑归朝事—①,本件有"豆卢军□□□之印"②多处

(72TAM225∶25.38)

---

[1] 本文所用的"余部"一词,指的是吐谷浑灭国时没能随其可汗诺曷钵迁往内地的一部分,他们属于吐蕃统治下的吐谷浑人。

（一）

〔前缺〕

1 ▢褐▢落蕃亖（人）瓜州百姓弘▢③

2 六歲　一疋父五▢草九歲　　▢

3

4 ▢胡禄④一　　▢鞍（下残）

5 ▢究（玖）拾▢刀一口　　蕃书壹

6 ▢十乙（日）牒稱：得押領亖（人）吳▢

7 ▢接得前件渾及馬⑤謹將▢

8 ▢弘德欵稱弘德▢

9 ▢德常在吐渾可汗處⑥可汗▢

10 ▢州陳都督處⑦可汗語弘德▢

11 ▢眾人▢▢墨離川⑧總欲投漢來請▢

12 ▢接者郭知▢大配山南⑨▢令便往▢

13 ▢差兵馬速即▢應接仍共總管⑩▢

14 ▢計會勿失機便者此▢運便領兵馬▢

15 ▢至准狀⑪▢滿其所領兵▢

16 ▢令端等處降渾消息兵粮如少▢

17 ▢差子總管張令端⑫　　▢

〔后缺〕

（二）

〔前缺〕

1 ▢▢▢▢▢

2 ▢以狀牒上墨離▢⑬

3 ▢報并牒郭知⑭

〔后缺〕

五　武周豆卢军牒为吐谷浑归朝事二, 本件(二)有"豆卢军□□□之印"
(72TAM225：33.28)

(一)

〔前缺〕

1　□匦(月)□□□遣□□□

2　向瓜州陳都處可汗語弘□

3　及百姓可有十萬眾今□

〔后缺〕

(二)

〔前缺〕

1　□索節今向水源西頭⑮向□

2　□如令端處須兵事便□

3　□須兵部牒□

4　□□□

〔后缺〕

六　武周豆卢军牒为报吐谷浑后头消息事(72TAM225：26)

〔前缺〕

1　□□□□

2　□水草兵馬□

3　□□不見責□

4　□□列集所若□

5　□詣垂報者依□

6　□河至二乙(日)應□

7　□疋并送赴軍□

8　□東水源西水源⑮□

9 ☐ 差 兵馬往阿 ☐

10 ☐ 渾奉　敕 ☐

11 ☐ 總管勇冠三軍 ☐

12 ☐ 三 危 ⑯今者 同 爲此 ☐

13 ☐ 須獲良籌斯乃 累 ☐

14 ☐ 渾 使期處昨 ☐

15 ☐ 得 後頭息消 ☐

16 ☐ 彼軍差 ☐

〔后缺〕

七　武周豆卢军牒下诸营为傋人马熟粮事,本件有"豆卢军☐☐☐之印"二处 (72TAM225∶29.27)

〔前缺〕

1 ☐ 知 ☐

2 ☐ 不容寬嫚 ☐

3 ☐ 牒諸營其見在兵馬 ☐

4 ☐ 精銳叿備廿 ⑦ (日)粮 ☐

5 ☐ 時如有欠少必當科責 ☐

6 ☐ 百叿馬百疋并牒 建 ⑰ 　☐

7 ☐ 部領兵 ☐

〔后缺〕

1 廿五日府陰正牒

2 曹馬左☐

〔后缺〕

2. 文书录文注释

① 为了搞清文书的内容,首先必须确定它的年代。在这几份文书残卷中,出

现"𠀍"字4处,"㐌"字3处,"囝"字一处。《资治通鉴》卷二〇四"则天后天授元年"条:"十一月……凤阁侍郎河东宗秦客,改造'天''地'等十二字以献,丁亥,行之。"

"𠀍""㐌""囝",即武则天这次所改的"人""日""月"三字。新字的实行是在天授元年(690)十一月,因此,文书年代的上限当不早于天授元年。

文书又有"豆卢军□□□之印"多处。《唐会要》卷七八"节度使"条:"豆卢军,置在沙州,神龙元年九月置军。"《元和郡县图志》卷四〇《陇右道下》、《新唐书》卷四〇《地理志·沙州郡》注,也都记载是神龙元年或神龙初置军。如果只根据这些记载,那么文书的年代不会早于神龙元年(705)。但是,内藤乾吉《西域发现的唐代文书的研究》(见《西域文化の研究》)一文所引二八四〇号《大谷文书》,是《武周长安二年一二月豆卢军牒》,纪年明确,同时也使用了武则天新字,年代比神龙元年早三年。因此,豆卢军的出现至少是在武则天晚期。

阿斯塔那这几份有武则天新字和豆卢军印的文书,年代也不应晚于武则天统治的晚期。文书本身,也有助于年代问题的探讨。其中出现"郭知□""□运"的人名和"瓜州"等地名多处,按两《唐书》均有《郭知运传》。

《旧唐书》卷一〇三《郭知运传》:"郭知运,字逢时,瓜州常乐人(《新唐书》本传作"晋昌人"),壮勇善射,颇有胆略。初为秦州三度府果毅,以战功累除左骁卫中郎将、瀚海军经略使,又转检校伊州刺史,兼伊吾军使。"开元后,郭知运又多次领兵与突厥、吐蕃作战,官至左武卫大将军,开元九年(721)卒于军,终年55岁。《新唐书》本传的记载与此基本相同。

郭知运是瓜州人,一生主要活动在陇右道,从他的卒年向前推算,开元九年距武则天末年仅17年。他早年,即38岁以前的活动是在武则天时期。《赠凉州都督上柱国太原郡开国公郭公(知运)碑》(见《张说之文集》卷一七)云,郭知运做秦州三度府果毅后,"以败敌北庭,加游击将军,沙州龙勒府折冲"。和文书中郭知运的身份相当。因此,两《唐书》中的郭知运和文书中的郭知运,无论时间、地域还是官职都是一致的。如果两个郭知运是同一个人,则又为文书的年代提供了一条证据,即这几份文书的年代应定在武则天晚期。

② 豆卢军□□□之印

豆卢军前面说过,在武则天时便已出现。此印中"豆卢军"下面的三个缺字,据《武周长安二年一二月豆卢军牒》(《大谷文书》二八四〇号)上面钤"豆卢军兵马使之印"7处,因此这里豆卢军下面的三个字,似应作"兵马使"。

③ 瓜州百姓弘□

据后文,"弘"下应为"德"字。

④ 胡禄

《和名类聚抄》卷五《调度部·征战具·箙》条:"《周礼》注云:箙。音服,和名夜奈久比,唐令用胡禄二字。盛矢器也。"《新唐书》卷五〇《兵志》记载当时军人:"人具弓一,矢三十、胡禄、横刀、砺石、大觿、毡帽、毡装、行滕皆一。"《唐长安城郊隋唐墓》杨思勖墓中出土的四号石刻俑,是当时军人的具体形象,从中可以见到所佩带的胡禄等。

⑤ 接得前件浑及马

浑,即指吐谷浑。文书后面的"吐浑"同。

⑥ □□德常在吐浑可汗处

据前后文,"德"上当为"弘"字。

⑦ □□州陈都督处

据前后文,"州"前应为"向瓜"二字。

⑧ □□墨离川

墨离川显然是地名。作为地名出现的"墨离"二字,《旧唐书》卷一〇三《王忠嗣传》提到"又伐吐谷浑于墨离"。同样的字句,在《新唐书》卷一三三《王忠嗣传》、《册府元龟》卷三五八"将帅部立功"中也有记载。(按:《资治通鉴》卷二一五"玄宗天宝五载"条作"又讨吐谷浑于墨离军",征伐吐谷浑,应指吐谷浑所居之地。"墨离军"是唐代西北置军的名称,《资治通鉴》这句话难以读通,姑从两《唐书》及《册府元龟》之说。)"墨离"二字更多的是作为军镇的名称,即"墨离军"出现的。墨离军唐初便设置(见《唐会要》卷七八"节度使"条、《新唐书》卷五〇《兵志》),所置地点,据《新唐书》卷四〇《地理志》"瓜州晋昌郡"条注、《元和郡县图志》卷四〇

《陇右道下》"凉州"条注、《通典》卷一七二"墨离军"条注,都在瓜州或晋昌"西北千里"。但《元和郡县图志》云,瓜州州境"东西三百九十三里,南北六百八十四里"。如果墨离军在瓜州或晋昌"西北千里",则早已越出了瓜州的州境,这显然是不可能的。疑"千"字为"十"字的误写。严耕望《唐代凉州西通安西道驿程考》(见《中研院历史语言研究所集刊》第四十三本)也作了同样的推测,他又在补记中说:"顷检《唐会要》七八节度使目,'墨离军本是月支旧国,武德初置军焉。'或者,唐初就月支旧国置军在瓜州西北一千里,其后移就瓜州城,例以瓜州刺史兼充军使,《通典》《元和志》合先后事书之耳,不觉自歧也。"无论怎样,墨离军在瓜州西北这一点是无疑的。唐代戍边的军、守捉、城、镇等,常常以当地的地名命名,如天山有天山军(西州),黑水有黑水守捉(北庭都护府)等。墨离军也应与墨离川有关,位于瓜州西北。

⑨ 郭知□大配山南

据前后文,"知"下应为"运"字。郭知运在注①中已作考证,还需要进一步说明的是他的身份问题。参照文书"□□运便领兵马"等处,可知他是一个带兵打仗的军事首领。唐代军队有不同的系统,郭知运是属于哪一部分的呢? 文书残缺,不能直接看出收件单位或人,但 38 号残片却很值得注意:"□□以状牒上墨离□□□□□报并牒郭知(后缺)。"在一般牒文的处理程式中,判案之后,便将牒中事宜决定执行,然后由勾官勾稽,再进行抄目。在判案、执行、抄目的过程中,可见到执行者或官府的名称。"以状牒上墨离□□□"和"并牒郭知□□□"是分开来说的,这就透露出郭知运既不属豆卢军,也不是墨离军、瓜州都督府的军官,只能是另外一个军事系统的首领。郭知运一生中的主要事迹在开元以后,在此之前,两《唐书·郭知运传》在谈到他"初为秦州三度府果毅"直到"兼伊吾军使"一段,是十分含糊的,只知道他所任这些官职是在开元二年(714)之前,具体是什么时间便不得而知了,而且根本没提到他在瓜州任职的事情。但是,他最初担任的"秦州三度府果毅"为折冲府的官吏是无可怀疑的,唐代的府兵"成丁而入,六十出役"(《通典》卷二九"折冲府"条),郭知运既为府兵,便不会脱离折冲府。沙州是所谓"有军府州",两《唐书》虽未提到郭知运在瓜州做官,但《赠凉州都督上柱国太原郡开国公郭公(知运)碑》(见《张说之文集》卷一七)却有更详细的记载,其云:郭知运的祖先在汉时便是陇右的右族，"曾祖钦，瓜州大黄府统军、上柱国。……父师，朝散大夫、上柱国，赠伊州刺史"。郭知运因善战，"授昭武校尉，秦州三度府左果毅，以败敌北庭，加游击将军，沙州龙勒府折冲，兼右金吾郎将，瀚海军副使，以军累破虏，即授其州刺史，进当军经略使，朝廷以未惬前除，且有后命，迁本卫中郎将，仍旧为州军使"。可见郭知运是折冲府的官吏，碑文也明确指出他做过沙州龙勒府的折冲。唐代折冲府不受地方管辖，也不干预地方政权，但它和地方政权的关系却非常密切。"凡发府兵皆下符契，州刺史与折冲勘契乃发。"（《新唐书》卷五○《兵志》）军事调遣必须由州刺史和折冲共同执行。府兵的调遣掌握于兵部，又要有皇帝下敕书，这和文书后面见到的"奉敕""须兵部牒"正相吻合。因此，这里的郭知运应是作为沙州龙勒府的首领出现的。

下面还要说的是，"郭知运大配山南"的山是在哪里。我们从文书中看到，郭知运大配山南是调兵遣将的内容，所发生的地区大致在瓜、沙二州。瓜、沙二州是多碛沙、少水草的地区，兵马调集应按当时的驿路行军，参见注⑮，所走的大约是瓜、沙二州在天授二年（691）以后的唯一通路，即常乐经阶亭至州城的道路（见《沙州图经》）。在这条路上，《沙州图经》载有苦水流"至瓜州常乐县南山南"。郭知运大配山南之山，可能就是瓜州常乐县南山（详见注⑮）。

⑩　总管

《唐六典》卷五"兵部郎中"条："凡诸军镇每五百人置押官一人，一千人置子总管一人，五千人置总管一人。"又《旧唐书》卷三八《地理志》"河西节度使"条注："墨离军，……管兵五千人，马四百匹。"按唐朝制度，墨离军则应置总管一人。这里很可能指墨离军的总管。

⑪　▢至准状

按唐代文书的格式，"至"前应为"牒"字。

⑫　子总管张令端

《旧唐书》卷三八《地理志》"河西节度使"条注："豆卢军，……管兵四千三百人。"参照前引《唐六典》卷五"兵部郎中"条，豆卢军应置子总管。张令端可能是豆卢军的子总管。

⑬ ☐☐以状牒上墨离☐☐

在唐代牒文的格式中,以状牒上某某,或指官府,或指某人。此件为豆卢军牒, "墨离☐☐"为收件单位,故"墨离"下应为"军"字。

⑭ ☐☐报并牒郭知(后缺)

据前文,在残缺的后文中,第一字应是"运"字。

⑮ "今向水源西头"和"东水源、西水源"

此文书涉及的地区主要是瓜州和沙州,"今向水源西头"和"东水源、西水源"的水,也当在瓜、沙二州去寻求。文献载两州水道甚多,要确定这条水,须就本文书的内容加以考察。文书中提到这条水和调集兵马粮草联系在一起,应是一条和行军路线相关的水。"东水源、西水源"一语,又似乎道出了此水不仅是在瓜、沙二州境内,而且两源亦终于二州。这样,寻找这条水的范围就大大地缩小了。

《沙州图经》载有苦水一条:"右源出瓜州东北十五里,名卤涧水,直西流至瓜州城北十余里,西南流一百廿里,至瓜州常乐县南山南,号为苦水。又西行卅里,入沙州东界,故鱼泉驿南,西北流十五里,入常乐山。又北流至阶亭驿南,即向西北流,至庶迁烽西北廿余里,散入沙卤。"

"鱼泉驿"和"阶亭驿"皆是瓜、沙二州之间通路上的驿站,唐代瓜、沙二州的通路有南北两条,南道由常乐县经鱼泉、黄谷、空谷、无穷、其头、东泉、州城等驿到沙州城内,全程二百四十里。永淳二年(683)废空山南的黄谷、空谷、无穷三驿,于山北悬泉山谷置悬泉驿。天授二年(691)又因南道险,改行北道。北道由常乐县经阶亭、甘草、长亭、白亭、横涧、清泉等入沙州城,全程二百里(图8-1)。

西北地区,特别是甘州以西,多大碛、流沙、无水草,行旅艰难。调兵马粮草,不会走无水草的大碛流沙之地,应沿着设有驿站的通路行军。武则天晚期南道已废,文书中的事件应在北道进行。苦水大体是东西走向,横跨瓜、沙二州,并与驿路密切相关,苦水流入"(沙州)阶亭驿南,即向西北流,至庶迁烽西北廿余里,散入沙卤",正与三危山相去不远,和文书"东水源、西水源"下面隔三行出现的"三危"二字的地域相吻合。因此,"水源西头""东水源、西水源"当指苦水。

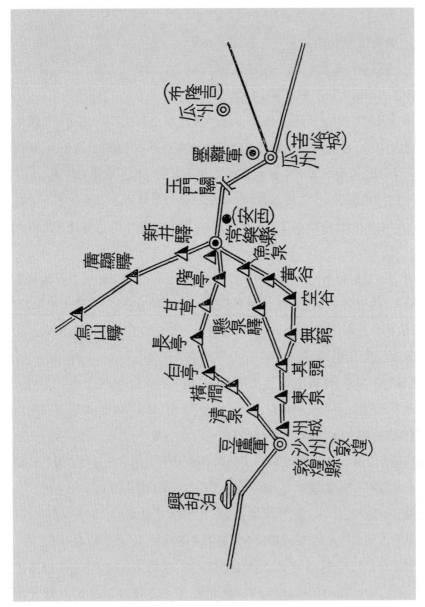

图 8-1　瓜、沙二州之间通路上的驿站

引自严耕望《唐代凉州西通安西道驿程考》(见《中央研究院历史语言研究所集刊》第四十三本)

⑯ 三[危]

"三[危]"即三危山,在今敦煌县南。《元和郡县图志》卷四〇《陇右道下》"沙州敦煌县"条:"三危山,在县南三十里,山有三峰,故曰三危。"

⑰ [建]□□

《旧唐书》卷三八《地理志》"河西节度使"条:"建康军,在甘州西二百里,管兵五千三百人,马五百匹。"文书作"□□牒诸营……并牒[建]□□",牒下应是官府名称,因此疑"[建]"后为"康军"二字。

几份文书共残存280多字,通过注释和考证,我们比较清楚地看到了它所记述的内容是:在武则天晚期,落蕃人瓜州百姓弘德,携马、鞍、兵器及蕃书向瓜州陈都督报告了吐谷浑将欲投汉的情况,唐朝立即派出兵马接应,参与这一次行动的至少有豆卢军、墨离军、建康军、瓜州都督府和沙州府兵等。这些"奉敕"前去接应的军队,有一些在瓜、沙二州的通路沿苦水行军,筹集粮草。按照牒文的处理程序,这些文书是经过判案后付之施行的公文。

3. 吐谷浑人灭国后的去向

吐谷浑自晋永嘉之乱后在西北地区建国,到被吐蕃所灭,共350年的历史。灭国后,唐代的文献中虽然有时还提起他们,但因材料很少,他们的情况仍然难以搞清。吐谷浑"故地皆入吐蕃",不等于部族的灭亡,正是这个缘故,在零散的材料中时时表露出他们与一些历史事件的关系。

《旧唐书》卷一九八《吐谷浑传》记载,唐高宗时,吐谷浑与吐蕃

互相攻伐,各遣使请兵救援,高宗皆不许之。吐蕃大怒,率兵以击吐谷浑,诺曷钵既不能御,脱身及弘化公主走投凉州。高宗遣右威卫大将军薛仁贵等救吐谷浑,为吐蕃所败,于是吐谷浑遂为吐蕃所并。诺曷钵以亲信数千帐来内属,诏左武卫大将军苏定方为安置大使,始徙其部众于灵州之地,置安乐州,以诺曷钵为刺史,欲其安而且乐也。垂拱四年,诺曷钵卒,子忠嗣。忠卒,子宣赵嗣。圣历三年,授宣赵左豹韬卫员外大将军,仍袭父乌地也拔勒豆可汗。宣赵

卒,子曦皓嗣。曦皓卒,子兆嗣。及吐蕃陷我安乐州,其部众又东徙,散在朔方、河东之境。今俗多谓之退浑,盖语急而然。贞元十四年十二月,以朔方节度副使、左金吾卫大将军同正慕容复为袭长乐州都督、青海国王、乌地也拔勤豆可汗。未几,卒,其封袭遂绝。

这就是《旧唐书》中关于吐谷浑灭国后的记录,不仅叙事简单,更不免使人提出疑问,作为活跃在西北交通要冲,曾占地"东西三千里、南北千余里",立国时间比十六国、北魏、北齐、北周、隋都长的大国,难道会这样悄悄地退出历史舞台吗?他们灭国后,仅是"亲信数千帐"逃往凉州,又逐步东迁的一支吗?细察史料,并非如此。

关于吐谷浑灭国时间,《资治通鉴》载在龙朔三年(663)。在这一年的五月,吐谷浑和吐蕃发生了冲突,他们分别向唐求援,"上皆不许"。吐蕃怨恨,便发兵于吐谷浑,加之这时吐谷浑之臣素和贵因罪"逃奔吐蕃,具言吐谷浑虚实",致使吐谷浑大败。"可汗曷钵(即诺曷钵)与弘化公主帅数千帐弃国走依凉州,请徙居内地"。七年之后(高宗咸亨元年,670)吐蕃又陷西域十八州,唐朝为讨吐蕃,"且援吐谷浑还故地",派大将薛仁贵和阿史那道真、郭待封出兵。但这次出征,由于将帅不和,兵败于大非川,"且援吐谷浑还故地"的任务也没有完成。至此,吐谷浑靠自己的力量不能重返故土,高宗几次遣兵相救也均遭败绩。又过一年(高宗咸亨二年,672),吐谷浑徙于鄯州浩门水南。又因"畏吐蕃之强"和"鄯州地狭",迁往灵州,唐为其专门设置安乐州,并以诺曷钵为刺史。开元十五年(727),吐蕃又陷安乐州,迫使吐谷浑进一步东徙,散在河东、朔方之境。这些情况似乎表明,龙朔三年(663)后,吐谷浑便不断内迁,而且来去有序、世系清楚,仍然偏安一隅,受到唐的册封,唐朝还专门为其设置了羁縻州[1],使他们保持着一定的独立性,直到贞元以后封号才绝。但是,吐鲁番阿斯塔那出土的文书,虽然也讲的是吐谷浑归朝事,然而地点却在瓜、沙等州,年代则是吐谷浑"故地皆入于吐蕃"之后,这就令人费解了,他们和诺曷钵

---

[1]《新唐书》卷四三《地理志》"羁縻州"条,卷三七《地理志》"关内道",卷四〇《地理志》"陇右道"条。《元和郡县图志》卷四〇《陇右道下》"凉州嘉麟"条。

内迁的一支是什么关系，为什么到武则天时还在故地？

前述史料中，值得注意的是"诺曷钵以亲信数千帐来内属"一句。它表示战败后的吐谷浑，没能够举族出走，仅是以诺曷钵为首的"亲信数千帐"。参照《新唐书·吐谷浑传》，对于解释这一问题会更有帮助。

《旧唐书》似乎全面叙述了吐谷浑亡国直到封号停袭的历史过程，但《新唐书》有关这段的记载却不尽相同。

《新唐书》卷二二一《吐谷浑传》：

> 诺曷钵死，子忠立。忠死，子宣超（即宣赵）立，圣历三年，拜左豹韬员外大将军，袭故可汗号。余部诣凉、甘、肃、瓜、沙等州降。宰相张锡与右武卫大将军唐休璟议徙其人于秦、陇、丰、灵间，令不得畔去。凉州都督郭元振以为，"吐谷浑近秦、陇，则与监牧杂处；置丰、灵，又迩默啜；假在诸华，亦不遽移其性也。前日王孝杰自河源军徙耽尔乙句贵置灵州，既其叛，乃入牧坊掠群马，瘢夷州县，是则迁中土无益之成验。往素和贵叛去，于我无损，但失吐谷浑数十部，岂与句贵比邪？今降虏非强服，皆突矢刃，弃吐蕃而来，宜当循其情，为之制也。当甘、肃、瓜、沙降者，即其所置之，因所投而居，情易安，残数州则势自分。顺其情、分其势，不扰于人，可谓善夺戎心者也。岁遣镇遏使者与宣超兄弟抚获之，无令相侵夺，生业固矣。有如叛去，无损中国。"诏可。宣超死，子曦皓立。曦皓死，子兆立。吐蕃复取安乐州，而残部徙朔方，河东，语谬为"退浑"。贞元十四年，以朔方节度副使、左金吾卫大将军慕容复为长乐都督、青海国王，袭可汗号。复死，停袭。

《通典》卷二九〇《边防六》也有同样的一段，而且内容更详细些：

> 武太后朝，郭元振上安置降吐谷浑状曰："臣昨见唐休璟、张锡等，众议商量其吐谷浑部落或拟移就秦陇，或欲移近丰灵，责令渐去边隅，使居内地，用为防闲之要，冀免背叛之虞。臣以为并是偏见之一端，未为久长之深册。若近秦、陇，则与监牧杂居，如在丰、灵，复与默啜甫迩，必以虑其翻覆，须有迁移，纵

至中土,安可易变其本性? 至如耿尔乙句贵,往年王孝杰奏请自河源军徙居灵州,用为惬便。及其逃叛之日,穿监牧,掠马群,所在伤夷,大损州县,是则迁居中土无益之明验矣。往者素和贵虽背圣化,只从当所居地叛走,其于中国无所损伤,但失少许吐浑耳,岂与句贵之为害同日而语哉? 今吐谷浑之降者,非驱略而来,皆是渴慕圣化,冲锋突刃,弃吐蕃而至者也。臣谓宜当循其情以为制,勿惊扰之,使其情地稍安,则其系恋心亦日厚。当凉州降者,则宜于凉州左侧安置之;当甘州、肃州降者,则宜于甘、肃左侧安置之;当瓜州、沙州降者,则宜于瓜、沙左侧安置之。但吐浑所降之处,皆是其旧居之地,斯辈既投此地,实有恋本之情。若因其所投之地而便居之,其情易安,因数州而碟裂之,则其势自分。顺其情,分其势,而不扰于人,可谓善夺戎狄之权矣。何要纂聚一处如一国,使情通意合如一家? 脱有异志,则一时尽去,伤害州县,为患滋深。何如分置诸州,使每州皆得吐浑使役,欲有他怀,必不能远相连结总去,臣愚辄以为胜册。如允臣此见,其所置之处,仍请简取当处强明之官人,于当处镇遏之,则小小为非亦可杜绝。兼每使达蕃情、识利害者,共宣超兄弟一人,岁往巡按,以抚获之,无使侵削其生业,日就乐恋,自亦深矣。如此,臣实为羁縻戎狄之良册。设使后有去就,不过边州失少许吐浑,终无伤于中国。今此辈心悠扬而无主,未知所安,不必在早定安置之计,无令惊扰,速生边患。"

以上我们不厌其烦地逐句引用了《新唐书》和《通典》的两大段材料,目的就是要把它同《旧唐书》对比,找出问题所在。结果发现一个重要的不同之处,就是《新唐书》在讲到"宣超立"之后,又插入了"余部诣凉、甘、肃、瓜、沙等州降……",这段不见于《旧唐书》的文字是十分可贵的,它暗示了"余部"与宣超等是吐谷浑的两个不同的部分。首先,《资治通鉴》《旧唐书》在谈到诺曷钵迁徙时是用"部众""其部落"相称,这里却用了"余部"二字。这个区别,最恰当的解释就是,"余部"指当年没有和诺曷钵出走、在故地成了吐蕃臣民的吐谷浑。而且诺曷钵一支内迁后始终隶属于唐,无所谓"降",而这里则将他们称为"降者"。其次,诺曷钵内迁的时间和路线是:第一次徙于凉州,为龙朔三年(663);第二次去往鄯州,为咸亨二年(671);

第三次移居灵州，是在迁到鄯州后不久；第四次又到朔方、河东，约在玄宗天宝十四载(755)以后。他们是不断由西向东迁徙的，不可能又在圣历年间突然出现在西部。第三，《通典》中特别强调了"今吐谷浑之降者，非驱略而来，皆是渴慕圣化，冲锋突刃，弃吐蕃而至者也"。十分明确，这些吐谷浑是在吐蕃国土内的。第四，《资治通鉴》卷二〇六"则天后圣历二年四月"有这样的记载："钦陵子弓仁，以所统吐谷浑七千帐来降。"弓仁是吐蕃人，其父钦陵是吐蕃专权的大臣，吐蕃内讧，钦陵兵败自杀，弓仁便投降了唐朝。但弓仁投唐时所率的不是吐蕃人，而是"吐谷浑七千帐"，有力地证明了在吐蕃之下，控制着相当一部分吐谷浑人。第五，郭元振对安置"降浑"的建议中有"兼每使达蕃情、识利害者，共宣超兄弟一人，岁往巡按，以抚获之"一语，宣超是继诺曷钵后第三个吐谷浑首领，"宣超兄弟"可能指宣彻[1]。他们生长在内地，恐怕吐谷浑故地也未曾去过，但他们毕竟是"达蕃情、识利害"的吐谷浑首领，唐朝派他们去巡按、抚获，并把宣超兄弟和"降者"并提，表明他们确系两个部分。

　　综上所述，吐谷浑灭国后便走依凉州，但只是吐谷浑中的一部分，还有相当多的吐谷浑成了吐蕃的臣民，他们的部落还长期活动在故地上，在这些人之中，后来又有归降唐朝的。明确了这个问题，吐鲁番阿斯塔那出土的文书所述之事，也就不奇怪了。

4. 关于吐谷浑余部的问题

　　吐谷浑灭国后，由诺曷钵率领出走归唐的一支，尽管文献记载也不多，但大体历史线索是清楚的。关于这些情况，王民信已作《吐谷浑余绪考》一文[2]。新中

---

[1] 慕容宣彻墓志已发现。张维《陇右金石录》曾误以为宣彻即宣赵(超)。夏鼐《武威唐代吐谷浑慕容氏墓志》一文曾予以纠正(见夏鼐：《考古学论文集》，科学出版社，1961年)，认为"其以宣彻为宣赵，当为史误……若宣彻即其人，则志中历举诸官，不应漏去其所袭封之青海国王一衔。《新唐书·浑传》述郭元振之议，有'与宣超兄弟抚获之'一语，则宣超原有昆弟，且掌兵权；宣彻当即其兄弟辈也。"一九七四年宁夏同心县又发现慕容威墓志，证实了这个推断是正确的。(钟侃：《唐代慕容威墓志浅释》，《考古与文物》1983年2期)。按，慕容威墓志载：威父宣彻"圣历初拜领军卫大将军"。其时正是郭元振之议之时，宣彻"封辅国王，……匡赞社稷，翌戴圣明，着定业之功，当建侯之会"。是掌兵权、佐宣超的大臣，"宣超兄弟"当指宣彻。

[2] 王民信：《吐谷浑余绪考》，《大陆杂志》第十六卷7、8期。

国成立前后,在甘肃武威、宁夏同心先后发现了十方吐谷浑慕容氏墓志,并有专文研究[1]。这里不再赘述,着重要谈的是被吐蕃所控制的一部分吐谷浑的情况。这些人由于在吐蕃的控制下,直接与唐朝来往的是吐蕃,所以文献中大量见到的则成了关于吐蕃的记载,而涉及吐谷浑的却少得可怜。吐鲁番阿斯塔那出土的文书,补充了这一不足,但仍不足以说明这一历史问题。值得庆幸的是,1899 年敦煌石室藏经洞发现的藏文文书中还保留了许多相关材料,近年出版的《敦煌本吐蕃历史文书》的汉译本,其中《吐蕃大事记年》对我们研究吐谷浑的余部尤有价值。《吐蕃大事记年》存于 Ch. 103、P. T. 225、Or. 8212(187)三个卷子中,包括唐高宗永徽元年(650)到唐代宗广德二年(764)总计 115 年历史,记载了这一时期吐蕃的重大事件,吐谷浑余部的情况也有所涉及。为了研究方便,我们把散见在汉文文献和《吐蕃大事记年》中的有关资料,按年代先后列表于下:

表 8 - 1 涉及吐谷浑余部的相关资料

时　　间	内　　容	材 料 来 源
高宗显庆四年(659)	赞普驻于"札"之鹿苑,大论东赞前往吐谷浑(阿豺)。达延莽布支于乌海之"东岱"处与唐朝苏(定)方交战。达延亦死,以八万之众败于一千。是为一年。	《敦煌本吐蕃历史文书》
高宗显庆五年(660)	赞普驻于墨竹·吉介。大论东赞(仍)在吐谷浑。是为一年。	同上
高宗龙朔元年(661)	赞普驻于美尔盖。大论东赞在吐谷浑。是为一年。	同上
高宗龙朔三年(663)	赞普驻于"南木东"。大论东赞在吐谷浑境。是为一年。	同上
高宗麟德元年(664)	赞普出巡北方。大论东赞在吐谷浑境。是为一年。	同上
高宗麟德二年(665)	赞普驻于悉立之都那。大论东赞在吐谷浑境。是为一年。	同上

[1] 见夏鼐:《武威唐代吐谷浑慕容氏墓志》,《考古学论文集》,科学出版社,1961 年;钟侃:《唐代慕容威墓志浅释》,《考古与文物》1983 年 2 期。计有弘化公主(圣历二年)、慕容忠(圣历二年)、慕容宣昌(神龙二年)、慕容宣彻(景龙二年)、金城县主(开元七年)、慕容曦光妻武氏(开元二十四年)、慕容曦光(开元二十六年)、慕容明(开元二十六年)、慕容若夫人(?)、慕容威(至德元年)等十方。

（续表）

时　间	内　容	材料来源
高宗乾封元年（666）	赞普驻于悉立之下都那。大论东赞自吐谷浑境还。于悉立山谷颈部患痈疽。是为一年。	同上
高宗总章二年（669）	赞普驻于悉立之都那，吐谷浑诸部前来致礼，征其入贡赋税。是为一年。	同上
中宗嗣圣元年（684）	赞普驻于辗噶尔，大论赞聂于"伍茹"雪之"热干木"集会议盟，麹·都赞、埃·启玛日、吐谷浑阿豺三者前来申诉是非，牛疫大作。于犀包木地方，集中患瘟疫牲畜之肉。冬，于"襄"之"让噶园"集会议盟。合并大藏之四岸为二。是为一年。	同上
太后永昌元年（689）	赞普驻于辗噶尔之"塘卜园"。赞蒙犀邦嫁吐谷浑王为妻。大论钦陵自突厥引兵还。冬，于皮保之尼牙夏园集会议盟。是为一年。	同上
太后长寿二年（693）	赞普驻于辗噶尔。夏，于董"畿之虎园"集会议盟，任命"五百"夫长。冬，于桑松园集会议盟。任命大藏之牧户（长官）。大论钦陵往吐谷浑。是为一年。	同上
太后天册万岁元年（695）	夏，赞普驻于泥婆罗，于"扎"之"卓布"集会议盟。噶尔·赞辗恭顿叛离。赞普亲临，责谴。冬，赞普至"扎玛"宫，于"鹿苑"宣谕判处恭顿之诏文，于辗噶尔之江浦，赞普下令，杀恭顿。大相钦陵在吐谷浑，于虎山、汉坟场与唐元帅王尚书大战，杀唐人甚多。是为一年。	同上
太后万岁通天元年（696）	赞普驻于"悉立"河谷。大论钦陵于吐谷浑之西古井之倭高儿征吐谷浑大料集。冬，于"倭巴尔园"由芒辗细赞集会议盟。赞蒙芒末支调集青壮兵丁多人。是为一年。	同上
太后圣历二年（699）	夏四月，赞婆帅所部千余人来降，太后命左武卫铠曹参军郭元振与河源军大使夫蒙令卿将骑迎之，以赞婆为特进、归德王。钦陵子弓仁，以所统吐谷浑七千帐来降，拜左玉钤卫将军、酒泉郡公。……七月……丙辰，吐谷浑部落一千帐内附。	《资治通鉴》卷二〇六
武则天晚期	（如前文书录文）	吐鲁番阿斯塔那225号墓
玄宗开元二年（714）	夏，赞普驻于墨竹之潜塘，于墨竹之登木地方由大论乞力徐集会议盟。仲巴岛彭工被放逐，由蔡邦氏哲恭补充。垄达延与尚·赞咄热拉金于"司古津"之"倭阔"地方征吐谷浑之大料集。冬，赞普驻于辗噶尔。冬季会由论绮力心儿藏热于"嫩"地召集之，垄达延与大论乞力徐二人引上军劲旅赴临洮。还。是为一年。	《敦煌本吐蕃历史文书》
玄宗开元三年（715）	（八月）吐浑大首领刺史慕容道奴降，诏授左威卫将军员外置兼刺史，封云中郡开国公。	《册府元龟》卷九六四、九四七

（续表）

时　　间	内　　容	材料来源
玄宗开元十一年(723)	先是,吐谷浑畏吐蕃之强,附之者数年;九月,壬申,帅众诣沙州降,河西节度使张敬忠抚纳之。	《资治通鉴》卷二一二
玄宗开元十一年(723)	吐谷浑率其众诣沙州内属。诏张敬忠安存之。降书吐浑曰:"卿北被吐蕃拘留,阻我声教,自弃沙塞,于今数年。彼蕃每肆侵凌百姓,闻甚辛苦。今远申诚款,朕甚嘉焉。"	《册府元龟》卷九七七
玄宗开元十五年(727)	赞普以政务巡临吐谷浑,途次,韦·松波支被控。攻陷唐之瓜州晋昌。大论芒夏木麑。冬,于赞普牙帐"交工纳"集会议盟。任命外甥吐谷浑小王、尚·本登葱、韦·达札恭禄三人为大论。吐谷浑诸部之大部均颁与赏赐。蕃地本部之冬季会盟于畿·来岗园由尚·没陵赞绮布召集之。多思麻会盟于没庐几乌龙地方,由论乞力徐襄恭召集之。是为一年。	《敦煌本吐蕃历史文书》
玄宗开元二十二年(734)	夏,赞普牙帐驻于"准",唐廷使者王内侍前来致礼。王姐卓玛类遣嫁突骑施可汗为妻。冬,牙帐驻于札玛之翁布园,于"岛儿"集会议盟,征集吐谷浑之青壮兵丁。多思麻之集会议盟事由论结桑东则布于"悉布"召集之。克吐谷浑之"吃狗肉"部族。是为一年。	同上
玄宗开元二十三年(735)	夏,赞普牙帐驻于"准"之芒岱垅,于伍祐,四骑队由赞普检阅,征抽丁壮,唐廷使者窦常侍(元礼)前来致礼。冬,驻于札玛之翁布园,大论穷桑前往吐谷浑。是为一年。	同上
玄宗天宝元年(742)	夏,赞普牙帐驻于册布那。唐廷使者安大郎,乌蛮使者罗皮怡前来致礼,对岛·许布孔松及郎卓·孔赞二人放逐,交接后之余事进行清查,立木牍文诰。由论·莽波支于麹年蒙冈征吐谷浑大料集。赞普苏龙猎赞生于札玛。母后芒蒙支薨。是为一年。	同上
玄宗天宝四载(745)	赞普牙帐驻于羊卓之"益塘",唐廷元帅马将军引廓州之唐人斥堠军至。王甥吐谷浑小王、论·莽布支二人攻下计巴堡寨,引军追击来犯之唐廷斥堠军,于计巴、本昆、大城堡,唐军大半被歼。冬,赞普驻于札玛。是为一年。	同上
肃宗乾元二年(759)	夏,赞普牙帐驻于堆之阔地,多思麻之夏季会盟由论·绮力思札、论·多热,二人于伍茹之"列尔"召集之。孙波茹大部授与告身诏令。论·绮力卜藏、尚·东赞二人赴吐谷浑。冬,赞普牙帐驻于辗噶尔。冬季会盟由论结卜藏悉诺囊于"道尔"地方召集之。多思麻之冬季会盟于"若达"马氏川,由论·绮力思札召集之。论·绮力卜藏、尚·东赞、尚·赞哇(磨)三人攻陷小宗喀。是为一年。	同上

（续表）

时　　间	内　　容	材料来源
代宗广德元年(763)	广德元年九月,吐蕃寇陷泾州,十月,寇邠州,又陷奉天县。遣中书令郭子仪西御。吐蕃以吐谷浑、党项羌之众二十余万,自龙光度而东。郭子仪退军,车驾幸陕州,京师失守。	《旧唐书》卷一九六
代宗大历十一年(776)	正月,崔宁上言:"大破吐蕃故洪等四节度,兼突厥、吐浑、氐、蛮、羌、党项等二十余万众,斩首万余级,生擒首领一千三百五十人,献功阙下。"	《册府元龟》卷九八七

从上表可以看出,吐谷浑灭国后,尽管已不作为一个大国出现了,但仍然活跃在西北地区,在吐蕃内部和吐蕃与唐的往来中,经常可以见到吐谷浑在其中起重要作用。下面,我们从两个方面来论述这一问题。

（1）吐谷浑与吐蕃的关系

唐初,松赞干布统一了吐蕃各部之后,于贞观八年(634),闻知"突厥及吐谷浑皆尚公主,乃遣使随德遐入朝,多赍金宝,奉表求婚,太宗未之许。使者既返,言于弄赞(松赞干布)曰:'初至大国,待我甚厚,许嫁公主。会吐谷浑王入朝,有相离间,由是礼薄,遂不许嫁。'弄赞(松赞干布)遂与羊同连,发兵以击吐谷浑"[1]。唐太宗命侯君集为行军大总管,大破吐蕃。从此,吐蕃与吐谷浑结下了怨恨。高宗嗣位,本来弄赞(松赞干布)还致书唐朝表示"天子初即位,若臣下有不忠之心者,当勒兵以赴国除讨"[2]。但也是因为和吐谷浑相攻,并于龙朔三年(663)灭其国,与唐朝发生了冲突。吐蕃建国初期,与唐朝之关系经常和吐谷浑联在一起,这反映了两国争霸西北的历史事实。吐蕃与吐谷浑矛盾的日益尖锐,导致了吐蕃灭掉吐谷浑的战争。如果按照《吐蕃大事记年》的记载,早在龙朔三年(663)之前,吐蕃大论东赞便前往吐谷浑,并常驻在那里直到龙朔三年(663),《吐蕃大事记年》始由"在吐谷浑"改称"在吐谷浑境"。表明吐蕃占领吐谷浑,是经过多年准备的。

吐蕃在军事征服上取得了胜利,但不同的民族不可能立刻融合于统治者之中。

---

[1]《旧唐书》卷一九六上《吐蕃传》。
[2]《旧唐书》卷一九六上《吐蕃传》。

吐谷浑还保留着一些自身的民族特点：

吐鲁番阿斯塔那出土的文书（25 号）：

9 ☐德常在吐渾可汗處，可汗☐

10 ☐州陳都督處，可汗語弘德☐

又云（33 号）：

2 向瓜州陳督處，可汗語弘☐

3 及百姓可有十萬衆，今☐

这些说明吐谷浑人数众多，并有自身的建制、自己的可汗，保持着自己民族的组织结构。这和《资治通鉴》的"七千帐""部落一千四百帐"，以及《吐蕃大事记年》中的"诸部""吐谷浑王"是一致的。他们仍然以部落为单位相对独立地存在着。从"前往吐谷浑""巡临吐谷浑"的情况看，他们还有自己的活动地区。

在《吐蕃大事记年》里，每年记述的事件不多，但却二十次提到吐谷浑，把他们作为大事记录下来。开始是由大论东赞常驻吐谷浑，后来又换上大论钦陵，他们都是吐蕃极为重要的大臣，开元十五年（727），赞普还亲自以政务巡临吐谷浑，足见对他们控制得严密。另一方面，吐蕃还使用联姻的办法，以公主"赞蒙墀邦嫁吐谷浑王为妻"，使之成为"甥舅国"，并"任命外甥吐谷浑小王"为大论，以加强对吐谷浑的统治，有的大臣还和吐谷浑结下了所谓"世恩"，如大论钦陵长期与吐谷浑相处，其子弓仁亦同其父。《拨川郡王（弓仁）碑》载："圣历二年，以所统吐谷浑七千帐归于我，是岁，吐蕃大下，公勒兵境上，纵谍诏之，其吐浑以论家世恩，又曰仁人东矣，纵之者七千人。"[1]当吐蕃内乱、弓仁降唐时，一些吐谷浑人立即响应，追随弓仁归往内地。

吐蕃占领了吐谷浑，便"征其入贡赋税"，而且由于与唐的战事不断，军事上急需牲畜及粮草等，也要向吐谷浑征集，《吐蕃大事记年》中多次出现了"征吐谷浑大料集"的记载。不仅如此，还"征集吐谷浑之青壮兵丁"，使之成为吐蕃兵力的来源之一，让他们直接参与战争。广德元年（763）吐蕃攻占陇右之地后，又引兵深入，陷

[1]《张说之文集》卷一七。

泾州、邠州、奉天县,并一度攻陷长安,其中便有大量的吐谷浑之众[1]。

　　总之,吐谷浑灭国后,留在故地的吐谷浑要向吐蕃称臣朝贡、交纳赋税,还要在军事上为吐蕃提供物质,且还要当兵打仗。正如开元十一年(723)九月玄宗降书吐浑所说:"卿北被吐蕃拘留,阻我声教,自弃沙塞,于今数年,彼蕃每肆侵凌百姓,闻甚辛苦。"[2]

　　(2) 吐谷浑与唐朝的关系

　　吐谷浑建国,正是北方混乱时期,他们和当时诸国一样,卷入了此起彼伏的互相争夺之中[3]。因吐谷浑地理位置的特殊,隋的统一战争非但没对它的安危产生影响,反而使他们乘机发展并强盛起来。隋统一后,吐谷浑时反时附,这种情况一直延续到唐初。吐谷浑的反复无常,加上屡屡寇边,给唐朝带来了很大威胁,唐朝为了安定边患,派李靖等出兵,大破吐谷浑,取得了决定性的胜利[4]。几百年的交往使吐谷浑与中原政权的联系已十分密切,唐朝的强大则迫使吐谷浑归依于唐。同时,唐朝为经营西域,保证通往西域的孔道,也对他们加以保护。

　　龙朔三年(663)吐谷浑兵败,其可汗便向内地出走;剩下的人,身在吐蕃,心却"渴慕圣化"。因此,这一时期他们与唐朝的关系,一方面在吐蕃的驱略下,参与吐蕃与唐的战争,另一方面则表现在归降的事件上。这些人投唐大都是"非强服""弃吐蕃而来"的,在规模、数量上远非诺曷钵一支所能比。圣历二年(699)四月,吐蕃发生内乱,局势的动荡使吐蕃无法将吐谷浑牢固地控制在政权之下,给吐谷浑投唐创造了条件,因此便有"七千帐"随弓仁归降了唐朝。唐朝拜弓仁为"左玉钤卫将军,封酒泉郡开国公,食邑二千户"[5],表面上看这是给弓仁封官加赏,实际上更是对吐谷浑的安抚。这种作法对吐蕃的统治起到了瓦解的作用,紧接着又在七月有"吐谷浑部落一千帐内附"。

─────────────

[1]《旧唐书》卷一九六上《吐蕃传》,卷一一《代宗本纪》。

[2]《册府元龟》卷九七七《外臣部·降附》。

[3]《魏书》卷一○一《吐谷浑传》、《宋书》卷九六《鲜卑吐谷浑传》、《周书》卷五○《吐谷浑传》、《南齐书》卷五九《河南王传》、《梁书》卷五四《河南王传》、《晋书》卷九七《吐谷浑传》。

[4]《旧唐书》卷一九八《吐谷浑传》。

[5]《张说之文集》卷一七《拨川郡王碑》。

　　阿斯塔那出土的这份文书所反映的,是更为重要的一次降唐事件,而且与文献的记载有着联系。《新唐书》卷二二一《吐谷浑传》记载的余部,与《通典》卷二九〇《边防典》中所记的武后朝安置吐谷浑降唐事,按《新唐书》记在圣历三年以后,具体时间不明确;《通典》则只提到是在武太后朝,年代更为模糊。按郭元振是以凉州都督的身份参与讨论这一事件的。据《旧唐书》卷九七《郭元振传》,他是在"大足元年(701)迁凉州都督""在凉州五年""神龙中,迁左骁卫将军,兼检校安西大都护"。与他共同商量其事的宰相张锡,在久视元年(700)七月拜相,第二年三月罢相[1],可见其事在久视元年(700)或第二年春。又据郭元振等人所议安置吐谷浑在甘、肃、瓜、沙、凉等州事,与文书在地点上也一致。前述《资治通鉴》所载圣历二年(699)两次吐谷浑降唐事,表明这一时期吐谷浑纷纷归朝,唐中央政府不能不考虑统筹安排这些人。因此,文书所反映的吐谷浑归朝,与《新唐书》《通典》的记载或为同一事件,一个是朝廷里大臣们的精心策划,一个是瓜、沙等州调集兵马的具体实行。

　　文书提到吐军"可有十万众"降唐,朝廷对此十分重视,当时朝廷重臣——宰相张锡,右武卫大将军唐休璟、凉州都督郭元振等"众议商量"了安置之策。郭元振总结了以往的教训,认为张锡、唐休璟主张的将吐谷浑部落"或拟移就秦陇,或欲移近丰灵"的办法,"并是偏见之一端,未为久长之深册"。提出"顺其情,分其势,而不扰于人""因数州而磔裂之"的政策,并主张将他们安置在甘、肃、瓜、沙等州,郭元振的主张得到了武则天的"诏可"。文书能明确看到豆卢军、墨离军、建康军及它们所在的沙、瓜、甘州,则表明这一政策的实行。郭元振还对如何管理这些吐谷浑,进一步提出"其所置之处,仍请简取当处强明之官人,于当处镇遏之"。文书中的郭知运,如两《唐书》和《赠凉州都督上柱国太原郡开国公郭公碑》所记,数代居住瓜州,本人又"壮勇善射,颇有胆略",长期在西北任职,是谙熟边事的将领,可以说是一个"当处强明之官人",完全符合郭元振的人选要求。所以,他就像文书中见到的

───────────────

[1]《新唐书》卷一一三《张锡传》、《资治通鉴》卷二〇七"则天后久视元年七月""长安元年三月"条。张锡于长安元年三月罢相后,于景云时曾再度任相,但这时郭元振则早已迁左骁卫将军,兼检校安西大都护,不是凉州都督了。故此议之时,为张锡首次任相,即久视元年至长安元年间。

那样,参与了有关接应吐谷浑的事件。"兼每使达蕃情、识利害者,共宣超兄弟一人,岁往巡按,以抚获之",则是唐朝以夷制夷政策的体现。

虽然文书还不足以反映这一事件的整体情况,但仅在 280 多字残缺不全的断片中,明确看到竟有三个州及军队,并有郭知运这样的将领参与其中,完全有理由推测为这次事件所出动的人马是很多的。加上朝廷中郭元振、张锡、唐休璟这类人物也直接参与了这一事件的策划,不能不说这是唐朝的一件大事。

从吐谷浑故地至瓜、沙、甘等州,沿途要翻山越岭、长途跋涉,为保证接应任务的完成,唐朝做了充分的准备,如:

吐鲁番阿斯塔那文书(29 号):

1 　□知□
2 　□不容寬嫚□
3 　□牒諸營,其見在兵馬□
4 　□精鋭,歪(人)備廿乙(日)粮□
5 　□時如有欠少,必當糾責□
6 　□百歪(人),馬百疋,並牒建□
7 　□部領兵□

又(28 号)

1 　□索节今向水西頭,向□
2 　□如令端處須兵事便□
3 　□須兵部牒□

等等,可见从中央到地方,都是有周密的准备和布置的。文书这样生动、具体地记载唐朝大批人马粮草有组织、有纪律的行动,是文献中所不见的。唐朝还深知这些吐谷浑"非驱略而来,皆是渴慕圣化,冲锋突刃,弃吐蕃而至者",为了防止吐蕃的阻挠,在军事上也做了安排,如:

吐鲁番阿斯塔那出土的文书(25 号)

12 　□接者,郭知□大配山南,□令便往□
13 　□差兵馬速即□應接,仍共總管□

14 □計會，勿失機便者，此□□运便領兵馬□□

又（26 号）

11 □□總管勇冠三軍□□

这些断断续续的残片，反映出吐谷浑归降似乎并不是一帆风顺的，需要有唐朝的军队接应，其间或许还要发生战斗。总之，无论是吐谷浑归降，还是唐朝接应，都是有计划地进行的。

5. 结语

吐谷浑灭后，散在各地，从零散的文献记载和考古资料的发现来看，其"余部"不仅限于以上我们讨论的吐蕃控制的一部分。关于其他部分以及吐谷浑"余部"的最后去向等问题，不在本节讨论的范围，故未涉及。吐谷浑作为西北地区一个占地广大、立国时间很长的重要国家，对中国历史有重要的影响，灭国后，其影响亦波及西北，以至于中原王朝，加之所处地理位置的重要，研究吐谷浑史便具有特殊的意义，本节仅仅是就文书本身以及和它关系密切的一些问题作了粗浅的探讨。

二、敦煌文书及敦煌石窟题名中所见的吐谷浑余部

吐谷浑国于唐高宗时被吐蕃所并，其可汗"诺曷钵以亲信数千帐来内属，……始徙其部众于灵州之地，置安乐州"[1]。其余大部分在故地成了吐蕃臣民。后者，可称之为"余部"，在文献中时隐时现，难以追踪。1972 年新疆吐鲁番阿斯塔那发现的 225 号墓中出土"豆卢军牒"数件，记述了吐谷浑余部归降之事；又《敦煌本吐蕃历史文书》中《吐蕃大事纪年》也多次提到有关吐谷浑余部情况，因此我在前文中对此作了初步探讨[2]。然而，所涉及的吐谷浑余部的情况，只限于唐高宗至唐

---

[1]《旧唐书》卷一九八《吐谷浑传》。

[2] 见北京大学中国中古史研究中心编：《敦煌吐鲁番文献研究论集》第二辑，北京大学出版社，1983 年。

玄宗时期,地域也主要在瓜、沙等州。除此之外,散见在敦煌卷子、敦煌石窟题记和文献中仍有一些零星的记述,时间上承阿斯塔那墓葬出土文书和《吐蕃大事纪年》,地区也不限于瓜、沙等地。因此,今再缀合有关资料,汇成此节,以期对吐谷浑余部有更进一步的了解。

1. 吐谷浑余部的活动范围及分化

中晚唐时期,无论是随可汗诺曷钵迁往内地,还是留在河西的吐谷浑人,史书中均称之为吐谷浑、退浑、浑。龙朔三年(663)吐蕃破吐谷浑,可汗诺曷钵先走投凉州,又徙于灵州,以后再东迁河东朔方之境。至贞元十四年(798),"以朔方节度副使、左金吾卫大将军同正慕容复为袭长乐州都督,青海国王、乌地也拔勒豆可汗。未几,卒,其封袭遂绝"[1]。这一时期,吐谷浑受唐朝封号,去向比较清楚。再后,这一支的后裔在晋、陕、辽一带活动,史家多有论述[2]。

吐谷浑余部的活动范围虽广,但大部分是在吐谷浑故地及周围。由于这些吐谷浑曾臣属于吐蕃,其活动与吐蕃的兴衰及西北历史的变化紧密相连。

《新唐书》卷二一六《吐蕃传》:

> 宝应元年,(吐蕃)陷临洮,取秦、成、渭等州。明年,使散骑常侍李之芳、太子左庶子崔伦往聘,吐蕃留不遣。破西山合水城。明年,入大震关,取兰、河、鄯、洮等州,于是陇右地尽亡。进围泾州,入之,降刺史高晖。又破邠州,入奉天,副元帅郭子仪御之。吐蕃以吐谷浑、党项兵二十万东略武功,渭北行营将吕日将战盩厔西,破之。又战终南,日将走。代宗幸陕,子仪退趋商州。高晖导虏入长安。

这是中晚唐关于吐谷浑余部较早的一条记载,讲的是吐蕃与唐朝的一次重要

---

[1]《旧唐书》卷一九八《吐谷浑传》。

[2] 王民信:《吐谷浑余绪考》,《大陆杂志》第十六卷7、8期。

战争。安史之乱，唐朝将西北的大量兵力抽调内地，以吐蕃为首的各个民族乘虚而入，直捣长安，致使郭子仪退军，京师失守。"吐蕃以吐谷浑、党项兵二十万东略武功。"可见吐谷浑余部作为一支重要的军事力量在战争中起了很大作用。

广德年间，唐将仆固怀恩反，吐谷浑又参与了这场叛乱。《新唐书》卷二二四《仆固怀恩传》：

> 永泰元年，帝集天下兵防秋，怀恩诱合诸蕃号二十万入寇，吐蕃自北道逼醴泉，摇奉天；任敷、郑廷、郝德自东道寇奉先，以窥同州；羌、浑、奴刺自西道略盩厔，趣凤翔。京师震骇。

《旧唐书》卷一九五《回纥传》：

> 永泰元年秋，怀恩遣兵马使范至诚、任敷将兵，又诱回纥、吐蕃、吐谷浑、党项、奴刺之众二十余万，以犯奉天、醴泉、凤翔、同州等处。

这一次吐谷浑余部直达长安以东的同州，此后，仍与吐蕃一起抄掠唐朝领土，并取得一些胜利。《资治通鉴》卷二三三"德宗贞元三年"：

> 吐蕃帅羌、浑之众寇陇州，连营数十里，京城震恐。九月，丁卯，遣神策将石季章戍武功，决胜军使唐良臣戍百里城。丁巳，吐蕃大掠汧阳、吴山、华亭，老弱者杀之，或断手凿目，弃之而去，驱丁壮万余悉送安化峡西，将分隶羌、浑，乃告之曰："听尔东向哭辞乡国！"众大哭，赴崖谷死伤者千余人。

吐谷浑以所房汉人为奴，是在陇州，其地处关内道南部，距长安不远。

除此之外，吐蕃内讧，也调拨吐谷浑参与其事。《资治通鉴》卷二四六"武宗会昌二年"：

洛门川讨击使论恐热,性悍忍,多诈谋,乃属其徒告之曰:"贼舍国族立綝氏,专害忠良以胁众臣,且无大唐册命,何名赞普!吾当与汝属举义兵,入诛綝妃及用事者以正国家。天道助顺,功无不成。"遂说三部落,得万骑。是岁,与青海节度使同盟举兵,自称国相。至渭州,遇国相尚思罗屯薄寒山,恐热击之,思罗弃辎重西奔松州。恐热遂屠渭州。思罗发苏毗、吐谷浑、羊同等兵,合八万,保洮水,焚桥拒之。

由此可见,广德至会昌年间,吐谷浑余部在西北及长安地区的动乱中很活跃,吐蕃和唐朝的叛将都把他们作为依靠或借用的力量。8世纪末,吐蕃的势力开始衰落,吐谷浑余部也随之发生变化,他们又回到河西一带活动,有些还脱离了吐蕃的控制,变成独立的部落。敦煌卷子记载,在伊州纳职县有相当数量的吐谷浑[1]。

大中年间,甘、肃等州有退浑王拨乞狸等归入张议潮政权[2],归义军统治的瓜、沙等十一州南面也有归降的吐谷浑。中唐时期的吐谷浑余部,活动范围不仅在兰、河、鄯、洮、渭、松诸州,长安及附近的醴泉、奉天、奉先、武功、鳌屋和同、泾、陇、岐也都出现,这些地方是吐蕃极盛时与唐朝相互交锋的战场,也是吐谷浑余部得以出入之地。晚唐时,吐谷浑余部又退到河西,立足于张议潮政权所属州县及附近一带。

吐谷浑余部的活动与西北地区中晚唐的历史变化关系密切,但他们在频繁地参与吐蕃扩大领土的战争和唐朝叛将的反唐活动中,也削弱了自身的力量。其中有的降唐,有的投归张议潮政权,有的独立称王。

仆固怀恩反唐兵败,死于灵武,唐将郭子仪"破其众于泾州。……羌、浑诣李抱玉降"[3]。此为中唐时吐谷浑降唐的实例。李抱玉当时是讨仆固怀恩的将领,唐军屯凤翔,吐谷浑等当在凤翔一带降唐。《资治通鉴》卷二二五"代宗大历十一年"

---

[1] S0367《沙州、伊州地志残卷》。

[2] S0389《肃州防戍都给归义军状》。

[3]《新唐书》卷二二四《仆固怀恩传》。

载："正月，……辛亥，西川节度使崔宁奏破吐蕃四节度及突厥、吐谷浑、氐、羌群蛮众二十余万，斩首万余级。"这是继永泰年间一部分吐谷浑余部降唐后，面对唐军，吐谷浑又一次失败。

晚唐时，吐蕃内乱，失去了在河西的统治地位。大中二年（848），沙州张议潮又率众赶走吐蕃，收复河西，建立了归义军政权。在这种新的政治形势下，吐谷浑余部的情况也和以前有了很大的不同。

S0389《肃州防戍都给归义军状》载：

> 其甘州，吐蕃三百，细小相兼五百余众，及退浑王拨乞狸等，十一月一日并往，归入本国。其退浑王拨乞狸，妻则牵驮，夫则遮驱，眷属细小等廿已来随往，极甚苦□……龙家丁壮及细小壹佰玖人，退浑达票拱榆昔、达票阿吴等细小共柒拾贰人，旧⬚通⬚频⬚肆⬚拾人，羌大小叁拾柒人，共计贰佰⬚伍⬚拾⬚柒人，今月九日并入肃州。

张议潮起义，使过去受吐蕃奴役的各族人民纷纷归入张氏政权，S0389卷子所云吐谷浑即这种情况。值得注意的是，他们有"退浑王"之称，应是独立的吐谷浑余部。唐高宗至唐玄宗时，西北地区的吐谷浑有以部落为单位的，并有自己的首领。故《吐蕃大事纪年》中常常提到"吐谷浑诸部""吐谷浑王"等。他们聚部落而居，臣属于吐蕃，但当吐蕃衰落时便分离出来。正如S6342《张议潮奏疏》所云："咸通二年收凉州，今不知却废，又杂蕃、浑。近传嗢末隔勒往来，累询北人，皆云不谬，伏以凉州是国家边界，嗢末百姓本是河西、陇右陷没子孙，国家弃掷不收，变成部落。"投入归义军的吐谷浑数量很多，S4276卷子曾提到有"退浑十部落"[1]。

上述S0389、S6342、S4276卷子中所说的是投归张氏政权的吐谷浑。还有不受其他势力左右的较强大的部落，他们占据一方，达到与张氏政权为敌的程度。

---

[1] S4276："归义军节度左都押衙银青光禄大夫检校国子祭酒兼御史大夫安怀恩并州县僧俗官吏兼二州六镇耆老及通频退浑十部落、三军蕃汉百姓一万人上表。"

P2962《张议潮变文》载：

（前缺）诸川吐蕃兵马还来劫掠沙州，奸人探得事宜，星夜来报仆射："吐浑王集诸川蕃贼欲来侵凌抄掠，其吐蕃至今尚未齐集。"仆射闻吐浑王反乱，即乃点兵，斩凶门而出，取西南上把疾路进军。才经信宿，即至西同侧近，便拟交锋。其贼不敢拒敌，即乃奔走。仆射遂令三军，便须追逐。行经一千里已来，直至退浑国内，方始趁趃。仆射即令整理队伍，排比兵戈，展旗帜，动鸣鼍，纵八阵，骋英雄。分兵两道，裹合四边。人持白刃，突骑争先。须臾阵合，昏雾涨天，汉军勇猛而乘势，拽戟冲山直进前，蕃戎胆怯奔南北，汉将雄豪百当千：

忽闻犬戎起狼心，叛逆西同把险林。

星夜排兵奔疾道，此时用命总须擒。

雄雄上将谋如雨，蠢蝎蕃戎计岂深。

自十载提戈驱丑虏，三边犷悍不能侵；

何期今岁兴残害，辄尔依前起逆心。

今日总须摽（标）贼首，斯须雾合已霓霓。

将军号令儿郎曰："克励无辞百载（战）劳。

丈夫名宦向枪头觅，当敌何须避宝刀！"

汉家持刃如霜雪，虏骑天宽无处逃。

头中锋铤陪垅土，血溅戎尸透战袄。

一阵吐浑输欲尽，上将威临煞气高。

决战一阵，蕃军大败。其吐浑王怕急，突围便走，登涉高山，把险而住。其宰相三人，当于阵面上生擒，只向马前，按军令而寸斩。生口细小等活捉三百余人，收夺得驼马牛羊二千头匹，然后唱大阵乐而归军幕。

敦煌北一千里镇伊州城西有纳职县，其时回鹘及吐浑居住在彼，频来抄劫伊州，俘虏人物，侵夺畜牧，曾无暂安。仆射乃于大中十年六月六日，亲统甲兵，诣彼击逐伐除。不经旬日中间，即至纳职城。贼等不虞汉兵忽到，都无准备之心。我军遂列乌云之阵，四面急攻。蕃贼獐狂，星分南北；汉军得势，押背

便追。不过五十里之间,煞戮横尸遍野处:

敦煌上将汉诸侯,弃却西戎朝凤楼。

圣主委令权右地,但是凶奴尽总仇。

昨闻猃狁侵伊镇,俘劫边甿旦夕忧;

元戎叱咤扬眉怒,当即行兵出远收。

两军相见如龙斗,纳职城西赤血流。

我将军意气怀文武,威胁蕃浑胆巳浮。

犬羊才见唐军胜,星散回兵所在抽。

远来今日须诛剪,押背擒罗岂肯休。

千人中矢沙场殪,铦锷剐剺坠贼头。

扣铄红旗晶耀日,不悉田丹(单)纵火牛。

汉主神资通造化,殄却残凶总不留。

仆射与犬羊决战一阵,回鹘大败,各自苍黄抛弃鞍马,走投入纳职城,把劳(牢)而守。于是中军举华(画)角,连击铮铮,回面族兵,收夺驼马之类一万头匹。我军大胜,匹骑不输,遂即收兵,即望沙州而返。既至本军,遂乃朝朝秣马,日日练兵,以备凶奴,不曾暂眼。

此卷上缺,按其内容,是歌颂张议潮军功的变文。该变文反映了伊州吐谷浑的一些政治、军事、经济情况,其中涉及吐谷浑史料尤为重要。卷子中提到吐谷浑与张议潮的两次战斗,均以吐谷浑失败告终。第一次被归义军"生口细小等活捉三百余人,收夺得驼马牛羊二千头匹"。第二次吐谷浑和回鹘"抛弃鞍马"而逃,张议潮所统之部又"收夺驼马之类一万头匹"。变文说白与歌赞相间,为歌功颂德之作,难免过分渲染,然而所述之事当无可怀疑。

这两次战斗的原因是"吐浑王集诸川蕃贼欲来侵凌抄掠"和吐谷浑等"频来抄劫伊州,俘虏人物,侵夺畜牧,曾无暂安",可见吐谷浑与张议潮政权频繁冲突,张议潮政权能主动出击,足见其在军事、经济上都具有一定的实力。

P2962卷子所云吐谷浑两次失败后,不是"登涉高山,把险而住",就是"走投入纳职城,把牢而守"。张议潮所部第一次追逐"行经一千里已来,直至退浑国内"。第二次则"亲统甲兵,诣彼击逐伐除。不经旬日中间,即至纳职城"。但亦未攻破城池,"遂即收兵,即望沙州而返"。显然,纳职城是吐谷浑得以固守的根据地。

《元和郡县图志》卷四〇《陇右道下·伊州》记:"纳职县,下,东北至州一百二十里。贞观四年置。其城鄯善人所立,胡谓鄯善为纳职,因名县焉。"P2962《张议潮变文》中云:"敦煌北一千里镇伊州城西有纳职县,其时回鹘及吐浑居住在彼。"S0367《沙州、伊州地志残卷》载:"萨毗城,西北去石城镇四百八十里,康艳典所筑,其城近萨毗泽,山[路]险阻,恒有吐蕃及土(吐)谷浑来往不绝。""纳职县,下,东去州一百廿里,公廨二百一十五千,户六百三十二,乡七。右唐初有土人鄯伏陁,属东突厥,以征税繁重,率城人入碛,奔鄯善至,并吐浑居住。"可知这里一直是吐谷浑活动的地区,直至大中年间,仍有自己的"王""宰相"。

从吐谷浑余部延续情况看,当和《吐蕃大事纪年》中提到的"吐谷浑诸部""吐谷浑王"一脉相承。当然,这种"国"和"王"不能同晋永嘉之乱后吐谷浑在青海一带建立的国家混为一谈,此时的吐谷浑不过是在张议潮势力范围的薄弱之处借以立足。但是,张议潮统一河西,唯西州有反复争夺,其重要原因就是大致位于沙、西、伊诸州之间的纳职城仍控制在吐谷浑、回鹘人手中。他们把险而守,从而成为张议潮统一河西、稳定政权的一大障碍,吐谷浑的力量也可想而知了。

唐玄宗至唐末,早已失去国土的吐谷浑余部,仍在故地乃至更大的范围活动,其足迹东起京畿,西至伊州,北到瓜州,南临松维,包括了今甘肃、青海东部、四川北部、新疆东部和陕西中部这样一个幅员广大的区域,他们处在不断分化、迁徙、衰落的过程中,同时也参与了西北历史上的一些重大事件,发挥出一定的作用。

2. 关于敦煌石窟供养人题记的慕容氏

敦煌莫高窟、安西榆林窟合称为敦煌石窟。在敦煌石窟大量供养人题名中,包括一些慕容氏的内容,这些内容应是研究吐谷浑余部问题的重要资料。

吐谷浑本为人名。《宋书》卷九六《鲜卑吐谷浑传》载:

阿柴虏吐谷浑，辽东鲜卑也，父奕洛韩，有二子，长曰吐谷浑，少曰若洛廆。若洛廆别为慕容氏。浑庶长，廆嫡正。父在时，分七百户与浑[1]。浑与廆二部俱牧马，马斗相伤，廆怒，遣信谓浑曰："先公处分，与兄异部，牧马何不相远，而至斗争相伤？"浑曰："马是畜生，食草饮水，春气发动，所以致斗，斗在于马，而怒及人邪。乖别甚易，今当去汝万里。"……于是遂西附阴山。遭晋乱，遂得上陇。

以名为国的吐谷浑，实为慕容鲜卑西迁到青海一带的一支。直到唐代，从两《唐书》本传及河西出土的一些吐谷浑墓志看[2]，他们西迁后仍以慕容为姓。

4世纪以降，辽东慕容鲜卑开始强盛，并逐渐入居中原；到5世纪初，先后建立了前燕、西燕、后燕、南燕、北燕等政权。这一时期慕容氏活动的最西范围到达张掖[3]，人数并不多。因此，河西的慕容氏大都属于吐谷浑所部。吐谷浑灭国后，有相当多的吐谷浑人迁到瓜、沙二州[4]，张议潮统治时期也有不少吐谷浑人归入。故敦煌石窟题名中的慕容氏，当是吐谷浑人的后裔。

（1）莫高窟、榆林窟中的慕容氏题名

慕容氏题名出现在很多洞窟中，并夹杂在大量的题记里面。考察这些资料，首先遇到的是洞窟的年代与题名的年代的关系问题。众所周知，在同一洞窟中，其形制、塑像、壁画、题记等不一定属同一时期，还有洞窟改建、壁像修补、后人题记等现象。带有慕容氏题名的洞窟也存在这样的问题。近年来，敦煌文物研究所的学者，在长期工作中，对各洞窟的诸方面都进行了年代的阐述，这就为研究提供了方便。本节涉及的洞窟主要是所谓"曹家窟"，对于这些洞窟的内容、时代、编号，主要以

---

[1]《晋书》卷九七《吐谷浑传》作"其父涉归分部落一千七百家以隶之"。

[2] 夏鼐：《武威唐代吐谷浑慕容氏墓志》，《考古学论文集》，科学出版社，1961年。

[3]《晋书》卷一二七《慕容德载记》《慕容超载记》；马长寿：《乌桓与鲜卑》，上海人民出版社，1962年。

[4] 齐东方：《吐鲁番阿斯塔那二二五号墓出土的部分文书的研究——兼论吐谷浑余部》，北京大学中国中古史研究中心编：《敦煌吐鲁番文献研究论集》第二辑，北京大学出版社，1983年。

《敦煌莫高窟内容总录》[１]为依据,并参照《敦煌艺术叙录》[２]、《瓜沙曹氏与敦煌莫高窟》[３]等论著。

　　莫高窟出现慕容氏题名的洞窟有 98、108、256、205、61、53、454 等窟。现将这些洞窟的题名和与之相关的内容分述如下。

　　98 窟:修建于五代,清重修塑像。有中心佛坛,坛上有背屏连接窟顶,背面下画归义军节度诸押衙供养像一列。北壁下画曹氏家族女供养人十七身。南壁下画曹氏家族女供养人十七身。

　　北壁东端像列第三身题名:女弟十六小娘子(缺)(□出适慕容氏)。

　　南壁东端像列第四身题名:故姊弟十一小娘子一心供养(出适慕容氏)。

　　佛坛背屏后壁像列第五身题名:节度押衙银青光禄大夫检校太子宾客慕容员欣一心供养[４]。

　　108 窟:修建于五代,清重修塑像。东壁门南下画曹氏家族女供养人五身(下毁),南壁下画供养人十身。

　　东壁南侧像列第四身题名:故姊弟十一小娘子一心供养(出适慕容氏)。

　　南壁像列第七身题名:侄女弟十六小娘子一心供养(出适慕容氏)。

　　205 窟:修建于初、盛唐,中唐、五代重修。主室东壁门南五代画曹氏家族男供养人三身、侍从二身,门北五代画曹氏家族男供养人四身、童子二身。

　　东壁北侧像列第二身题名:窟主墨厘军诸军事(缺)一心供养[５]。

　　61 窟:修建于五代,元代重修。南壁下东起画曹氏家族女供养人十七身。东

---

[１] 敦煌文物研究所整理:《敦煌莫高窟内容总录》,文物出版社,1982 年。
[２] 谢稚柳:《敦煌艺术叙录》,古典文学出版社,1957 年。
[３] 贺世哲、孙修身:《瓜沙曹氏与敦煌莫高窟》,敦煌文物研究所编:《敦煌研究文集》,甘肃人民出版社,1982 年。
[４] 《敦煌艺术叙录》"员欣"作"贞顺"。
[５] 该条题名残缺。据 256 窟题名,当为慕容氏。

壁门南下画回鹘公主等女供养人八身,门北下宋画供养比丘尼三身及于阗公主等
女供养人四身,五代画女供养人四身。

南壁像列第二身题名:姊谯县夫人一心供养(出适慕容氏)。

东壁北侧像列第十身题名:故谯县夫人一心供养(出适慕容氏)。

53窟:修建于中唐,五代重修。北壁下画女供养人。

北壁像列第三身题名:(缺)慕容氏一心供养。

北壁像列第七身题名:新妇慕容氏一心供养。

北壁像列第九身题名:(缺)一心供养(出适慕容□)。

454窟:修建于宋代,清重修。主窟南壁下画女供养人十二身。甬道北壁画男
供养人一排八身(疑为瓜州贵族慕容氏供养像,模糊),后侍从。

窟内南壁第四身题名:窟主敕授清河郡夫人慕容氏一心供养。

202窟:初唐、中唐修建,宋、清重修。西壁龛下宋画供养器,两侧画宋代男女
供养人共十三身。

西龛下北侧南向第六身宋画男供养人题名:故营内都押衙行常乐县令银青光
禄大夫检校右散骑常侍兼御史大夫慕容长政。

256窟:修建于宋[1],清重修塑像。东壁门南下画慕容氏男供养像二身。

东壁北侧第三身题名:男节度都头银青光 禄 大夫检校左散骑常侍御史大夫
慕容贵隆(缺)。

东壁南侧第一身题名:皇祖墨厘军诸军事(缺)光禄大夫(缺)。

东壁南侧第二身题名:窟主玉门军诸军事守玉门使君银青光禄大夫检校尚书
左仆射兼御史大夫上柱国慕容言长(缺)。

---

[1]《瓜沙曹氏与敦煌莫高窟》一文认为该窟为五代后晋时新建,宋代重修。

　　榆林窟出现慕容氏题名的洞窟有 6、17、23、25、26 等窟[1]。

　　6 窟：宋。里洞洞口供养人像，男像四身。

　　自西至东(南壁)第一身题名：皇祖检校司空慕(缺)。

　　17 窟：盛唐、五代、宋。外洞洞口供养人像，女像二身，后掌扇等女侍剥落(北壁)。

　　第二身题名：长女小娘子延鼐(出适慕容氏)。

　　23 窟：五代末。北壁男像十八身、女像三十三身，自东至西(壁下)。

　　男第九身题名：清信弟子慕容(缺)一心供养。

　　男第十三身题名：节度押衙谦[兼]都知慕容(缺)。

　　25 窟：宋。里洞洞口，女像三身(北壁)。

　　小女子像题名：长女延鼐小娘子一心供养(出适慕容氏)[2]。

　　(2) 慕容氏题名的分析

　　莫高窟、榆林窟关于慕容氏的题名共 22 条，分别出现在 13 个洞窟中，我们可参考《瓜沙曹氏与敦煌莫高窟》文末关于瓜沙曹氏世系及在莫高窟建窟活动的附表，将带有慕容氏题名的洞窟按年代、窟主、修建情况整理成表 8-2。榆林窟各窟窟主的情况目前尚不清楚，故暂不列入表内，可参见前述各窟的情况和题名。从表 8-2 可以看出，慕容氏题名的出现，经历了整个曹氏近百年的统治时期。各窟题名涉及人物，有的同属一人，对此，已有论述，此不赘言[3]。

---

[1] 榆林窟资料，采自《敦煌艺术叙录》，在对洞窟有关方面的描述方法上与《敦煌莫高窟内容总录》不一致。为便于查对，对此不作改动，编号亦采用原书的洞窟编号。

[2] 按：《敦煌艺术叙录》之《石窟叙录》中不见"出适慕容氏"，此据同书《概述》同条记述补入。

[3] 贺世哲、孙修身：《瓜沙曹氏与敦煌莫高窟》，敦煌文物研究所编：《敦煌研究文集》，甘肃人民出版社，1982 年。

表 8-2   莫高窟带有慕容氏题名的洞窟

窟 号	年 代	窟 主	修建情况
98	后唐同光前后(923—925 前后)	曹议金	新建
108	后晋天福元年至五年(936—940)	张淮庆	新建
256	后晋天福五年至开运二年(940—945)	曹元深	新建
205	后晋天福五年至开运二年(940—945)	慕容氏	重修
61	后汉天福十二年至后周显德四年(945—957)	曹元忠	新建
53	后周广顺三年以后(935 以后)	曹元忠	扩建
454	宋开宝七年至太平兴国五年(974—980)	慕容恭	新建
256	宋咸平五年至大中祥符七年(1002—1014)	慕容言长	重修

在各条题记中,"窟主"系指出资造窟的施主,供养人为参与造窟的人,我们引用的供养人,大都属于与窟主关系甚密的亲属;"新妇"为嫁给窟主家的女子;"出适"为窟主家嫁给其他人的女子。因此,各窟题名大致可归纳为四类。

① 曹家女嫁给慕容氏。即题名中有"出适慕容氏"者。(莫高窟 98、108、61、53 窟,榆林窟 17、26 窟。)

② 慕容氏女嫁给曹家。即题名中有"新妇"者。(莫高窟 53、454 窟,榆林窟 25 窟。)

③ 慕容氏为官者。即题名中直接反映出官职的慕容氏。(莫高窟 98、256、205、202 窟,榆林窟 6、23 窟。)

④ 慕容氏佛教徒。即题名中"清信弟子"者。(榆林窟 23 窟。)

如从慕容氏题名所在洞窟的性质上看,又可分为两类。一类是慕容氏自身为窟主的洞窟;另一类是作为亲属供养人附属于别人所修的洞窟内。

关于曾连续建立过前燕、西燕、后燕、南燕、北燕的慕容氏,在其政权灭亡后,史书记载逐渐减少,所见到的慕容氏大都成了汉化了的鲜卑后代[1]。而在西北建立

---

[1] S2052《新集天下姓望氏族谱》,大约为唐德宗时代作品,其中以慕容氏为洛州河南郡所出大姓,说明他们已完全是汉化了的鲜卑,成为当地望族。参见王仲荦:《〈新集天下姓望氏族谱〉考释》,《敦煌吐鲁番文献研究论集》第二辑,北京大学出版社,1983 年。

吐谷浑国的慕容氏,到了隋代、唐初仍很兴盛,即使在灭国之后,慕容氏的名字也常见于史籍和考古资料中,直到唐末,西北地区仍有大量的吐谷浑人活动。因此,五代至北宋初年,瓜沙地区曹氏统治时期出现在石窟中的慕容氏,无疑也属于吐谷浑余部的后裔。

(3)曹氏时期的慕容氏

瓜、沙二州自古就是各民族杂居之地。唐初,太宗出兵破吐谷浑,与其故地紧密相邻的瓜、沙等州不免有吐谷浑人流入;吐谷浑灭国后,一些归唐的吐谷浑人被安置在瓜、沙等州;张议潮时期也有吐谷浑人归入。可见这里数百年来,吐谷浑人往还不断,世代生息。其实,唐朝人也把瓜、沙等州看作是吐谷浑人居住之地。武则天时安置归降的吐谷浑余部,郭元振曾说:"……当瓜州、沙州降者,则宜于瓜、沙左侧安置之。但吐浑所降之处,皆是其旧居之地,斯辈既投此地,实有恋本之情。若因其所投之地而便居之,其情易安。"[1]

吐谷浑人口众多,又长期生活在这里,在当地的政治中,自然要具有一定的地位。敦煌石窟中的慕容氏题名,多者二十几字,少者不过几个字,但是,透过这些简单的题名,却可以看到很重要的历史问题。

曹氏继张氏政权之后,偏安西北,统治瓜、沙等州长达 120 年之久,其内外政策是该政权得以存在和巩固的重要原因。曹议金取代了张氏,首先吸取了张承奉割据称帝失败的教训,取消了帝号,继续奉中原王朝为正朔。然后又根据自己所处的地位和环境,采取对外联合的策略。从 61 窟中可以看到"故母北方大回鹘国圣天的子敕受秦国天公主陇西李(缺)"(东壁南侧像列第一身题名)、"姊甘州圣天可汗天公主一心供养"(东壁南侧像列第二身题名)、"姊大朝大于阗国大政大明天册全封至孝皇帝天皇后一心供养"(东壁南侧像列第三身题名)等题名,反映了曹氏东娶甘州回鹘可汗女为妻,又嫁女于甘州回鹘和于阗。对内则广交豪门大姓,仅莫高窟 98、61 窟两窟所见与曹氏联姻的有关题记,就有索、翟、阴、氾、宋、张、李、慕容、陈、闫诸姓。他们大都是敦煌一带

_____

[1]《通典》卷一九〇《边防六》。

的豪门大族,在当地占据土地,拥有家兵,掌握着地方势力,拥有强大的政治力量,属于曹氏政权不可或缺的支柱。显然,同他们进行这种具有政治意义的联姻是非常必要的。P2652《敦煌各族志残卷》已缺损,不知是否有慕容氏,但慕容氏也成为曹氏拉拢联姻的对象是应引起注意的,它表明慕容氏在当地具有一定的政治地位。敦煌莫高窟、榆林窟中出现的慕容氏题名,相隔的时间也很长,曹议金、曹元忠、曹延恭等都未间断与慕容氏的联姻,更进一步说明了慕容氏地位的重要。

敦煌石窟的修建,在曹氏统治时期很兴盛,曹氏和其他一些豪族开凿了一些大窟,同时还对莫高窟进行了全面的维修,至今仍保留着许多当时的题记。如前所说,有慕容氏题名的洞窟,一类是窟主为别姓,慕容氏仅作为附属的供养人,它主要反映的是与曹氏联姻的情况。另一类洞窟则不同,它们是慕容氏自身修建的功德窟。如重修的205、206窟,慕容氏题名的前面均有"窟主"二字。从当时石窟开凿的情况看,能开窟造像者,绝大多数是经济、政治地位很高的人,或由众集资开凿。因此,慕容氏能以独家身份修窟也并非一般人所能做到。实际上,一些标明身份的人名题记中,直接反映了这一问题。

有些题名,对于慕容氏在瓜、沙二州政治地位的情况表现得很具体。256窟东壁南侧第一身供养人题名"皇祖墨厘军诸军事(缺)光禄大夫(缺)",第二身题名"窟主玉门军诸军事守玉门使君银青光禄大夫检校尚书左仆射兼御史大夫上柱国慕容言长(缺)",东壁北侧第三身题名"男节度都头银青光禄大夫检校左散骑常侍御史大夫慕容贵隆(缺)",205窟东壁北侧像列第二身题名"窟主墨厘军诸军事(缺)一心供养",202窟西龛下北侧第六身供养人题名"故营内都押衙行常乐县令银青光禄大夫检校右散骑常侍兼御史大夫慕容长政",榆林窟6窟里洞南壁第一身供养人题名"皇祖检校司空慕容归盈"[1],榆林窟23窟北壁男第十三身题名

---

[1] 向达《唐代长安与西域文明》中的《西征小记》一文说:"万佛峡张编六号窟门洞南壁供养人像自东至北第一身为慕容归盈,第三、第四两人题名结衔俱带紫亭镇遏使,今具录如次:'施主紫亭镇遏使银青光禄大夫检校散骑常侍保实(第三人)。''施主紫亭镇遏使……(第四人)'慕容归盈为曹议金婿,后唐清泰时知瓜州刺史,慕容保实盖其孙子,当在宋代。"河北教育出版社,2001年。

"节度押衙谦〔兼〕都知慕容(缺)"。

上述题名中,有慕容员欣、慕容言长、慕容贵隆、慕容长政、慕容归盈,他们均担任着大小不同的职务,特别是慕容氏还长期掌管着墨离军。按墨离军原为唐朝在瓜州的置军,负责瓜州的军事防务,曹氏时期仍为瓜州的主要军队。这支军队一直由慕容氏掌管,足见其地位的显赫。《册府元龟》卷九六五《外臣部·封册三》云:"(清泰元年)七月,癸丑,检校刑部尚书瓜州刺史慕容归盈转尚书左仆射。"同书卷九七二《外臣部·朝贡五》又云:"(清泰二年)七月,沙州刺史曹义金、凉州留后李文谦各献马三匹,瓜州刺史慕容归盈献马五十匹。"慕容氏不仅是曹氏政权的得力助手,官职地位几乎与曹氏等同。

由此看来,作为吐谷浑余部后裔的慕容氏,五代、宋初在瓜州地区还有相当的势力,在曹氏经营的政权中起着重要的作用。也必须指出,这些慕容氏的汉化程度已经很深,不再是以原来的部落面目出现,而成为西北地区的一个望姓大族了。

(本文原名"吐鲁番阿斯塔那二二五号墓出土的部分文书的研究——兼论吐谷浑余部",载《敦煌吐鲁番文献研究论集》第二辑,北京大学出版社,1983年;"敦煌文书及敦煌石窟题名中所见的吐谷浑余部",载《敦煌吐鲁番文献研究论集》,北京大学出版社,1990年。此次重刊略有修订。)

9

闽地文化

五代十国时期的战乱割据中,闽国的出现,是闽地划时代的历史转折,不仅改变了人们通常认为南海山区为蛮荒之地的印象,到了两宋时期,还以经济发展先进地区的优势辐射影响全国。闽地的经济发展,以致力于山区和沿海开发为特色[1]。五代时期闽国刘华、王审知墓,宋代邵武故县银器窖藏、许峻夫妇墓,元代泰宁银器窖藏等罕见考古发现,以令人瞩目的出土实物填补了文献记载的不足,虽然有的超出了闽地,却都形象地展示了闽地经济文化的崛起和持续发展。

一、瓷器的交流与陶俑风格

闽地宋代建窑的黑釉器和明代德化窑的乳白釉器,蜚声全国,独树一帜。为什么如此繁荣? 学者们多有精彩的论述。本文要讨论的是这种局面形成的宏观基础和历史渊源。探讨这一问题,自然要上溯到闽地开发兴旺的开端。五代十国时期闽国的出现不能不令人给予特别的关注,有幸的是闽国王审知、刘华墓的发现,打开了认识闽地如何崛起的视窗。

王审知墓出土有青瓷莲瓣碗、白瓷盒、白瓷碗和青瓷唾盂等[2](图9-1)。刘华墓出土有青釉长颈瓷瓶、白釉碗、青釉碟和陶俑[3]。这些遗物透漏的信息是,其

[1] 郑学檬:《福建历史上经济发展的若干问题》,《中国古代经济重心南移和唐宋江南经济研究》,岳麓书社,1996 年,269—291 页。

[2] 福建省博物馆、福州市文物管理委员会:《唐末五代闽王王审知夫妇墓清理简报》,《文物》1991 年5 期。

[3] 福建省博物馆:《五代闽国刘华墓发掘报告》,《文物》1975 年1 期。

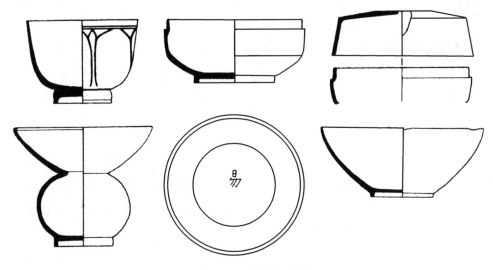

图 9-1　王审知墓出土瓷器

中最精美的物品并非产自当地,而是分别来自浙江和北方,甚至从外国输入。

王审知墓的青瓷莲瓣碗,与浙江越窑产品雷同,甚至可以推测是"秘色"瓷器。"秘色瓷"是千年争议、众说纷纭的瓷器种类。陆龟蒙有《秘色越器》一诗:"九秋风露越窑开,夺得千峰翠色来。"指明了产地和产品特色。秘色瓷是高级的贡品,宋代人认为是吴越钱氏政权命令越窑烧造、庶民不得使用的瓷器,故曰"秘色"[1]。后代相互抄录,大胆臆测,过分渲染。现代考古学认为"秘色"形容的是釉色的效果,应该是指上乘的青瓷,将之归为越窑青瓷中的精品,已发掘的钱宽和夫人水邱氏墓出土的部分瓷器便是有代表性的秘色瓷器[2]。文献记载含糊不清,依据实物也仅仅是推测,"秘色瓷"究竟什么样? 终于在 1987 年陕西扶风法门寺唐代地宫的发现中得到了证实。法门寺出土了 13 件精美的青瓷,器物釉面晶莹润泽,色彩如宁静湖面一样清澈碧绿。同时出土的咸通十五年(874)镌刻的《应从真寺随真身供养

[1] 赵令畤《侯鲭录》卷六:"今之秘色瓷器,世言钱氏有国,越州烧进为供奉之物,臣庶不得用之,故云秘色。"中华书局,1994 年,149 页。周辉《清波杂志》卷五:"越上秘色器,钱氏有国,日供奉之物,不得臣下用,故曰秘色。"中华书局,1994 年,213 页。明代嘉靖年间《余姚县志》:"秘色瓷,初出上林湖,唐宋时置官监窑,寻废。"还有"耀州秘色""高丽秘色""南越秘色磁"的说法等。
[2] 李辉柄:《关于"官""新官"款白瓷产地问题的探讨》,《文物》1984 年 12 期。

道具及恩赐金银器物宝函等并新恩赐到金银宝器衣物账》碑记录："瓷秘色碗七口……，瓷秘色盘子、叠子共六枚。"（图9-2）实物与当时人的记录互证，可以肯定

图9-2　法门寺出土秘色瓷

是秘色瓷无疑。秘色瓷是用匣钵在几乎密封中烧成的，坯件受到严格保护，火焰灰尘不会直接碰到器体，成品光洁滑润，颜色清澈，在当时与金银器同样珍贵。越州窑生产的这类高级瓷器上贡皇室，流传海外。王审知墓出土的青瓷莲瓣碗，虽不属意外，却反映了与吴越地区的密切联系，秘色瓷已经作为兼具实用和观赏性能的奢侈品进入闽地。这件青瓷莲瓣碗时称注碗，是与注子结合使用的一套温酒器，这类温酒器在《韩熙载夜宴图》及当时的许多陶瓷、金银器中都有表现（图9-3），说明闽地连同生活方式也和广大南方地区融为一体。

图9-3　彭州窖藏出土执壶与温碗

　越窑秘色瓷发现在闽地，还有文献为之旁证。公元923年徐寅奉闽王王审知之命出使后唐朝贡，所作《贡余秘色茶盏》诗云："捩翠融青瑞色新，陶成先得贡吾

君。巧剜明月染春水,轻旋薄冰盛绿云。"闽与吴越毗邻,王审知时两国关系比较融洽,贞明二年(916),吴越牙内先锋都指挥使钱传琿(钱镠之子)来闽聘妇,闽与吴越从此通好[1]。因此这些青瓷或是吴越王钱镠给王审知的馈赠品,或是王审知向吴越定购的[2]。"秘色瓷器"成为"贡瓷",提高了本不属于"秘色"的其他青瓷器的地位,福建永春闽国墓出土的青瓷唾盂(图9-4)也非本地产品,与西安王家坟出土的唾盂形制大小基本相同,应是从北方传入的。刘华墓的青瓷是本地窑场烧造的,反映了在其他地区影响下闽地瓷器烧造技术的迅速提高。

图9-4 瓷唾盂

1. 永春闽国墓 2. 西安王安坟

王审知墓中的白瓷也并非产自本地,白瓷盒圈足底刻有"易"字,与另两件白瓷碗都属定窑产品。定窑在河北曲阳,"易"字是曲阳的省称,《汉书·地理志》"交趾郡曲易县",唐颜师古注云"易,古阳字"。传世的定窑器中,除了"易"字款,还有"易定"款。而刘华墓出土的白釉碗类似于景德镇湖田窑五代产品[3],则可能来自江西[4]。两晋南朝时的闽地瓷器接近浙江,没有明显的地方特征,到五代十国

[1]《资治通鉴》卷二六九,8808页。

[2]叶文程、林忠干:《福建陶瓷》,福建人民出版社,1993年,170页。

[3]刘新园:《景德镇湖田窑各期典型碗类的造型特征及其成因考》,《文物》1980年11期。

[4]叶文程、林忠干:《福建陶瓷》,福建人民出版社,1993年,170页。

时期闽地广泛接触各地瓷器,最终酝酿出了自身瓷器烧造的突破,这样才能理解闽地其后拥有了"宇内闻声"的建窑和德化窑。

闽国的陶俑在制造技术上并无太多讨论的意义,引人关注的是其所反映的闽地人的精神面貌和文化交融。刘华墓出土陶俑43件,头饰复杂,男俑有"王冠"、幞头、角状帽、小冠、风帽等。女俑有高髻、双髻和风帽等(图9-5)。另有鬼面俑、生肖俑和已残破的"怪兽"。这些陶俑被分为王宫人物、宗教人物和神煞,有的直接定名为"佛""道"俑,理由是《新五代史·闽世家》称王延钧统治闽国时佛教极盛,他又好"道家之说"。刘华墓志铭中也有"留心佛典,常观仙书"之句。其实这些俑未必能与佛、道对上号,在墓葬随葬品中直接表达多种信仰的可能性不大。葬俗是一种相对独立的传统,丧葬活动中遵循的多是现实生活

图9-5　永华墓出土男、女陶俑

中松散的风俗信仰,其中佛教的入侵、道教的渗透,没有触动"勘舆术"的根本,墓内的随葬品始终为本土神祇所牢牢占据,总体上是一个相对稳定的结构。

刘华墓葬中见到的神煞,有人首龙身、人首鱼身,还有龙、虎、雀、玄武,鬼面、十二生肖等,这是晚唐到宋墓中常见的内容,而且地方特色浓厚[1]。奇怪的是,这类俑在长江中游湖北隋唐墓中曾有出土,数量不多;西安、洛阳唐五代墓中极少发现;而北方唐墓中十分流行[2],说明当时堪舆风俗形成了不同的流派。闽国墓葬中的这类俑,似乎绕开了中原,而有可能直接接受了当时北方地区的风俗。永春闽国墓

[1] 徐苹芳:《唐宋墓葬中的"明器神煞"与"墓仪"制度——读〈大汉原陵秘葬经〉札记》,《考古》1963年2期。

[2] 齐东方:《中国北方地区唐墓》,北京大学考古文博院、大阪经济法科大学编:《7~8世纪东亚地区历史与考古国际学术讨论会论文集》,科学出版社,2001年。

出土陶俑76件[1]，其中包括北方地区经常与人首兽身俑同出的跪拜俑。泉州五代火葬墓在墓穴四角放置陶质"四神"俑[2]。这些都体现出了这一时期的闽地墓葬综合了各地的丧葬习俗。

闽国陶俑的造型具有写实风格，人物比例准确、肌肉丰实。女俑肥硕，塑工精致；老人俑脸部肌肉刻画细致，神态生动，均表现出了该地区的地域性特征。就艺术风格而言，既无"曹衣出水"，也无"吴带当风"，女俑继承了唐代的雍容华贵，男俑保持着端庄持重。不过有的俑谦卑诙谐、夸张浪漫，甚至荒诞不经，是不见于唐代俑的特殊之处。

二、外来物品与海外贸易

闽国陶瓷器物和俑类显示出了中国南北文化的交融，但输入的海外遗物更为重要。刘华墓出土两件孔雀蓝釉陶瓶，过去习惯称作波斯陶，其实是晚些时候来自伊斯兰世界的产品，改叫伊斯兰陶更为准确。这种蓝釉陶在伊朗、伊拉克等国多有发现，时代多在9世纪前后。扬州城也出土了数以百计的伊斯兰陶残片，并出土有一件色彩鲜艳的翠绿釉大陶壶（图9-6）。这类遗物断定是外来物品无疑[3]。扬州遗址中，与绿釉陶片同出的越窑、长沙窑、巩县窑瓷器，年代当属唐代中晚期，大约就是伊斯兰陶输入的时间。

闽地及东南沿海与海外交流历史悠久，早在汉代，"旧交趾七郡贡献转运，皆从东冶泛海而至"[4]。东冶即今福建，交趾是汉武帝所置十三刺史部之一。五代十

---

[1] 晋江地区文管会、永春县文化馆：《福建永春发现五代墓葬》，《文物》1980年8期。永春五代墓出土的俑群被认为是"用仪仗俑群来随葬"，由于其对称成组，不具备仪仗特点，性质已经改变了，倒像是墓外的石像生。但报告认为显然是受中原文化的影响、墓主人很可能在北方做官的推测，有一定道理。

[2] 吴文良：《泉州发现的五代砖墓》，《考古通讯》1958年1期。

[3] 陈存洗：《福州刘华墓出土的孔雀蓝釉陶瓶的来源问题》，《海交史研究》1985年2期；周长源、张浦生、张福康：《扬州出土的古代波斯釉陶研究》，《文物》1988年12期。

[4]《后汉书》卷三三《郑弘传》，1156页。

　　　1　　　　　　　　　2　　　　　　　　　3

图 9-6　伊斯兰陶器

1、2. 刘华墓　3. 扬州城

国时,"闽王审知更珍视航舟南行,提倡交易"[1]。闽地开通海路的地理条件得天独厚,历代积累的造船与航海经验,终于从五代开始发挥了推动社会发展的威力。闽国"陶瓷铜铁,远贩番国,取金贝而还,民甚称便"[2]。刘华墓中出土的伊斯兰陶瓶正是与海外交往的证据。从王审知据闽,至王延钧称帝的 40 年中,闽国境内安定,与内地交好,与海外的联系更受重视。王审知执政期间,"招来海中蛮夷商贾。海上黄崎,波涛为阻,一夕风雨雷电震击,开以为港,闽人以为审知德政所致,号为甘棠港"[3]。甘棠港开辟了远至东南亚等地的航线,"佛齐诸国,虽同临照,靡袭冠裳。舟车罕通,琛赆罔献。□者亦逾沧海,来集鸿胪""帆樯荡漾以随波,篙楫崩腾而激水",福州城呈现"填郊溢郭,击毂摩肩"的繁荣景象[4]。沿海世界互

[1] 郑学檬:《福建历史上经济发展的若干问题》,《中国古代经济重心南移和唐宋江南经济研究》,岳麓书社,1996 年,269—291 页。

[2] 福建省博物馆:《五代闽国刘华墓发掘报告》引《清原留氏族谱·鄂国公传》,《文物》1975 年 1 期。

[3]《新五代史》卷六八《闽世家第八》,848 页。

[4] 福州庆城寺闽王祠存《恩赐琅琊郡王德政碑》,见叶文程、林忠干:《福建陶瓷》,福建人民出版社,1993 年。

通有无的需求,改变了福建发展缓慢的局面。

《新五代史·闽世家》载:"唐亡,梁太祖加拜审知中书令,封闽王,升福州为大都督府。是时,杨行密据有江淮,审知岁遣使泛海,自登、莱朝贡于梁,使者入海,覆溺常十三四。"王审知统治闽地,开辟了新的海上航线;而与海外的贸易则促进了本土的繁荣。王审知墓出人意料地出土了浅黄色泛红的玻璃器皿口沿残片(图9-7)。这座墓在明宣德四年(1429)曾被盗发,出土过莹如金色的玻璃碗,当时"不知为何宝",案发后官府"召回回辨之",始知"此玻璃碗"[1],似乎与今日出土的玻璃器在形制、色泽方面接近。此类玻璃非中国所产。《十国春秋》载:"有使南方(佛齐诸国)回者,以玻璃瓶为献。"表明确有外国玻璃传入。王氏家族生前使用、玩赏及死后随葬的玻璃器皿,应该来自"佛齐诸国"。《旧五代史·梁书·太祖记》记录着"福州贡玳瑁琉璃犀象器"。所贡玻璃或许是在对外贸易中获得的。王审知身为闽王,刘华是王审知次子、闽国第三代主王延钧之妻,他们的墓中出现外来物品并不奇怪。

图9-7　王审知墓出土玻璃器皿残片

精美罕见的物品具有超空间的传播能力。就玻璃而言,中国最早的外来玻璃是在广州横枝岗西汉墓中出土的,共有3件玻璃碗,呈紫蓝色,半透明,模制成型。经同位素X射线荧光分析,属于钠钙玻璃,与中国自产的铅钡玻璃系统不同。据原料成分和制作技术分析,应是地中海南岸罗马玻璃制造中心公元前1世纪的产品。江苏邗江县甘泉镇2号汉墓也出土3块玻璃残片,是用紫黑色和乳白色两种不同颜色的玻璃搅拌而成的,外壁以辐射形凸棱为饰,光谱分析表明与古罗马玻璃的化学成分基本相同[2]。《汉书·地理志》中记载汉武帝时"有译长、属黄门,与应募者俱入海市明珠、璧流离、奇石异物"[3]。《后汉书·西域传》中在记述当时罗马

[1]《十国春秋》卷九〇《闽·司空世家》,中华书局,1319页。

[2] 广州市文物管理委员会:《广州汉墓》,文物出版社,1981年;南京博物院:《江苏邗江甘泉二号汉墓》,《文物》1981年11期;安家瑶:《中国的早期玻璃器皿》,《考古学报》1984年4期。

[3]《汉书》卷二八《地理志》,1671页。

的物产时,亦提到"多金银奇宝……珊瑚、虎魄、琉璃",可见在汉朝时,罗马玻璃就已经进入中国,由于是稀罕之物,所以被视为难得的"奇宝"。晚些时候的南京市富贵山东晋墓也出土淡蓝色罐形碗,器表有二十条微微隆起的凸线,虽然不是搅胎,装饰手法与邗江汉墓出土者相似[1]。南京象山7号墓、南京大学北园东晋墓出土的玻璃杯[2],也都是罗马玻璃。

中国至少在3、4世纪就知道国外用碱来制造玻璃,南海沿岸地区率先学到了这种技术。葛洪在《抱朴子》中记载得十分明确:"外国作水精碗,实是合五种灰以作之,今交广多有得其法而铸作之者。"[3]万震在《南州异物志》中写道:"琉璃本质是石,欲作器,以自然灰治之。自然灰状如黄灰,生南海滨。亦可浣衣,用之不须淋,但投之[水]中,滑如苔石,不得此灰,则不可释。"[4]福建出土有宋代蓝色菊瓣纹扣银玻璃碟,呈孔雀蓝色,腹部呈二十四瓣形,宛如一朵菊花(图9-8)。玻璃碟的器壁厚薄不匀,留有气泡小孔,质地较粗糙,无光泽。从图片上观察,似为浇铸而成,而且带银扣,应是中国造。多瓣玻璃杯在唐代就有发现,可能受波斯萨珊玻璃影响而制造。蓝色玻璃

图9-8　福建出土宋代蓝色菊瓣纹玻璃碟

---

[1] 使用搅胎技法的玻璃器皿,成品类似大理石花纹的艺术效果,极为精美。公元前后罗马领地的玻璃匠经常采用这种技法,常见的颜色为蓝和白、褐和白、紫红和白,甚至还有用三种或四种不同颜色玻璃熔融在一起的,成品纹路千姿百态。国外研究者认为这种竖凸棱条装饰的碗在公元前1世纪末首先出现于意大利,很快传播到整个罗马世界,到公元1世纪中叶成为很常见的器形,公元1世纪末以后消失了。齐东方:《略论中国新出土的罗马·萨珊玻璃器》,(台湾)《历史文物》第九卷第1期,1999年;David F. Grose, "Early Brown Glass", *Journal of Glass Studies* Vol. 19, p. 24, 1977;由水常雄《古代ガラス》,平凡社,1980年,63页。

[2] 南京市博物馆:《南京象山5号、6号、7号墓清理简报》,《文物》1972年11期;南京大学历史系考古组:《南京大学北园东晋墓》,《文物》1973年4期;南京市博物馆、南京市玄武区文化局:《江苏南京市富贵山六朝墓地发掘简报》,《考古》1998年8期。

[3] 《抱朴子内篇校释》卷二《论仙》,22页。

[4] 《艺文类聚》卷八四,1441页。

作品,则有湖南长沙发现的南宋时期的簪。甘肃漳县元代汪世显家族墓出土了
莲花盏,色彩鲜艳,外国少见。宋代玻璃器皿发现不多,福建这件玻璃小碟是否
为当地生产还无法论定,但这一难得的发现提供了南海沿岸地区对外交往的新
线索。

中国南方频频发现的外来玻璃,令人想起西汉广州南越王墓出土的银盒、
广东遂溪发现的南朝时期的银碗等[1],它们也是西方传入的器物,与玻璃同样
说明了与海外的联系。1997 年福泉高速公路福州南台岛出土一件青铜葵形碟,
器壁分成十三个曲瓣(图 9 - 9)。这种青铜碟的造型少见,却与南越王墓的银
盒、遂溪的银碗装饰意匠相似,应是在外来文化影响下制造的。如果从唐代的情
况向前追溯,也能证实中亚、西亚银器向中国的输入及对中国银器制造的影
响[2](图 9 - 10)。这一历史演变证明,汉代以来沿海商贸逐渐发展,为后来奠定
了非常坚实的对外交流基础,因此在闽国立国不久就发现有精美的外来物品和仿
制品。

图 9 - 9　福州南台岛出土青铜碟

---

[1] 广州市文物管理委员会等:《西汉南越王墓》,文物出版社,1991 年;遂溪县博物馆:《广东遂溪县
　　　发现南朝窖藏金银器》,《考古》1986 年 3 期。
[2] 齐东方:《唐代金银器与外来文明》,《唐代金银研究》,中国社会科学出版社,1999 年。

1　　　　　　　　　　　　　　　　　2

图9-10　受中亚、西亚影响的中国银器

1. 南越王墓出土的银盒
2. 遂溪窖藏出土的银碗
3. 西安出土的粟特银碗

3

三、白银生产与精美的器物

　　晚唐到宋,闽地从海上寻求贸易的同时,也极为重视对山区自然资源的利用,其中冶银业逐渐占据突出的地位。唐以前不见福建有产银的记载,考古发现也很少有银器出土。但宋代的情况大为改观,景德元年(1004),"建州宝通山出银,以图来献"[1];"仁宗朝,南剑州上言:石碑等银矿可发"[2];绍圣元年(1094),"福建路转运司言,建州浦城县唐岱坑银铜可置场冶"[3]。表明白银矿藏被人们所认

---

[1]《玉海》卷一八〇《食货·钱币》,中文出版社,1997年,3418页。

[2] 王辟之:《渑水燕谈录》卷一《帝德》,中华书局,1997年,2页。

[3]《宋会要辑稿》食货三四之二一,中华书局,1957年。

识，并开始广泛开采。考古发现南宋以后银器突然增多，它们展示了当时产银和银器制作的面貌。

福州南宋许峻夫妇墓出土银执壶、温碗、托杯、唾盂、镜盒、盆、洗、钵、盏、碟、粉盒、壶等[1]。福建邵武故县窖藏出土银菱花形杯、双鱼碗、圈足碗、八角形碟、小漏勺、菊花杯、菊花盘、梅花杯、梅花盘、鎏金八角盘、鎏金夹层八角杯、镯、发钗、发簪，还有鎏金凤簪、鎏金双鱼佩件、鎏金凸花环形饰件、兽面银泡、压胜钱、银练，以及元宝形银铤、银条、凿形银铸块等[2]。宋代白银发挥着货币的功能并进入流通领域，因此此时银器既具有商品的价值，也体现出普遍抽象的价值。宋代文献中经常出现赐"器币"，即赐银器和绢帛，实际上就是钱财。白银制成的器物体积小而珍贵，既可以炫耀富贵，又能作为财富储藏，而且与一般银铤不同，在冰冷坚硬的外表外被赋予了美的魅力。

闽地发现的银器不仅数量多，而且形制多样，富于变化。邵武故县窖藏的碗、盘造型呈菊花形、梅花形、菱花形和八角形（图9-11），显然比唐代更加丰富多彩。特别是棱角分明、庄重沉稳的多角形器物，在其他地区也有发现，如成都彭州窖藏[3]的八角形银碗，浙江衢州史绳祖墓[4]的八角形银杯等，都是宋代具有时代特征的器物，而在福建所见最多，成组、成套出现。

梅花杯极富特色，呈五瓣梅花形，杯内梅花临水，新月当空。许峻夫妇墓也出土梅花纹样的银碗。以写实的梅花为装饰是宋以后流行的做法，唐代特别是唐前期，金银器制造主要在无梅花的北方，不见梅花纹样；宋代，南方金银制作兴盛，自然融入了地方环境特色和审美情趣。人们对梅花的特别喜爱，不光将梅花广泛用于装饰，还有刻意的创新。在选取梅花做装饰时，有时还将器物造型与纹样有机结合，四川平武窖藏的梅花杯，以枝干为把手，与杯壁枝条花朵相连，形成天然花枝

---

[1] 福建省博物馆：《福州茶园山南宋许峻墓》，《文物》1995年10期。许峻卒于咸淳八年（1272），合葬于前妻陈氏淳祐十年（1250）之坟，后妻赵氏1287年入葬。该墓三室并列，许峻居中，前妻陈氏和继室赵氏分居左右。左右两室破坏严重，银器主要出土于中室。

[2] 王振镛、何圣庠：《邵武故县发现一批宋代银器》，《福建文博》1982年1期。

[3] 彭州市博物馆、成都市文物考古研究所：《成都市彭州宋代金银器窖藏》，《文物》2000年8期。

[4] 衢州市文管会：《浙江衢州市南宋墓出土器物》，《考古》1983年11期。

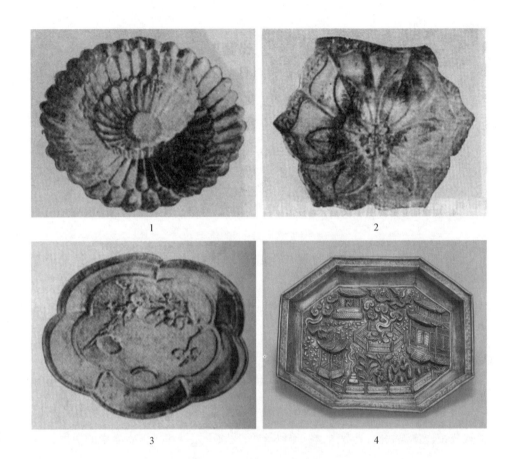

图 9-11　邵武故县窖藏银器

状,构造奇巧,十分别致(图9-12)。造型与纹样巧妙结合的例证还有菊花形碗、盘,皆为重瓣菊花,内底为花蕊,其上为层层花瓣,犹如盛开的花朵[1]。从这种花纹与形制的呼应、不同形制器皿的巧妙搭配设计中,反映出了宋代人生活的精致。

张择端的《清明上河图》展示了北宋东京汴梁城楼高耸、店铺林立、人来车往、商业兴隆的景象。避地江左的孟元老在追念他所睹京师风物、民风俗尚时,也感叹

---

[1] 仿生造型的器物在宋代比较流行,如四川彭州窖藏的凤首形盖银执壶和象形盖银执壶。前者造型和装饰相呼应,盖上部呈凤首形,喙部外皆鎏金;壶身通体饰两只凤鸟,展翅于花丛中,华丽异常。

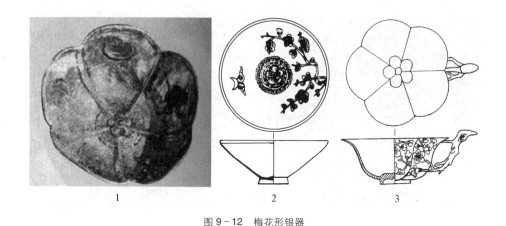

图 9－12　梅花形银器

1. 邵武故县窖藏出土　2. 许峻墓出土　3. 四川平武窖藏出土

人们生活的排场:"其正酒店户,见脚店三两次打酒,便敢借与三五百两银器。以至贫下人家,就店呼酒,亦用银器供送。有连夜饮者,次日取之。诸妓馆只就店呼酒而已,银器供送,亦复如是,其阔略大量,天下无之也。"[1]"凡酒店中,不问何人,止两人对坐饮酒,亦须用注碗一副,盘盏两副,果菜楪各五片,水菜碗三五只,即银近百两矣。"[2]这是汴梁人风俗奢侈的真实写照,即便是遍布京都大街小巷的私设酒楼伎馆也备银酒器,其数量之巨难以计数,反映了银器在日常生活中的使用。南宋首都临安毫不比汴梁逊色,不仅官设酒楼用金银酒器,"和乐楼升、和丰楼、中和楼、春风楼……已上并官库,属户部点检所,每库设官妓数十人,各有金银酒器千两,以供饮客之用"[3]。目前发现的宋代金银器数量远远超过唐代,最直接的动因就是社会需求量大增。

娱乐场所需要典雅的气氛,器物的讲究也成为必然。然而福建出土的银器的精美程度仍令人意想不到。邵武故县窖藏的一套 8 件菱花形碗,内壁口沿下锤揲相同的连续六瓣小花纹带,内底图案则分别为菊花、梅花、茶花、牡丹、玉兰

---

[1] 孟元老:《东京梦华录》卷五"民俗",中华书局,1982 年,131 页。

[2] 孟元老:《东京梦华录》卷四"会仙酒楼",127 页。

[3] 周密:《武林旧事》卷六"酒楼"。

花等,统一中富于变化。唐代"金银为食器可得不死"的益寿、升仙,以及较重的等级观念,使银器限于上层阶层使用;到了宋代,白银产量大增,银器出现了民众化和商品化倾向,原有的神秘面纱被揭开,器物的造型和纹样趋于随意活泼,使唐代传统纹样的庄重感、概念化、图案式的风格得到了极大的改变。许峻墓银盒上的如意云纹,银执壶外腹的对鸟纹,鎏金银镜盒上的双凤纹,银洗上的鱼藻图,都显示出寓意繁荣幸福、美好吉祥的纹样题材的流行(图9-13、9-14)。其表现手法写实,效果自然生动,如鱼藻图因多采用浮雕的作法,器物盛水后,水波荡漾,游鱼追逐,十分逼真。

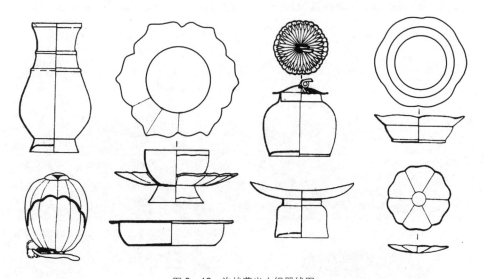

图9-13　许峻墓出土银器线图

　　闽地的银器装饰显示出浓厚的生活情趣,还表现在诗情画意场景的设计上。邵武故县窖藏中的银八角形盘,以高浮雕的人物、龙凤、池鱼、花草、亭台楼阁构成完整的画面。八角形杯外壁为高浮雕人物场景,内底刻有(图9-15):

　　　　足蹑云梯,手攀仙桂,姓名高挂登科记。马前喝到状元来,金鞍玉勒成行缀。宴罢归来,恣游花市,此时方显平生至(志)。修书速报凤楼人,这回好个风流婿。

图 9 - 14   许峻墓出土银器照片

图 9-15　邵武故县窖藏银八角形杯及其细部

这是宋代的《踏莎行》词,属双调小令,五十八字。八角形杯上的这首词可能是勾栏瓦舍说书艺人所填,外壁用画面表现词中内容的意境。以诗情画意场景为装饰,在宋代银器上比较普遍,四川平武龙安窖藏有楼台亭阁人物盘 2 件[1],其中一件盘为出行图,两人骑马,两人步行随从。画面上方有"迳转回银烛,林开散玉珂"的题铭。这些纹样有特定的故事情节,制作细腻,融诗书画一体,是少见的工艺品,大概主要是专供赏玩的陈设器具[2]。

南宋闽地银器制造业兴盛,与当地白银材料丰富关系密切。日本学者加藤繁曾收集宋代诸路的进奉银事项,结果是福建路排名第一,其原因是:

进奉银数额的规定大概视各路之富力与银产额之多寡为主要标准。福建路的进奉银所以占诸路第一位者,不是因为福建路之富甲天下,而是因为该路六府军十八县的四十九银场(据《九域志》)自唐末以来已经逐渐开采,银的出产很旺盛,有银坑的州军虽不多,而论其产额却为诸路之冠。江西南路的进奉银占第二位,两浙路占第三位,其主要原因也是如此。[3]

[1] 平武县文物保管所 冯安贵:《四川平武发现两处宋代窖藏》,《文物》1991 年 4 期。
[2] 江西乐安窖藏也有两件人物亭阁盘,一件盘上刻亭阁、人物和"椿柱亭"三字,一长者倚坐于亭门,五人身着官服,面对老者作朝见状;另一件盘上在亭阁两旁分刻柳树、梅花,梅花旁刻"林隐"两字,亭右有三人作击鼓、吹笛状,还有刻宋代文学名篇《黄州竹楼记》《醉翁亭记》的文字牌。江西省历史博物馆 杨后礼:《江西省乐安县发现宋代窖藏银器》,《文物资料丛刊》8,文物出版社,1983 年。
[3] 加藤繁:《唐宋时代金银之研究》,联合准备银行,1944 年。

据王文成研究,唐代《新唐书》仅记福建有尤溪、建安、宁化、将乐四县产银,宋以后新增产银地有古田、永福、长溪、浦城、嘉禾、政和、剑浦、沙县、龙岩、长汀、光泽、泰甯、建宁德十三县。其中建安县尤为突出,开宝八年(975)宋廷于此置场收银铜,太平兴国三年(978)正式置龙焙监,下辖永兴、永乐、黄沙、褐纸、大挺、东平、杉溪七场;至道天禧间(995—1021),一跃成为与桂阳、开宝监并列的全国三大银监之一;熙宁五年(1072)银课额达 10277 两,仅此一县的银课收入,即与唐元和中(806—820)全国的银课数相当[1]。福建路上供的钱粮可以改为白银送纳。福州卖官田无钱,许折金银[2],这种情况不是全国普遍现象,说明福建以产银著称而具有的特殊性。

福建还有不少铜银共生矿,如建宁府浦城的因浆,南剑州尤溪的安仁、杜塘、洪面子坑诸场,每月可得银各不下千两[3]。矿产丰富,加之采掘较多,甚至私人也可以进行采炼,给福建银器制造打下了坚实的基础。但银矿开采和器物制作是两个不同的行业,器物制作工艺的提高还有其他原因。福建在加速山区矿产资源开发时,吸引了大量流民客户,如松溪县东山,旧名吴家山,山有银丘十余处,南宋绍兴末,浙之龙泉县匠作过山下,“见丘气盘结,私入采炼,隆兴间立场”[4]。福建还出现了制造银器的著名银铺[5],邵武故县窖藏器物上出现明确的文字,其中 5 件莲花杯的圈足内壁划有“星口”,3 件双鱼盅外壁口沿下印“□□门里”及“尹一郎”,7 件圈足盅口沿下印“吴七郎造”,3 件圈足盅足内加封后印“李四郎”;饰件中,1 件跳脱有“吴七郎造”,1 件跳脱印“元□□□□”,2 件袖箍的一端印“元良”,27 件

---

[1] 王文成:《宋代白银货币化研究》,云南大学出版社,2001 年,23、24 页。

[2] 《宋会要辑稿》食货六三之一七五:仁宗天圣四年(1026)“按见耕种熟田千三百七十五顷,共估钱三十五万贯,已牒福州出卖,送纳见钱,或金银依价折纳,其元管荒田园有后来请垦佃者五十四顷九亩,见今未有人佃,已牒福州估价召人请佃。”

[3] 《宋会要辑稿》食货三四之二三:“浦城之因浆,尤溪之安仁、杜塘、洪面子坑五十余所,多系铜银共产大场……小场不下数千,银各不下千两,为利甚博。”

[4] 《古今图书集成·职方典》卷一五○一“建宁府郡·物产”,中华书局、巴蜀书社,1985 年。

[5] 王文成《宋代白银货币化研究》书中列北宋银价变动简表,引《高峰文集》卷一《投省论和买银札子》:“福建路往时银价每两千钱,近岁银价倍贵,铺户卖银,每两请官钱一千四百文足。”云南大学出版社,2001 年,117 页。

钗印"朱十二郎""吴七郎造""李四郎""□千一郎""张十郎""张六郎造"。不难看出,这些文字应该是店家名号或工匠姓名。宋代金银器制造中,中央文思院和后苑造作所制作的银器要镌刻官匠名字、斤两,这种做法直接影响到私人行业,《东京梦华录》载汴京有唐家金银铺、王家金银铺等,应该是老字号或名店。有的金银铺经济实力强,汴京南通巷的金银彩帛铺"屋宇雄壮,门面广阔,望之森然,每一交易,动即千万,骇人闻见"[1]。还有"累世作银铺"之家[2]。白银商品化,使得一些不法商人和牟利工匠"偷取好银""打造下次银物色"出售[3]。嘉祐二年(1057),福州乡民把"银行辄造次银出卖,许人告捉"等条文勒石立碑"于虎节门下"[4]。有些店铺作坊十分看重自己的名声和信誉,产品要刻上店铺或工匠的名号,邵武故县窖藏银器中刻印的银铺匠户的名号也当如此。

邵武故县窖藏的器物由不同的工匠制造,其中 11 件圈足盅中,"吴七郎"造 7 件,"李四郎"造 3 件,这两位工匠还制作了钗。窖藏中有许多相同的器物,如菱花形杯 8 件、双鱼碗 6 件、圈足碗 11 件、八角形碟 9 件、小漏勺 5 件、首饰有镯 7 件、发钗 27 件、发簪 11 件,还有元宝形银铤 1 块、残银铤 1 块、银条 1 段、凿形银铸块 1 块。这些重复的器物未必都是成套的,大部分完好如新,光亮可鉴,器物形制和纹样雷同,似乎是批量生产、作为产品出售的,而银铤类可能为制造银器的原材料。总之,窖藏中的物品很可能属于一个作坊,在遇到突发事件时被掩埋。宋代邵武军归化县江源有一银场。离邵武不远的将乐也是产银之地,南宋时银冶兴旺[5],邵武故县窖藏的银制品或许用的就是邵武银场或附近的银料。

福建银器除了具有宋代普遍特征外,也有一些新工艺。邵武故县窖藏中的鎏金八角碗是有内外壁的双层器物,菊花杯、盘采用重瓣的造型,大量器物的纹样都以高浮雕表现。许峻墓的银帔坠还展示了精致的镂空技术。这些新颖的工艺,使器物格

---

[1] 孟元老《东京梦华录》卷二"东角楼街巷",中华书局,1982 年,66 页。

[2] 洪迈《夷坚志》之《夷坚丁志》卷一○《秦楚材》,中华书局,1981 年,620 页。

[3] 《宋会要辑稿》食货三七之五。

[4] 梁克家《淳熙三山志》卷三九,《宋元方志丛刊》,中华书局,1990 年。

[5] 《福建通志·张式传》。参见郑学檬:《福建历史上经济发展的若干问题》,《中国古代经济重心南移和唐宋江南经济研究》,岳麓书社,1996 年。

外精美,充分显示了当时工匠的高超技艺。妇女首饰制作更细腻。福州黄升墓可见尸体高髻插鎏金银钗3支,颈系凤纹金坠,胸前系鎏金银帔坠(图9-16),还用三层漆奁盛装着银蝶形盒、银盅、银盖罐等其他梳妆用具。女性随葬的发饰、佩饰和梳妆器具,说明宋代以来金银制作有逐渐丰富的趋势。许峻墓还出土银束发冠,同类物品在四川平武龙安也有出土,这是五代时开始出现的男性头饰[1]。许峻墓的银器每种多为1件,均为家用日常生活物品。许峻官至架阁朝请通判,其官职本应是中央派驻地方的官员,朝请为从六品或正七品,通判是在地方所任实职。因福建福州远离宋廷,估计为常任之职[2]。他的前妻陈氏和继室亦出身显贵。古人"事死如事生",器物为墓主阴间享用而备,折射出福建地区显贵日常生活中使用银器的状况。大约从唐后期开始,重农抑商的传统有所动摇,银匠已经成为令人羡慕的富人。黄巢起义时文人薛昭纬流落他乡,路途中遇故知银匠,得以饱餐一顿,然后写下《谢银工》:"早知文字多辛苦,悔不当初学冶银。"[3]宋代银匠的社会地位发生变化,更有金银匠"因锻银得见真宗"的事例,还有出身于银行、成为宰相的李颜邦事例[4]。

福建银器制造和使用的兴盛,直到元代持续不衰,福建泰宁窖藏银器就是例证[5]。从这批器物可知,八角的造型得到继承,种类中增加了很多陈设用具,如以高浮雕为工艺特色的银鎏金瑞果纹圆盘、银鎏金云龙纹椭圆盘、银鎏金狮戏绣球纹八角盘、银鎏金行龙折枝花卉纹杯等(图9-17),这些器物的尺寸不大,已经失去实用性,主要用于观赏。可能还有储存价值,从同时出土的"寿比仙桃""福如东海"

---

[1] 孙机:《明代的束发冠、鬏髻与头面》,《中国古舆服论丛》,文物出版社,2001年,303页。

[2] "架阁"即管勾尚书六部架阁,为职事官名,主管六部存放两年以上的档案文书,包括编制目录、登记、随时提供检索。架阁官由进士出身、有政绩的选人出任,具体的官品、俸禄须视何官差而定(《建炎以来朝野杂记》乙集卷一三《六部架阁官》)。"朝请"为朝请郎的简称。朝请郎,正七品。按许峻的官职名,"通判"宋太祖为分权而设,为州府副长官,有监察所在州府长官之权,州县民政、财政、赋税、司法等事务文书,都要有知州或知府与通判连署。南宋仍设,平时为常职,战时专任钱粮,并催征赋。

[3] 《全唐诗》卷六八八,其事见尉迟枢《南楚新闻》,《全唐小说》第四卷。

[4] 李攸《宋朝事实》卷一,赵铁寒主编:《宋史资料萃编》第一辑,(台北)文海出版社,1968年;《宋史》卷三五二《李颜邦传》,11120页。

[5] 李建军:《福建泰宁窖藏银器》,《文物》2000年7期。

1

2

图 9－16　墓葬出土鎏金银帔坠

1. 许峻墓出土　2. 黄升墓出土

图 9-17 泰宁窖藏出土银器

的银鎏金杯来看，或许是为祝寿而制作的[1]。银鎏金香草龙纹贯耳投壶的足底有阴文"卓二郎店"，指的应是银铺的店号。泰宁窖藏银器分为两类，一类制造极为精美，突出艺术装饰，具有很高的观赏价值；另一类朴素无华，简单实用。宋元时期民

---

[1] 类似的情况在湖南通道县瓜地村南明窖藏银器中可以见到。瓜地村窖藏出土一批银鼎和爵、匜等，形制仿商周时期的青铜礼器，造型古雅，器体小巧，同时出土的7件蟠桃杯是专门制作的寓意长寿的器物，蟠桃杯形体逼真，桃与枝叶结合自然巧妙。其中十一件器物带有铭文，文字内容表示出这批银器是送给"党公"或"党翁老大人"的生日寿礼。蟠桃形银杯的内底有"丙戌仲夏奉贺党太公祖老大人千秋治下廪监生高暹具"。党公即明末靖州知州党哲，这七件做成寿桃样式的杯是隆武二年(清顺治三年，1646)党哲的门生敬奉的生日贺礼。怀化地区文物工作队、通道县文化局：《湖南通道发现南明窖藏银器》，《文物》1984年2期。

间金银作坊成为当时金银器生产的主流,出土于各地的金银器物十分相像,表明金银制造行业的产品已有一些固定样式。

南宋以后福建银器出土突然增多,不仅证明白银矿藏开发普遍,产量大增,也反映了人们生活的变化,官宦人家开始讲究奢华和排场,同时也说明福建在中国经济格局中逐渐占据了举足轻重的地位。

(本文原名"闽国文明的崛起及其延续",载《吉林大学社会科学学报》2004 年 4 期。此次重刊略有修订。)

图表索引

北京大学考古学丛书

⊕ 旧石器时代考古研究
王幼平 著

⊕ 史前文化与社会的探索
赵辉 著

⊕ 史前区域经济与文化
张弛 著

⊕ 多维视野的考古求索
李水城 著

⊕ 夏商周文化与田野考古
刘绪 著

⊕ 礼与礼器
中国古代礼器研究论集
张辛 著

⊕ 行走在汉唐之间
齐东方 著

⊕ 汉唐陶瓷考古初学集
杨哲峰 著

⊕ 墓葬中的礼与俗
沈睿文 著

⊕ 科技考古与文物保护
原思训自选集
原思训 著

⊕ 文物保护技术：理论、教学与实践
周双林 著

上海古籍出版社

图书在版编目（CIP）数据

行走在汉唐之间 / 齐东方著. —上海：上海古籍
出版社，2022.11
（北京大学考古学丛书）
ISBN 978-7-5732-0379-3

Ⅰ．①行… Ⅱ．①齐… Ⅲ．①文物—考古—研究—中
国—汉代—唐代 Ⅳ．①K871.404

中国版本图书馆 CIP 数据核字（2022）第 135869 号

北京大学考古学丛书
行走在汉唐之间
齐东方　著
上海古籍出版社出版发行

（上海市闵行区号景路 159 弄 1-5 号 A 座 5F　邮政编码 201101）
（1）网址：www.guji.com.cn
（2）E-mail：guji1@guji.com.cn
（3）易文网网址：www.ewen.co
苏州市越洋印刷有限公司印刷
开本 710×1000　1/16　印张 16　插页 2　字数 242,000
2022 年 11 月第 1 版　2022 年 11 月第 1 次印刷
印数：1—3,100
ISBN 978-7-5732-0379-3
K·3221　定价：88.00 元
如有质量问题，请与承印公司联系